政治教育の模索

オーストリアの経験から

近藤孝弘 著

Der schwere Weg der politischen Bildung in Österreich

名古屋大学出版会

本書は，一般財団法人名古屋大学出版会
学術図書刊行助成により出版された。

はじめに――政治教育後発国への注目

冷戦の終結は、民主主義の時代の終わりの始まりだったかもしれない。

二〇世紀末から二一世紀初頭の世界は、それまで民主主義の先進国とみなされていた諸国の体制も磐石ではないこと、すなわち歴史には逆戻りがありうることを示している。いわゆるグローバリゼーションの進展とともに民主主義体制が地球の隅々に広まるのではなく、反対に様々な緊張関係が発生・高揚するなか、各地で民主主義を掘り崩す動きが強まる近年の事態は、理性的に諸問題を解決する上で必要な能力を現代人はいまだ備えていないことを再確認させるものである。

他方、EUに対して民主主義の赤字が言われ続けてきたことが象徴するように、民主主義の政治的価値の多くが国民国家と結びついて発展してきた経緯に目を向ければ、進行する国家の相対化が政治的な価値意識に動揺をもたらすのも容易に理解できる。ナショナル・ポピュリズムという言葉で表現される、国民国家の回復を叫びつつ、その衰退さらには崩壊を押し進める逆説的な動きが、そうした動揺を象徴的に表しているのは言うまでもない。

そうしたなかで、政治教育（politische Bildung《ポリーティッシェ ビルドゥング》）や市民性教育（education for citizenship）といった言葉が世界中に広まりつつある。急速なグローバリゼーションがもたらす諸問題、とりわけ格差と貧困の拡大やマイノリティに対する寛容の喪失、そして政治的アパシーの広がりなどをまえに、人権と民主主義の劣化を押しとどめ、それらを再建するための教育に注目が集まっている。

しかし、近年耳にすることの多いこのような認識はどこまで正しいのだろうか。民主主義の劣化をくい止める可能性を持つかもしれない教育は、そのために近年発案され、実行に移されたものなのだろうか。

本書が注目するオーストリアについて言えば、それは明らかに違う。これから論じていくように、特に二一世紀のオーストリアは政治教育に熱心だが、そもそも、この国が民主主義のお手本として語られた例は見たことがない。たしかに右翼急進主義政党の政権入りが特別なことではなくなった今日の時点から見ると、それを排除するシステムが機能していた頃の戦後民主主義はまだ健全だったようにも思われるが、その当時の時点での評価は決して高いものではなかった。そして、この点、すなわち模範的な民主主義国として根拠のある評価を受けたことがないという点において、このアルプスの小国は日本の状況を考える上で有効な参照軸の役割を果たしてくれる。冒頭に記した、成熟した民主主義の一つの時代が終わろうとしているかのようなイメージは、いわゆる西側戦勝国の感性を示すものであり、少なくとも日本でそうした議論を展開するのは無理がある。誠実さをもって政治教育や市民性教育を推進しようとするのであれば、社会の民主化のためにそれが求められているのだと論じなければならない。

そしてオーストリアでは、実際にそのように語られ、少しずつ政治教育が進められてきた。本書は一九世紀以降のそのかなり遅い歩みに注目するものである。すなわちこれまでの政府や各政治勢力が、どのような社会を追求するなかで政治教育を推進あるいは抑制してきたのかをたどり、その時々の課題がどのように克服され、また新たな課題が生じてきたのかを明らかにすることを目的としている。

なお、日本と同様に敗戦国として戦後世界に迎えられ、いまでは確実に政治教育の先進国であるドイツではなく、常にその後塵を拝してきたオーストリアに敢えて目を向けるのには、さらに三つの理由がある。

第一に、ドイツの政治教育は制度的にも学術的にも早くから発展しており、日本の現状との距離が大きいことである。たしかにそこからは多くの興味深いアイディアを学ぶことができる。しかし、これから政治教育に取り組もうとする状況にある者にとって重要なのは、なにより自分たちにも（学ぶことが）「できる」と思えることである。その点でオーストリアには、日本の社会が直面しているのと同様の問題とそれに対する取り組みを観察しやすい条件が揃っている。

第二に、今日のドイツとオーストリアの政治教育とその学の成り立ちを比較するとき、前者はアメリカを中心とする戦勝国の教育研究の成果を摂取しつつも、基本的に自らの手で政治教育とその学を構築してきたのに対し、後者はドイツの成果に微修正を加えながらも基本的にはそれを輸入してきた面が強いという違いがある。いまの日本において早急に政治教育のシステムを建設する必要があると考えれば、自主的な開発過程よりもオーストリアにおける学習プロセスの方が参考になるであろう。借り物だから好ましくないということはない。重要なのは、それが機能するかどうかである。

最後に、ドイツでは一九七二年に一八歳に選挙権年齢が引き下げられて以来、少なくとも連邦レベルでは新たな動きがない。それに対してオーストリアでは二〇〇七年に一六歳に引き下げられており、そこでは日本のように一八歳に引き下げられることの持つ意味だけでなく、選挙権年齢を引き下げることそのものが政治教育に与える影響を同時代の中に見ることができるというメリットがある。

このことの意味は大きい。選挙権年齢の引き下げは当然のことながら有権者の増大をもたらし、それは言わば民主主義の拡張を意味する。この拡張と政治教育が密接な関係にあることは容易に想像できよう。従来選挙権を持たなかった層にそれを認める際には、多くの場合、その拡張に積極的な人々と消極的な人々とのあいだで意見の隙間を埋める必要があるが、そこでしばしば呼び出されるのが政治教育である。

もちろん政治教育には別の役割、すなわちすでに選挙権を手にしている人々への啓発活動としての側面はもちろん、選挙権年齢の引き下げとは無関係に、常に近い将来に有権者となる若者への準備教育としての側面もある。しかし、オーストリアのように、かつてナチズムが支配した国家においては、そうした通常の政治教育もまた、領土内での民主主義の拡張に努めてきたものと言うことができよう。実際には、政治教育がどの程度に民主主義を担う能力を一人ひとりの市民に獲得させることができ、民主主義体制の安定にどれだけ貢献できているのかは誰にもわからない。それにもかかわらず、民主主義を希薄に膨張させるのではなく、大きな支障なく機能する形で拡張させようとする意図があるところでは、政治教育は欠くことのできない存在とみなされるのである。

このような性格を持つ政治教育が、実際にオーストリアにおいて、いつ、いかなる影響を受けながら、どのような障害を越えて今日に到っているのかについて、本書は以下の五つの章をもって迫りたい。

第1章では、政治教育の発展に関する先行研究に学びつつ、なぜその発展が遅れることとなったのかを、一九世紀末以来のオーストリアの国内・国際政治のもとで展開されてきた国家市民教育（あるいは公民教育）と祖国教育という関連する活動を手がかりに検討していく。

続く第2章では、事実上の敗戦国であるオーストリアにおいて、政治システムだけでなく広義の政治教育においても戦前回帰が図られるなど、言わば失敗した第一共和国をやりなおす形で国家再建が進められ、そこでは民主主義よりもネイションに価値が置かれていたことを確認した上で、一九七〇年代に入るとようやくドイツにおける学生運動や政治教育の変革の情報に触れるなかで、その重要性の認識が一部に広がったものの、それは同時に保革の政治対立の壁に直面せざるを得なかったことを確認する。

第3章は、オーストリアの学校で政治教育が動き出すに到った過程に焦点を当てる。具体的には、一九九〇年前後の時期におけるヴァルトハイム問題とオーストリアのEU加盟により戦後国家のあり方を見直さざるを得ない状況に追い込まれたところから政治教育への取り組みが開始され、二度にわたる選挙権年齢の引き下げが、それを加速した様子に注目する。

第4章と第5章は、二一世紀初頭のオーストリアにおける政治教育が直面する課題に目を向ける。まず第4章では、教科書ならびに大学入学資格（マトゥーラ）試験の問題等を主な資料として、知識に代わるコンピテンシーという考え方が学校でどのような形で実現されることが目指されているのかを明らかにした上で、教師教育等の課題とそれに応じた施策の成果を検討する。

第5章は、学校における政治教育を支援することを目的に設立された、ウィーン民主主義センター、ポリス、民主主義工房という学校外の機関の活動に注目する。それらは、いずれも教材や継続教育の機会を提供することで学校教員を支援しているが、主要なターゲットには若干の違いがあり、そこにオーストリアの政治教育の広がりと、残された課題を見ることができる。

以上から推察されるように、本書は章によって異なる様々なアプローチを採用している。それは一九世紀末から二一世紀初頭という比較的長い期間を観察対象としているためだが、敢えてそうしたのは、オーストリアにおける政治教育の発展過程を知ることが、日本における状況を相対的に捉える上で助けとなるだろうとの想定に基づく。ある特定の時期における政治教育とその環境に見られる共通性と差異を指摘するのではなく、連続的に百数十年の歩みを大きく捉えることにより、冒頭に記したような、政治教育を始動させる上で一見実用的だが、その目的地は怪しいような理解を免れる可能性が少しは高くなるのではないかという期待が、その背後にある。

この期待は一種の楽観主義を示しているにすぎないかもしれないが、一世紀以上の視野をとることにより、政治教育の発展だけでなくオーストリアの歴史と社会そのものについての理解の深化に貢献できる部分があれば、それだけでも本書には多少の存在価値があるということになろう。

世界各地の歴史を学ぶことは、それ自体が貴重な政治的学習にほかならないのである。

目次

第1章　国家市民教育の始まり

1　二〇世紀は政治の世紀

「政治教育について」

オーストリアにおいて政治教育は古くて新しい活動である。

二〇〇八年一〇月一日にウィーン大学に初めて置かれた政治教育学講座の正教授に招聘されたW・ザンダーの就任講義は、そのことをよく示している。

ウィーン大学の歴史に詳しい方は、もうお気づきでしょう。私の就任講義の題目は、一一八年前の一八九一年一〇月二二日に、新たに学長に選出されたアードルフ・エクスナーが大講堂で行った就任講演から取ったものです。その講演のテーマが「政治教育について」でした[1]。

講義冒頭のこの言葉からは、ドイツ出身のザンダーによる、自分を受け入れてくれたウィーン大学への気配りが

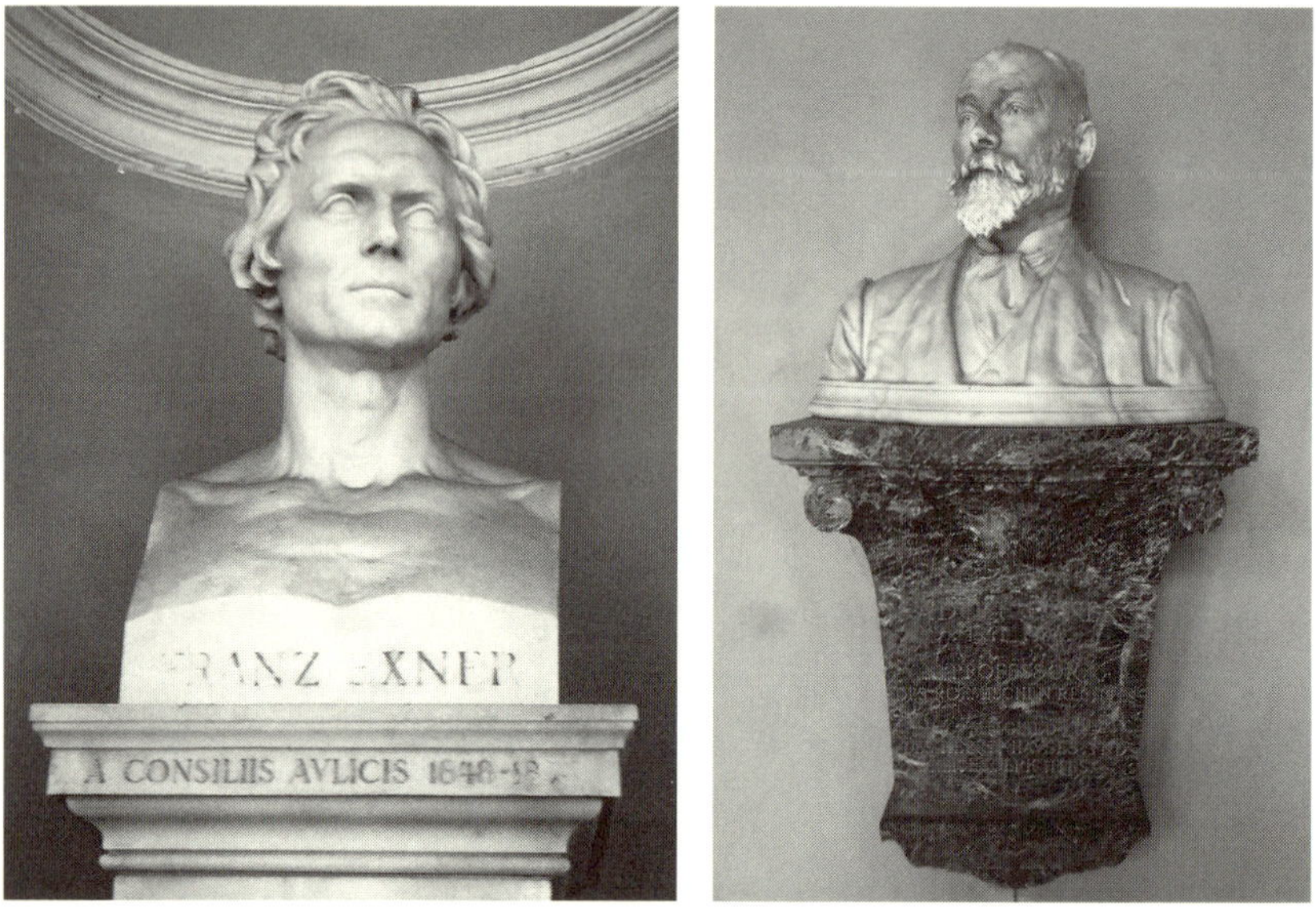

図1　アードルフ・エクスナー（右）とその父フランツ・S・エクスナー（左）。ウィーン大学本館回廊に設置された彫像。（以下，特別な断りがない限り，写真はすべて著者撮影）

感じられるが、引用されたA・エクスナーの学長就任講演「政治教育について」は、それを基にした冊子がライプツィヒで出版され、版を重ねるなど、当時、国の内外で大きな反響を呼んだ有名なものであった。

一九世紀後半のハプスブルク帝国を代表するローマ法学者の一人であるエクスナーは、教育学者としてウィーンの教育省で中等・高等教育改革を進めた父フランツ・S・エクスナーの長男として一八四一年に生まれた〔図1〕。教育への関心には、こうした家庭環境と当時の社会状況が関係していると考えられる。

彼の認識と主張は、以下の言葉に要約されていよう。「我々がその入口に立つ二〇世紀は政治の世紀になります。そこで成長する者は政治教育を必要としているのです。[2]」

当時のオーストリア・ハンガリー帝国では、ドイツと同様、急速な工業化により農村地域から都市への大規模な移民が生じていた。少し古いが一八五六年の調査によれば、ウィーンの住民のなかで地元生まれは半分以下であり、ボヘミアとチロル地方で生まれた者がそれとほぼ同数を占めていた(3)。その一方で、プロイセンの対フランス戦争勝利に始まる好景気、いわゆる泡沫会社乱立時代も、一八七三年にまさにウィーンでバブルがはじけて終息するなど、経済は混乱し、また社会的にも人口移動の結果として伝統社会の存続が困難となっていた。大量に発生した失業者を含む労働者層と富裕層、あるいは社会主義者とカトリックのあいだで緊張が高まるなか、どのようにして社会秩序を維持するかが当時の知識人にとって大きな関心事だった。

こうした状況を前にしてエクスナーは、もはやそれまでのように宗教とそれに基づく教育に依存するのでは秩序を維持することは難しいと考えた。労働者は教会と結びついた権力構造に対立する姿勢を示しているのであり、これからの市民は信仰心よりも歴史理解に裏打ちされた正しい世界認識を獲得してこそ、労働者階級を包含する形で国家を再建することができるというのである。

そのために大学も貢献を惜しんではならないと彼は主張したのだが、ただ、そこで考えられている政治教育は、二〇世紀後半以降にその言葉で示される内容とはかなり異なるものである。政治教育について彼は次のように述べている。

自由な教育を受ければ愛国的になるというものではありません。しかしながら、国家への意識を発展させることで愛国心を高める教育というのは存在します。それを政治教育と呼びましょう。こういう形であれば、大学はその本来の姿で愛国主義という課題に取り組むことができます。大学は国家感情や祖国愛を直接育てることはできませんが、政治教育によってそれらが育つ土台を作ることはできるのです(4)。

エクスナーが考える政治教育とは、愛国心の土台となる国家への意識を育てる活動にほかならない。それは二〇世紀後半の民主的な政治教育とは拠って立つ国家観が異なるだけでなく、教育観も違っている。今日、政治教育とは、民主主義体制を前提として、いわゆる民主主義の能力[5]の育成を目指すものだが、就任講演の中で彼が訴えたのは、いわゆる愛国心を育成することでさえなく、将来においてそれが発達するための土台を作る教育の重要性であった。

もし彼が直接的に愛国心を教えようと考えていたのであれば、政治教育（politische《ポリーティッシェ》 Bildung《ビルドゥング》）という言葉は使わなかったかもしれない。そのような内容を言い表すのであれば、当時の言葉遣いとしては、むしろ国家市民教育（staatsbürgerliche《シュターツビュルガーリッヒェ》 Erziehung《エアツィーウング》）の方が普通である。[6] Bildung《ビルドゥング》 と Erziehung《エアツィーウング》 という、日本語ではどちらも教育と訳される[7]二つの言葉の違いを明快に説明することは難しいが、国家市民教育のように Erziehung《エアツィーウング》 という言葉を使用すると、学校の授業の場などで教員が望ましい態度や正しい知識の獲得を生徒に促す活動がイメージされる。それに対して教養という意味もある Bildung《ビルドゥング》 は、少なくとも一九世紀末の時点では、生徒ないし学生本人が自らを形成していくプロセスを念頭に置いていた。今日では学校での授業も含めて政治教育という言葉が一般的に使われており、ここには Bildung《ビルドゥング》 という言葉の意味が拡大している様子がうかがえるが、エクスナーが国家市民教育という言葉を避けたところには、大学は、学校教育とは異なる形で政治教育に関与すべきであるとの理解を見ることができる。

では具体的にどのような形の関与が想定されていたかと言えば、彼はたしかに政治教育についての研究と教育（Forschung《フォールシュング》 und《ウント》 Lehre《レーレ》）の重視を主張しているが、そこで本当に考えられているのは、むしろ政治についての研究と教育であり、その具体的な中身は、結局のところ古典と歴史を中心とする人文学である。エクスナーは、一九世紀のオーストリアで自然科学的な世界観が支配的となりつつある状況が現実の政治への無理解と無関心を広げていると考え、それゆえ目前に迫る二〇世紀を「科学の世紀」に代わる「政治の世紀」と呼んで、人文学の重要性を強調したのだった。

他方、彼が初等・中等教育を念頭に置いた国家市民教育論をどう評価していたかについては、判断を下せるだけの資料がない。同時代人の一人として愛国心の育成という課題を積極的に語る彼と、大学教育に議論を限定することにより、その課題から距離を置こうとする彼の、どちらがより真実の姿を示しているのかは判然としない。オーストリアが二度の大戦を経験する前に生きていたことが、今日から見ると曖昧な姿勢を可能にしているのは間違いないが、この点については、そもそも国家市民教育と呼ばれる教育思想・活動のなかにも様々なバリエーションがあったことを確認する必要がある。

ドイツとオーストリアの国家市民教育

たとえばドイツで国家市民教育を提唱したG・ケルシェンシュタイナーは、国家に向けた道徳意識を育てるためには行為や労働こそが有意義であるとの立場から、認識を重視する政治教育は国家市民教育とは異なると述べているが、(8)ここには自説の独自性を強調したいがための議論という面を見ないわけにはいかない。彼が言うように、知的な教育を前提とする政治教育では民衆を動員できないのであり、誰もができることこそが重要であるという考え方は教育論として一定の説得力を持つが、国家を理想視し、愛国心の育成を唱えるエクスナーとのあいだに目標の違いを見出すことは難しい。

他方、国家市民教育をめぐる状況が完全に混沌としたものだったかと言えば、ケルシェンシュタイナーが活躍したドイツと、エクスナーのオーストリアとのあいだには、かなり明確な違いが認められる。

アイヒシュテット・インゴルシュタット・カトリック大学のJ・デトイエンによれば、ドイツではすでに一八七〇年代に国家市民教育の重要性を唱える教育者も見られたが、その時点ではまだ彼らの主張が大きな反響を呼ぶことはなかったという。ところが一八八〇年代後半になると状況は変わる。前年に即位したばかりのヴィルヘルム二世は一八八九年五月一日に最高指令を発し、そのなかで学校に対して、社会民主主義を神が定めた掟に反するだけでなく実現不可能なものとして教えるという使命を課した。そして、この使命を果たすための教育活動として、政府は国家市民教育を推進していくことになる。同年八月、プロイセン教育省は一連の教育改革に着手し、教員養成機関に対しては、未来の教員が社会民主党の影響力を削ぐ授業をできるよう教育することを求め、さらに中等学校の宗教教育と歴史教育に対して、社会民主主義は頽廃的であると教えることを、また特に後者については、現代史におけるプロイセン国家の偉業を強調することを要求した(9)。

それに対してオーストリアは違っていた。

そこで教育政策をめぐって対立していた主要な集団は、国家市民としての徳や責任感を育てるには宗教教育で十分とするカトリック・保守主義者と、（宗教教育を補完するものとして）新たな国家市民教育が必要と考える自由主義者である。後者はさらに、エクスナーのように認識を重視する立場と、そのような啓蒙主義からは愛国心は生まれないとして心情主義的な道徳教育を主張する立場に分かれていたが、重要なのは、ドイツと異なり、政権は基本的にカトリック・保守主義者の側にあり、彼らが国家市民教育を学校から排除していたということである。

当時、社会主義者による政治宣伝に対抗しようと、ボヘミアのブドヴァイス（ブジェヨヴィッェ）で国家市民教育の普及に努めていたL・フライシュナーによれば、政府が二の足を踏んでいた理由は主として以下の二点にあった。第一に、その教育が、政府が期待する愛国心を確かなものとするとは限らないと考えられていたこと。そして第二に、国家市民教育を行えば、数々の厳しい法について説明したり、国家機関が抱える諸問題に言及することが避けられなくなり、その結果、かえって社会的な緊張が高まるのではないかと危惧され、さらには祖国についての明るいイメージを若者に与えられなくなることが心配されていたのだという(10)。これは、ビスマルクが一八七八年に社会主義者鎮圧法を定めるなどしたドイツに比べて、政権側での危機意識がその時点でまだ相対的に小さかったことを示していよう。

ところが二〇世紀初頭に状況は大きく変わる。一九〇七年、ハンガリーとボスニア・ヘルツェゴヴィナを除く地域で初めて男性普通選挙が実施された。この選挙で社会民主党がカトリック・保守勢力に次ぐ第二党となり、さらに一九一一年には第一党に躍り出た。こうした新しい情勢のもとで政府も遂に、それまで躊躇してきた国家市民教育に取り組むことを決断するのである。

政治学者のH・ダハスならびに歴史家のA・ヴォルフによれば、まず一九〇七年に中等教育段階の女子学校(Mädchenschule《メートヒェンシューレ》)と市民学校(Bürgerschule《ビュルガーシューレ》)に向けて発表された教育課程基準(第三学年の地理歴史科〔歴史分野〕)に国家市民教育の内容が導入され、翌〇八年に公布されたギムナジウム(普通教育中等学校)の教育課程基準(第八学年の地理歴史科)では、より詳細な内容が市民科(Bürgerkunde《ビュルガークンデ》)として初めて付け加えられた[11]。

女子学校・市民学校教育課程基準(一九〇七年)
近現代の歴史、特にオーストリア・ハンガリーの歴史を重視しつつ、一七四〇年から現在までの歴史。国家。立法ならびに政府。国家市民の権利と義務。(傍線引用者)[12]

ギムナジウム教育課程基準(一九〇八年)
第八学年　地理・歴史・市民科をあわせて週三時間
aオーストリア・ハンガリー帝国の地理
bオーストリア・ハンガリー帝国の始まりと変容についての歴史の総括。また特に文化史・経済史の視点から見た、その発展史と他国との関係史。

c オーストリアの憲法と行政。政治的・文化的・経済的関係における国家の本質とその重要な機能に基づき、帝国議会に代表されている王国と諸州に注意を払いつつ扱うこと。（傍線引用者）[13]

なお、同じ時期に公布されたザルツブルク公国の民衆学校（Volksschule《フォルクスシューレ》）用教育課程基準にも、次のように地理歴史科（第四〜八学年）で国家市民の義務と権利について教えるよう記されている。

民衆学校教育課程基準（一九〇六年）

故郷の伝説、年代順の祖国の歴史、オーストリア史とそれに関係する歴史が適切に取り上げられること。国家市民の義務と権利。（傍線引用者）[14]

反対に、一八八五年の時点の実科学校用教育課程基準では、第二学年でギリシア・ローマを中心とする古代史、第三学年でオーストリアを中心とする中世史、第四学年でオーストリア史に重点を置きつつ近代史全般を扱うこととされており[15]、国家市民教育への言及がないことから、ダハスの言うように、二〇世紀初頭にそれが初めて導入されたと考えて良いであろう。

これらの教育課程基準は、それまで社会秩序の維持には宗教教育で十分とされてきたのに対し、新たに地理歴史科、とりわけ歴史分野が国家市民教育の場として活用されるようになったことを示している。こうして、およそ二〇年遅れでオーストリアはドイツを追いかけることとなった。

なお、当時のオーストリアの国家市民教育の特徴として、R・ヴィマーは次の四点をあげている。第一に、それが対立を超越する存在としての国家という理解の上で考えられていること。第二に、国家に対する肯定的な意識、すなわち帝室への愛と国家への義務感を教えようとしていること。第三に、政党に対する否定的な理解。第四に、軍事教育が時間とともに重みを増していったこと、である。[16]

以上の四つの特徴は相互に結びついていると考えられるが、特に第一点と第三点からは、欲望追求の原理が支配するとされた市民社会の否定と、その裏返しとしての、いわゆる人倫の体系としての国家を理想視する一九世紀の国家観が、この教育論の核にある様子がうかがわれる。そしてエクスナーにもケルシェンシュタイナーにも見られるこうした国家理解とそれに基づく教育論は、君主制国家への奉仕を前提に構成されていたと言って良いだろう。なお一九世紀のオーストリアには、まだその奉仕の仕方あるいは既存の政権に対する姿勢に若干の多様性があったのだが、第二点と第四点は、それが二〇世紀に入ると、当時の政治的現実が国家と皇室のために犠牲となるのを厭わない臣民の育成を最重視する以外の可能性を許さなくなったことを示唆している。

先の四点が示すもう一つの意味は、一九世紀末と違って二〇世紀初頭の時点で、オーストリアの国家市民教育は、その考え方においてドイツにほぼ追いついていたということである。ヴィマーが指摘している特徴は、第一次世界大戦前のドイツの国家市民教育にもそのままあてはまる。

こうした短期間でのキャッチアップが可能だった要因の一つに、両国でドイツ語による文化・学問圏が共有されていることがあるのは当然である。先進的なドイツの思想や制度に関する情報は、ほぼリアルタイムでオーストリアに届いていた。その情報の重要性が自由主義者を中心とする一部の知識人を越えて権力者層から理解されたとき、新しい政策をまとめるのはそれほど難しくなかったのである。

国家市民教育と政治教育

ここで、こうして第一次世界大戦前には輪郭が明らかになった国家市民教育と、本書が使用している政治教育という言葉の関係について確認しておく必要があろう。

先に、ケルシェンシュタイナーによる国家市民教育と政治教育を区別する見解には若干の無理があることを指摘したが、そのような教育活動が広がり、その過程で彼の主張が影響力を持つなかで、彼が考えていたのとは異なる形で、二つの言葉の使い分けが行われるようになっていく。すなわち、これからの議論を先取りすると、彼が批判した法制度や政治制度に関する知識の伝達を主目的とする教育活動と、彼が提唱した道徳教育的な活動を合わせたものが国家市民教育と呼ばれるようになり、それらに代わって、基礎的な政治的知識や価値観形成の重要性を否定しないものの、政治への参加意欲や政治的な思考・行動力の育成をより重視する活動として政治教育という言葉が使われるようになっていく。こうした言葉遣いの変遷に表れた教育の変容が政治体制の変化に対応しているのは間違いない。

その一方で、まさにこうした社会の変化を越えて、国家市民教育も政治教育もいずれも、その時々の政治体制の維持を目的としている点は共通しており、このことが国家市民教育は政治教育の古い形であるとの解釈を可能にしている。つまり政治教育という言葉は、今日、二つの意味をもって使用されている。それは狭い意味では、戦後民主主義を支える教育活動を意味するのに対し、広い意味では、どのような政治体制であろうと、その安定を目指して進められる教育活動を指すのである。

なお、さらに広い意味での政治教育には、いわゆる潜在的カリキュラムに加えて家庭や職場など学校外での意図されない学習過程、すなわち政治的社会化も含まれる。政治教育という言葉が、今日、これだけ多義的に使われているところには、国家市民教育の成立以後、オーストリアならびにドイツにおいて教育と政治の関係について膨大な議論が積み重ねられてきた様子が表れている。これは、「二〇世紀は政治の世紀」というエクスナーの予想が正しかったことを示していると言えるかもしれない。

2　祖国教育へ

ドイツオーストリア共和国

国家市民教育は、内外の脅威すなわち具体的には社会主義者と近隣諸国から君主国を守ることを主な目的として開始されたが、結果的にそれは達成されなかったと言わなければならない。まもなく始まった第一次世界大戦にオーストリアは敗れ、その混乱のなかで帝国は消滅した。

一九一八年一〇月二一日、ドイツオーストリア共和国（Republik《レプブリーク》 Deutschösterreich《ドイチュエスタライヒ》）の樹立が宣言され、一一月一一日に皇帝はウィーンを離れたが、より重要なのは、その共和国にはハンガリーもスラヴ系諸民族が多く住む地域も含まれていなかったことである。このことに関連して政治教育の観点から注意すべきは、帝国が消滅しても、そのあとが空白地帯となるわけではなく、新しい別の国家によって埋められるしかなかったということである。これは一見単純だが簡単なことではない。右の国名には、オーストリアの人々が抱える課題と困難な未来が表れてもいた。

前年の一〇月にハンガリーやチェコスロヴァキアが独立を宣言したとき、彼らは自らの民族意識に基づいて積極的に国家建設を進めた。それに対してオーストリアは、ドイツ系住民が多く暮らす、言わば残された地域に国家を作らなければならなかった点で、東の新しい独立国とは事情が違っている。すなわち、共和国がかつての帝国の版図と比べて極端に小さく、もはや独立国として存続不能と多くの住民から受け止められていただけでなく、そもそも彼らにはその国民となる準備が不足していた。前節で確認したように、国家市民教育が遅れたオーストリアで行われていたのは、基本的に皇室への忠誠心を持つハプスブルク帝国臣民の育成であって、政治的な意味でも民族的な意味でも近代的な国民形成ではなかったのである。

教育の欠陥が国民意識の不足をもたらしたのか、それともその反対を考えるべきなのかは定かでないが、いずれにせよ多くの住民のあいだでオーストリア意識が弱く、文化・民族的にはむしろドイツ人としての意識の方が優勢であったことから、共和国は初めからドイツとの合併を目指す暫定的な存在として考えられることになった。皇帝が去った翌一二日、臨時国民議会はドイツ共和国への統合を決議している。ドイツオーストリア共和国という国名はこうした基本的な意志を象徴していた。

結局、一九一九年一〇月、サンジェルマン条約でフランスを中心とする戦勝国が両国の合併を禁止したことから、国名も「ドイツ」を取ったオーストリア共和国（Republik《レプブリーク》 Österreich《エスタライヒ》）と改めざるを得なくなったが、首相K・レナーは、その共和国のために翌一九二〇年に自ら作詩した国歌のなかで、なおも「汝ドイツオーストリア、すばらしい国よ（Deutschösterreich《ドイチュエスタライヒ》, du《ドゥ》 herrliches《ヘーリヒェス》 Land《ラント》）」と書いている[17]。

このように国家は作られたがそれを支える国民が不在で、さらに指導者もその国家に対して消極的という、そうした根本的な矛盾のもとで共和国の政治教育は出発することになる。その中心人物の一人が、当時、改革教育運動の旗手として世界的に有名だったO・グレッケルであった。

グレッケル改革

グレッケルは戦前から教員として、また一九〇七年以降は国会議員として、社会民主主義の立場から学校改革を訴えていたが、同じく社会民主党のレナーが率いる連立政権下で内務・教育省次官に就任すると、複線型の学校体系の単線化といわゆる労作教育の普及に取り組んだ。前者は第二次世界大戦後も続く社会民主党の代表的な教育政策であり、後者は右に記した改革教育運動を彼が主導したことを示している。

特に労作教育論については国内にも一定の先行研究があることから、ここでは詳述しないが、興味深いのは、多くの点で彼はケルシェンシュタイナーと基本的な考え方を同じくしていることである[18]。そのミュンヘンの教育学者は第一次世界大戦が始まる前に市の視学官をつとめるなど、君主制国家を前提にその教育論を発展させており、政治的にグレッケルとは異なる陣営に属していた[19]。オーストリア共和国の教育行政の頂点に立った社会民主主義者が彼の影響を受けているということは、国家市民教育の本質的な部分が、国境だけでなく政治的価値観の相違を越えて、言わば革命に耐えたことを意味する。帝国は消滅したが、その教育（改革の芽）は生き延びたのである。ここでは、グレッケルの活躍を可能にしたレナー内閣が、旧カトリック勢力のキリスト教社会党とドイツ民族主義派との連立政権だったことも確認しておく価値があろう。

以上はオーストリア共和国が特殊であることを意味するものではない。ヴァイマル共和国憲法第一四八条には「国家市民科と労働教育は学校の教科である」と記されており、ここにもケルシェンシュタイナーの影響が明確に見て取れる。実際、彼は第一次世界大戦後もミュンヘン大学教授としてドイツで活躍した。こうしたオーストリアならびにドイツにおける経緯は、国家市民教育が当時の両国において有していた強靭さと同時に、敗戦のなかでの革命の限界を象徴していよう。

さてグレッケルは、一九二〇年一〇月一七日の国民議会選挙で社会民主党が第二党に転落して連立政権を去るまで内務・教育省で教育行政を監督し、その後もいわゆる「赤いウィーン」の教育庁で一九三四年まで一定の影響力を維持した。特に一九一九年のいわゆるグレッケル通知は、宗教教育を必修科目から外し、教員をその授業担当から解放するなど[20]、政治教育の観点からも大きな改革をもたらしている。

こうした彼の政策に対し、戦間期の政治教育を研究するダハスは以下の四つの特徴を見出している[21]。

第一は、民主化の推進である。これは、ヴァイマル共和国と同様、オーストリア初の共和国にとって自明の課題だったと言って良いだろう。先に記した複線型学校体系の単線化は、特権層に高度な知識を与える一方で民衆には従順を教えるそれまでの教育システムを廃棄し、民主主義を支える広範な市民を形成することを目的とするものだった。

第二は、故郷（Heimat《ハイマート》）への指向である。グレッケルは、民主主義を担う市民に求められる知識を獲得するにも、民主主義的な考え方そのものを身につけるにも、その教育は生徒の身近な故郷から出発すべきであると考えていたという。そうすることにより、とりわけ責任を引き受けること、そしてそれを通して自立を促すことができるというのである。

第三は、ナショナルな思考と感覚を育成することの重視である。これは故郷への指向とも結びついているが、この場合に想定されたネイションは基本的にドイツであってオーストリアではない。故郷という言葉は、生徒が実際に生まれ育った多文化的あるいは異文化でもありうる中性的な空間としての地域ではなく、成長の過程で自分がその一部であると感じるに到った文化そのものとして使用されていた。

こうした文化ナショナリズムについて、ダハスは、当時の状況下ではグレッケルは大国ドイツを民主化のための教育の支柱とせざるを得なかったのだろうと考えている。既述のように、オーストリア人としての意識が弱く、共和国の存続についても悲観論が広がるなか、民主主義のための教育は生徒が主体的に考え行動することによってこそ機能すると考えたグレッケルは、そうした思考と行動を容易にする空間を必要とし、それがナショナリズムの色彩を濃くすることになったというのである。

第四の特徴は、義務感の強調である。すなわちグレッケルは、君主国時代の臣民と違って民主主義は多くの自由と権利を市民に認めていることを強調する一方で、その民主主義を機能させるために義務を果たすよう繰り返し求めていたことが確認されている。君主国時代に作られた受け身の姿勢を改めることの困難を認識しながらも、彼は、民主主義への積極的な参画を義務として語ったのだという。

こうしたダハスが指摘する四点はいずれも、一九二〇年二月一〜二日に全国の主要な教員団体の代表およそ一五〇人を集めてニーダーエスタライヒ州議会で行われた会議における、グレッケルの講演のなかに見てとることができる。

すべての国家市民に自分の能力を発揮するための教育の機会が与えられなければなりません。学校改革は民主主義の前提であり、また成果でもあります。絶対主義国家の教育が目指してきた支配者と従者の関係は、自由な人間によって解体されるのです。しかし、学校改革が呼びかけられているいま、民族は困難な状況にあります。そして、残酷な決定がなされたからこそ、文化領域における闘いが重要なのです。だからこそ私は、我々ドイツ人は「あの腐った軍隊」の任務につかなければならないと考えるのです。輝かしい業績を残した先人たちは我が民族の文化的な宝であり、また彼らはドイツ民族が世界の文化民族の中で最高の地位に着くことを確かなものとしました。この点で、不当な講和条約には何の意味もありません。我々が希望を失う必要はないのです。故郷についての知識とそれへの愛から出発して、若者は民族への愛とその文化世界で行われてきた努力を理解することが必要です。いま身体的、精神的、そして道徳的に貧困な状況にある若者が助けを求めています。彼らに対して大きな犯罪がなされています。そして、それは我が民族の未来と不可分なのです。……我々の教育の目標は、民主主義国家のために、道徳的で正直で勤労に喜びを見出す、行動する人間を育てることにあるのです。(22)

この講演を聞いた聴衆からは盛んな拍手が送られたと官報には記されている。また続く議論からも、各地から参加した教員のあいだで、基本的な考え方が共有されていた様子をうかがうことができる。

参加者のなかに旧体制の支持者がどれだけ含まれていたかはわからないが、少なくともグレッケルの発言を肯定的に受け止めた多くの教員のあいだでは、民主主義国家は民主主義者を必要とし、そうした意識を持つ市民を育てるには民主的な学校が必要であるという理解が共有されていたと見て良いだろう。しかし同時に、民主化を支持する人々のあいだで、君主国におけるのと少なくとも同程度に強度なナショナリズム、とりわけ文化ナショナリズムが顕著だったことも確かである。

このドイツ民族主義をめぐっては、グレッケルについてだけであればダハスが述べるように彼個人の教育観に基づくものと見ることもできるが、会議に参加した教員の反応や発言もあわせて考えるとき、より大きな政治的文脈の中で捉える必要がある。すなわち、そこには革命と敗戦から広がった社会的な亀裂を埋める意図や連立パートナーへの配慮が、まず推測されよう。しかし、より重要なのは、たとえば矢田俊隆によれば、少なくとも戦後初期の時点ではドイツの社会主義勢力との連携に期待する社会民主党の方が、旧体制との結びつきの強いキリスト教社会党よりもドイツとの統合にむしろ熱心だったということである。(23) 民主的な共和国を建設するという政治目標は、オーストリアという国家的空間よりもドイツの文化的空間と結びついていた。

第一共和国の崩壊

さて既述のように、社会民主党は一九二〇年一〇月の国民議会選挙で第二党に転落すると、自ら連立政権を去った。それ以後、国政ではキリスト教社会党を中心とする政権が続き、与野党の政治的対立が激しくなっていく。また街頭では、終戦期に各地で生まれた自警団に端を発する、キリスト教社会党に近い右翼武装集団である護国団と社会民主党の共和国防衛同盟とが衝突を繰り返した。特に一九二七年七月の衝突では社会民主党が基幹産業の労働者にゼネスト指令を出すなど、全面対決の様相を呈した。結局このストライキは警察と護国団によって鎮圧されたが、これにより左右の対立は修復困難なレベルに達することになる。

そして、このように二大政治勢力が激しく対立するオーストリアを世界恐慌が襲った。一九二九年の時点で一〇%程度だった失業率は年々上昇を続け、三三年には二五%に達するなど[24]、政府が有効な対策を打ち出せないなか、ナチスが勢力を拡大し、保守政権は社会民主党とナチスの左右双方から攻撃を受ける事態へと追い込まれていく。そうした状況下で一九三二年五月に首相に就任したキリスト教社会党のE・ドルフスは、反対派を政治から排除することに活路を見出そうとした。すなわち翌三三年三月七日、彼はレナーが議長をつとめる国民議会の混乱に乗じて、それを停止させ、一九三四年五月の憲法で立法権を議会から政府に移した。そもそも首相就任直後に彼は共産党とナチスの活動を禁止し、また三四年にはいわゆる二月蜂起のなかで社会民主党も禁止するなど、すでに五月以前に複数政党による議会政治を停止させていたが、この憲法改正によって最終的にオーストリア第一共和国に終止符を打ったのである〔図2〕。

図2　二月蜂起で武力衝突の舞台となった，ウィーンの公共住宅カール・マルクス・ホーフ

こうしたなか、グレッケルも二月蜂起の最中の一三日にウィーン市教育庁の執務室で逮捕されている〔図3〕。

五月憲法は、前文でオーストリア国家を「身分制の基礎に基づく、キリスト教的かつドイツ的な連邦国家[25]」と定めた。そこでは、おそらく意図的に民主主義や共和国という言葉が除外され、代わりに身分制や反マルクス主義のような、E・タロシュの言う「古くからあるイデオロギー的伝統」に基づく国家再建を目指す姿勢が顕著である。

しかし、この憲法についてもう一つ注目すべきは、それがオーストリアを「ドイツ的な」国家と規定している点にある。

一般に、ドルフスも、また彼がナチスに暗殺されたあと政権を引き継いだK・シュシュニクも、少なくとも後者が一九三八年三月に最終的にヒトラーに譲歩して首相を辞任するまで、ドイツによる併合には反対姿勢を取ったと考えられている。すなわち彼らは、イタリアにファシズム体制を築いたムッソリーニを後ろ楯とすることで、オーストリアをナチス・ドイツから守ろうとしたのだが、ムッソリーニとヒトラーの力関係が逆転したとき、オーストリアの独立を守る可能性はなくなったというのである。

こうした理解に対しては、そもそもドルフスやシュシュニクがいわゆるオーストロ・ファシズムを押し進めていたのが問題なのであり、事態が深刻化するまで社会民主党を中心とする言わば国民の半分と敵対し、ナチス・ドイツに対する民主的かつ国民的な抵抗の可能性を排除してきたところに独立を失う原因があったのだと補足的に批判することもできる。

しかし忘れてならないのは、ドルフスもシュシュニクも自分たちを文化的にはドイツ人であると考えていたことである。特にシュシュニクがヒトラーへの抵抗を貫徹せず、「このような深刻な事態にあっても、絶対にドイツの血を流してはならない[26]」と述べてドイツ軍の進駐を受け入れたところに、彼の民族観が表れている。さらに、多くのオーストリア人がドイツ軍を歓呼して迎えたこと、また併合後の四月一〇日に実施された国民投票で国民の圧倒

図3　グレッケルのオフィスがあったエプシュタイン館の壁面に飾られたレリーフ

的多数が併合を支持したことは、たとえそこで多くの不正がなされたとはいえ、シュシュニクの判断が当時のオーストリアにおいて特別ではなかったことを示唆している。なお、この国民投票に際しては、オーストロ・ファシズムを支えてきたウィーンのT・イニツァー枢機卿だけでなく、ナチス・ドイツとの合併には反対していた社会民主党のレナーも、支持者に賛成票を投じるよう訴えたことが確認されるべきであろう。

これまで見てきたように、戦間期のオーストリアはナチス・ドイツによる併合によって終焉を迎えるまでに、共和国から身分制国家へ、すなわち民主主義体制から一種のファシズム体制へと変容した。その一方で、オーストリア国民は文化的にはドイツに属しているという理解は、共和国設立当初に見られたドイツとの合併を目指す政治的意思が一時的に衰退したあとも、なお政治的な重要性を持ち続けていた。一九三八年の合併の原因としては、言うまでもなくヒトラーの強い意思と世界恐慌以降の経済的困難（ならびにヒトラー下のドイツがそれを脱したように見えたこと）が重要だが、オーストリアにおける伝統文化の重視と結びついた民主主義の破壊がそれを可能にしたことも軽視できない。

そして当時の政治教育は、こうした文化ナショナリズムとファシズムによって動員されていた。

祖国教育からナチズムへ

ドルフス政権では、まず一九三三年四月一〇日にA・リンテレン教育相がグレッケル通知を破棄し、[27] 五月一二日の教育省令をもって、教員に道徳・宗教教育（sittlich《ズィットリヒ》-religiöse《レリギエーゼ》 Erziehung《エアツィーウング》）の実施を命じた。[28] そして翌三四年七月七日には、教育省令「学校における祖国教育について」が発せられている。

なお、この祖国教育（Vaterländische《ファーターレンディッシェ》 Erziehung《エアツィーウング》）という言葉は当時のオーストリアで初めて使われたわけではない。いわゆる「神と祖国への教育」が一九世紀前半のプロイセンですでに求められており、[29] またスイスでも、すでに一九一八年にカトリック学校団体（katholische《カトーリッシェ》 Schulvereinigungen《シュールフェライニグンゲン》 der《デア》 Schweiz《シュヴァイツ》）の『教育雑誌』の第一面に「祖国教育」と題する記事が掲載されている。その記事によれば、国家や社会ないし経済についての知識を伝えるのではなく、宗教という酵母を介してこそ古き良きスイスの伝統を守ることができるのであり、反対に若者を宗教から遠ざけようとすると彼らの祖国愛が損なわれるのだという[30]。

　オーストリアでも同様に、国家についての社会科学的な知識ではなく宗教すなわちカトリックの教えを通して祖国愛を育てるという目的意識が、祖国教育の核をなしていた。右に記した三四年の省令では、特に祖国への義務を果たすべきこと、また禁止されている政治的活動を行った生徒に対しては、オーストリアの高等教育機関への進学の前提となる卒業証書を交付してはならないことが記されている[31]。なお、こうした省令が公布された背景には、一九三三／三四年度に、禁止されていたナチスの活動に多くの中学生が参加していることが確認されたという事情があった[32]。また、三六年に公布された「学校外における青少年の祖国教育に関する連邦法」では、カトリック系以外の団体・機関については、三七年一月一日までに教育省の許可を得られない場合は解散させられると記されている[33]。

　祖国教育は、単に政府が推進しただけでなく、教会はもちろん教育界にも一定の支持者を見出した。たとえば一九三五年にウィーン市教育研究所で行われた教員を対象とする講演で、ギムナジウムの校長L・ヘンゼルは次のように語った。

> 今日、以前よりも祖国に向けた心情教育が求められているのには二つの理由があります。まず、これまで心情教育は意図的に破壊されてきました。いまは、その破壊されたものを再建すべき時です。オーストリアのように存立のために戦わなければならない国家は、若者の教育において祖国の承認と祖国への愛を教えなければならないのです。……身分制憲法は人間の結びつきを喪失させる個人主義や、非人格化された大衆による盲目の

支配、そして全体主義国家の絶対主義に対抗する試みなのです[34]。

ここでヘンゼルが二つの理由をあげていること、すなわち祖国教育が求められるのは現実の国際情勢における国家防衛への要請によるだけではないとしている点は重要であろう。彼は全体主義を否定的に捉え、ナチス・ドイツにそれを見る一方、オーストロ・ファシズム体制を作った身分制憲法（五月憲法）については、むしろ全体主義に対抗するものと理解している。彼にとっては、（個人主義や）全体主義には道徳性が欠けていることが問題なのである。講演の続きの部分で、彼は「祖国への心情だけでは不十分です。人間は自らの精神的・道徳的な憲法を持っていなければなりません[35]」と述べているが、こうした教育観には、長らく政治教育を不要としてきた一九世紀の思考の復活を見ることができるであろう。

しかし、カトリシズムを土台として社会民主主義とナチズムからオーストリア国家を守ろうとする方針は、現実には不徹底だったと言わなければならない。グレッケル通知を廃止したリンテレンは、その後ナチスに接近し[36]、また彼のあと教育相を引き継いで祖国教育を推進したシュシュニクが、やがてドイツ軍の進駐を認めることになるのである。

また、実際にどの程度に祖国教育が進められたのかについても疑問の余地が残る。

たしかにシュシュニク教育相のもとで一九三五年に公布された初等・中等学校用の教育課程基準では、最終学年（第八学年）に、歴史と地理と政治教育の内容を扱う教科として祖国科（Vaterlandskunde《ファーターランツクンデ》）が新設された。その目的は、「生徒が、大地と人間の相互的な結びつきをオーストリアの本質の重要な基礎として理解し、故郷と祖国への愛情を確かなものとすること」にあると記されている。ほぼ同様の目標設定は、祖国科につながる歴史科にも見られる。ファシズム体制下の歴史教育は、「祖国オーストリアの歴史と、その道徳と習慣を学ぶことにより、故郷への愛情を育て、また祖国とオーストリアの民族性への意識を覚醒させる」ことを期待されていた。[37]

とはいえ、こうした教育がスムーズに展開されたわけではない。政府の方針を支持する教員がいる一方で、ドイツ民族主義や社会民主主義の影響下にある教員も少なくなかった。政府は教育課程基準の改訂にあわせて懲罰を重くするなど教員への圧力も強化したが、特に一九三四年二月までグレッケルが教育庁に留まっていたウィーンでは、多数の教員の自発的な支持を得ることは困難であった。[38] また、そもそも一九三五年の教育課程基準に準拠した教科書を用意するのにも、多くの費用と時間が必要とされた。ダハスによれば、そこでは歴史を中心として、それまで使用されていた多くの教科書が反カトリック的あるいはマルクス主義的ないし国際主義的であるとして使用を禁止されたが、その代わりとなる教科書が供給されなかったため、多くの教室で教科書なしでの授業を余儀なくされる事態となっていた。新しい教育課程基準に基づく教科書はようやく一九三七年に部分的に用意されたが、そのとき供給されたのは低学年用の教科書だけである。[39] そして翌年にはナチス・ドイツに併合されて、オーストロ・ファシズム政権は消滅することになる。

もちろん、教育政策が予定どおりに進まなかったことは、その影響が少なかったことを意味するものではない。なにより教員も生徒も厳しい監督と罰則のもとに置かれ、政府の見解とは異なる言動は難しくなっていた。体制派の教員のあいだでは、「教育不可能な生徒の口を封じ、彼らとまだその影響を受けていない若者の接点を断ち、さらに生徒たちを祖国教育の行事に参加させることで、ほかの考え方に少しでも触れることがないようにする」[40] 努力が求められていた。そして、「教育不可能」な若者を減らそうと、少なくない教員が教育の成果を競ったのである。

ダハスは、オーストロ・ファシズムの前後で大学入学資格試験のドイツ語の試験問題の内容がどのように変化したかを調査しているが、そこからは一九三三／三四年度と、ドイツによる併合がなされた三七／三八年度に大きな転換を認めることができる。[41]

オーストリアにおける大学入学資格であるマトゥーラの試験は、当時はもちろん戦後も二〇一五年までギムナジウムごとに実施されており、そのためウィーン市内だけでも毎年複数の問題が出題されていた。

五月憲法成立以前の試験問題は、ダハスによれば、第一に一般的な政治的テーマに関する問題、第二にオーストリア愛国主義のテーマに関する問題、そして第三に全ドイツ主義的傾向を持つ問題の三種類に分けることができる。たとえば一般的な政治的テーマの問題として「道徳上の問題としての失業」や「諸国民の和解について」などがあり、オーストリア愛国主義的テーマの出題としては「オーストリアと世界恐慌」や「オーストリアの昔と今」が、また全ドイツ主義的傾向の出題としては「一九世紀におけるドイツ統一への道」や「ドイツ国民のいかなる長所と弱点がその歴史を説明するか」などがあった。

それに対してオーストロ・ファシズム体制下では、これら三つのうち、一般的な政治的テーマと全ドイツ主義的傾向の出題が消え、オーストリア愛国主義一色に染められることになる。具体的には「詩と歴史と経済から見たドナウ」、「ヨーロッパ文化の砦ないし御旗としてのオーストリア」、そして「世界に冠たるオーストリア（プリンツ・オイゲンを例に）」といったテーマが出題されている。

ここから、オーストロ・ファシズムの教育政策は必ずしも政権が望むようには貫徹されなかったとしても、相当程度に学校教育に影響を与えたことが想像される。少なくとも民主主義や社会問題について考えること、もう一方でオーストリアのドイツ的性格について時間をかけて考えることを教員は生徒に求めにくくなったのであり、生徒もそうした学習と思考は、大学入学資格獲得のために役に立たないことを理解したはずである。

しかし、繰り返しになるが、このオーストロ・ファシズム体制は一九三八年三月にあっけなく崩壊する。そして、その直後のマトゥーラ試験では、「ドイツ・オーストリアとドイツの合併が持つ文化的・経済的メリット」や「ドイツの歴史における指導者像」が問われるに到った。強権的に教えられたオーストリア愛国心は政府とともに教育の場から退場し、ナチズムがそれに取って代わったのである。

ナチスによる教育の「浄化」は教員に対しても行われた。併合の一週間後にはヒトラーへの忠誠を誓う宣誓が求められ、好ましからざる人物の追放が進められた。そのあとには数多くの講習が続いた。とはいえ、ドイツにおけるのと同じように、[42] ナチス政権はオーストリアでも必ずしも学校教育に多くの期待をしてはいなかったと考えられる。[43] 彼らは学校を単なる知識伝達の場、そして身体を鍛える場とみなしており、政治教育は、少年団での活動や様々な記念日の式典のようなプロパガンダ・イベントに多くが委ねられた。

もちろん、このことは学校が人種主義や総統への忠誠といった政治的イデオロギーを伝達しなかったということではない。それらは教科ならびに教科外活動で意識的に教えられただけでなく、たとえばユダヤ系市民の教員と生徒を学校から追放する行為そのものによっても生徒たちに伝えられた。しかしプロパガンダを重視する彼らは、教育すなわち精神性の発展には関心を示さず、また彼らなりの政治教育を積極的に展開する間もなく戦争へと突き進んでいくこととなった。

本章の最後に、あらためて一九四五年以前のオーストリアを振り返ると、そこにもかなり早くから政治教育の必要性に気づいた人々が存在したにもかかわらず、敗戦までそれが本格的に始動することはなかったと結論せざるを得ない。第一次世界大戦前後に見られた萌芽は、社会民主主義勢力と保守カトリック勢力の対立と絡んで伸び悩み、まもなく摘み取られてしまった。

そもそも宗教や伝統による統治を目指す姿勢からは、政治教育は必要とされにくい。エクスナーが指摘したように、宗教や伝統が言わば国民の半分しか統合できない状況になっていたにもかかわらず、自分たちの陣営の内輪の論理で国家全体を運営する誘惑を、政権を担う保守勢力が断てなかったところに、政治教育が発展しなかった最大の原因があったと考えられる。それほどまでに保革の緊張関係を高めた責任の半分は社会民主党に帰すことができるとしても、である。

そして、もう少し視野を広げるならば、そもそも保革の二大陣営がいずれもオーストリア国家より長い歴史を有していたことも見逃せない。オーストリア第一共和国が建設されなければならなかったとき、国家意識は希薄だったが、階級意識はすでに形成されており、オーストリア第一共和国はその対立を最後まで克服することができなかった。共和国を守るための政治教育を発展させることに失敗したという事実は、むしろこうした政治的展開を象徴するものと言えよう。

もちろん、もし二大陣営間の極度の相互不信を乗り越えて何らかの妥協がなされ、政治教育が動き出していれば、ナチス・ドイツの支援を受ける第三勢力に国家を簒奪されることはなかっただろうという推測には根拠がない。しかし、こうした反省を当然要求される形で、オーストリアの人々は敗戦を迎えることとなるのである。

第2章　オーストリア共和国の再建

1　戦前への回帰

国家市民教育に関する通知

一九一八年とは違って、若干の例外を除けば、気づかぬうちに民主主義が崩壊する危険に対して学校教育が果たすべき役割に関する真剣な議論はなかった。

第二次世界大戦後初期に進められた教育の再建過程について、オーストリアの政治教育の歴史をまとめたヴィマーは、このように総括している(1)。たしかに第一次世界大戦終結時には、いわゆるオーストリア革命のなかでグレッケルに代表される社会民主党系の教育関係者が新しく建設される共和国のための教育のあり方を模索し、それを実行に移していった。そのなかには、当時の状況を反映して、民主国家としてオーストリアを形成する上で必ずしも適切ではなかったのではないかと考えられる部分もあり、またそもそもキリスト教社会党とその支持者の反対により、その成果はわずかなものに留まったが、真剣な議論がなされたこと自体に間違いはない。

それに対して、第二次大戦後は違った。右のヴィマーの総括は例外的なものではない(2)。たしかに一九四五年九月三日に暫定政府のもとで公布された通知「オーストリアの学校における教育と授業のための一般原則」は、ナチズムとりわけ指導者崇拝や人種理論を否定し、「学校その他の教育機関の課題は、若者をそれまでの間違った思想に代わる新たな価値とそれに基づく教育へと導くことである」と述べ、その新たな価値としては「真の民主的意識とオーストリアのヒューマニティ」を謳っている(3)。

通常は普遍的な価値として語られるヒューマニティに「オーストリアの」という修飾語が加えられている点には疑問が湧くが、このあとの展開はその疑念をさらに大きくするものであった。すなわち、同年一一月に実施された選挙とその結果として形成された社会民主党、（キリスト教社会党を引き継ぐ）国民党、共産党の三党連立政権下では、新しい民主的な教育を追求するのではなく、戦前への回帰が目指されることになった。一九四六年一〇月の民衆学校用暫定教育課程基準は、第七～八学年の歴史科における市民教育の内容として「公共機関とそれが個人と共同体に対して持つ意味の認識、ならびに職業と産業共同組合・農業共同組合の概要(4)」を掲げているが、この前半部は一九二八年のギムナジウム教育課程基準における第八学年の歴史科の記述と全く同じである(5)。

もっとも、後述するように、そもそも戦後のオーストリア政府そのものが一九二〇年の憲法ないし二九年の改正憲法を復活させるところから出発したことを考えれば、これは特に驚くにあたらないかもしれない。

こうした一九三四年以前への回帰は、ナチズムだけでなくオーストロ・ファシズムも民主的ではなかったとの認識を示しているとも言えるが、その認識には真剣さが欠けていた。故郷であれ祖国であれ、ネイションへの忠誠という第一共和国が掲げる目標に基づく教育がファシズムへの道を開いたのではないかという、すぐに思いつく理解には根拠が不足しているにしても、そのような心配をすることには十分な理由があったと言えるだろう。

学校教育政策をめぐる当時の議論は、翌四七年に官報の非公式の部分に掲載された「オーストリアの学校の教育計画の基本原則」によく表れている。この文章は、H・ガスナーとV・ファドルスという、かつてグレッケルとともにウィーンで働き、ナチズムと戦争を生き延びて終戦後に教育省に戻った学校改革者の連名で書かれている[6]。そのなかで一人は、オーストリアの教育が追求すべき課題として次の六点をあげている。

第一に人格の育成、第二にオーストリア人としての自覚の育成、第三に国家市民の育成、第四に世界市民の育成、第五に職業意識の育成、第六に健康な人間の育成である。

このうちオーストリア人としての自覚の育成と国家市民の育成という課題は、暫定教育課程基準に見られる、オーストリア国家への忠誠と共和国市民としての自覚の教育という問題意識にそのまま対応していよう。これらの内容について、ガスナーとファドルスは次のように記している。

調和を重んじ、自然な謙虚さと根拠のある自信を持つことができるよう、生徒はオーストリアの国家と文化の意識を養う教育を受けなければならない。……国家意識は、過去と現在における精神と経済の分野でのオーストリアの固有性に基づく文化意識をその支えとしている。……

若者は、法的・文化的・経済的・社会的な意味における国家が有する真の民主主義の課題を知らなければならず、教育はそのために貢献しなければならない。自らと環境に対する厳しい批判が、あらゆる空疎な言葉に対する抵抗を可能とする。さらに他者の意見を尊重すること、他者の利害と行動を理解することが教えられなければならない[7]。

ガスナーとファドルスが民主的なオーストリア国家の建設を目指していたことは間違いない。また、第一次世界大戦直後に社会民主党のあいだに顕著だったドイツ人意識を追求する姿勢が見られず、もっぱらオーストリア文化が語られている点は注目に値する。

この変化に一九三八年以降の経緯が作用しているのは間違いないが、オーストリア愛国主義の教育はドルフス政権下でも推進されたのであり、三四年から三八年のオーストロ・ファシズムを二人がどう考えていたのかという疑問は残る。問題はナチズムだけではない。オーストロ・ファシズムを否定したからこそ、一九三四年ではなく二〇年代の憲法に戻ったはずなのだが、この文章からは、それを準備した教育への反省的な意識がうかがわれないのである。

あるいは「真の民主的意識」や「真の民主主義」といった安易な言葉遣いに、認識の限界、すなわち民主主義社会はどのような価値観や能力を持つ市民によって、どのように運営されるものなのかについて理解が不十分だった様子を見るべきかもしれない。冒頭の「調和を重んじ」や「自然な謙虚さ」という目標や、社会に存在する利害対立を相互の理解と尊重で乗り越えるべきであるとする論理は、道徳教育論としては一定の意味を持つかもしれないが、民主的な政治教育論としては不十分である。敢えて言えば、この「基本原則」は、民主的な社会が存在していることを前提に、子どもがその秩序の中にスムーズに組み込まれていく仕組みを想定しており、少なくとも民主主義社会発展への貢献を教育に期待しないものとなっている。

この一九四七年に教育省の非公式な見解として公表された考え方は、問題を抱えたまま四九年七月六日の「国家市民教育に関する通知」となって具体化されていった。

これが通常、戦後オーストリアの政治教育政策の出発点とされるが、その通知でまず目を引くのは、相変わらず「国家市民教育」という一九世紀以来の言葉が使われている点である。同じ時期の（西）ドイツでは、国家市民教育に代わって政治教育という言葉が広まりつつあった。そこには、過去の経緯から前者につきまとう、国家ないし政府に対する従順さ、すなわち一種の臣民意識の育成を目指す教育というイメージを払拭し、啓蒙された個による民主主義を追求しようとする姿勢が表れている。こうした政治・教育思想上の革新が、この時点でのオーストリアではまだ生じていなかったのである[8]。

新しく民主主義国家を建設しようとしながら、旧来の教育と政治の関係についての理解にとらわれている様子は通知の随所に見ることができる。

> オーストリアの国民ならびに文化と、国家との結びつきから、国家市民教育には以下の二つの不可分の課題が生じるのであり、それらが認識され、また達成されなければならない。第一の課題は、オーストリアの故郷意識・文化意識を覚醒し育てることである（郷土教育）。第二の課題は、忠実で有能な共和国市民を育てることである（政治教育）[9]。……国家市民教育は、他の教育課題と並ぶ課題の一つと考えられてはならない。それはオーストリアの学校法の伝統との関係において、人間教育の最高の目的として理解され、そのために計画・実行されなければならない。
>
> 深い国民意識ならびに文化意識に到達するためには、過去と現在において精神的・経済的にオーストリアが達成したものの固有性が、小中学校の郷土科にとどまることなく、あらゆる種類の学校のすべての教科において取り上げられなければならない[10]。

このあと各教科における国家市民教育のあり方についての記述が続くが、郷土科では「郷土愛と祖国愛」の育成が目標として設定されるなど[11]、文化的な帰属意識と国家への帰属意識が一体のものとして追求されているところに、右に記された方針が貫徹されている様子がよく表れている。

なお、この通知のなかでは「政治教育」という言葉が使用されているが、それは politische《ポリーティッシェ》 Erziehung《エアツィーウング》 であって、今日のドイツ語圏で一般的な politische《ポリーティッシェ》 Bildung《ビルドゥング》 ではない。日本語で両者を区別することは難しいが、第1章で触れたように、通知で使われている前者は、学校での授業を中心に教員が正しい知識や望ましい姿勢の伝達を目指すというニュアンスがあり、学習者が自ら政治的な思考力・判断力・行動力を形成していくのを支援することを目的とする（狭義の）政治教育とは別の理解に立っている。

通知の文脈に照らして考えるなら、politische Erziehung《ポリーティッシェ エアツィーウング》は祖国愛を育てることを目的とする授業を考えるのに対し、politische Bildung《ポリーティッシェ ビルドゥング》であれば、たとえば祖国愛とはなにか、それはなぜ求められる場合があるのかなどについて考え、自分の見解を持つことを促す授業を構想することになろう。国家市民教育が想定しているのは前者であり、だからこそ郷土教育と容易に連携しうるのだが、そこからは権威主義的な国家の姿が透けて見える。

なお、同様の傾向は、教科外の教育活動に一層顕著である。四九年の通知は次のように述べている。

> 生き生きとした国家意識は、国家シンボルへの深い尊重の形をとる。すべての教室に大統領の肖像のほか、国章が掲示されなければならない[12]。

このあと、校内のしかるべき場所に憲法を掲げること、また国家市民の権利と義務について読みやすい大きさで掲示することへの期待も記されているが、大統領の肖像と憲法の条文を同列に捉えるこの指示にも、この時期の教育省の通知に一貫する、民主主義を追求しながらも、それ以上に国民意識の形成を重視する姿勢をうかがうことができる。

なお、ヴィマーはこの一九四九年の通知について、それは教育学的には第一次世界大戦後ではなく大戦以前への後退だと評し、その原因として、それがJ・レール次官のもとでまとめられたことが大きいと述べている。かつて実科学校の校長だったレールは、オーストロ・ファシズム体制下の祖国教育運動を推進した人物でもある。彼の学校共同体（Schulgemeinschaft《シュールゲマインシャフト》）思想においては、学校は生徒が全体の秩序を乱すことなく「正しく自由を行使する」

ことを学ぶ場、すなわち全体にとっての有益な一部になることを学ぶ場だったのであり、そのような第一次世界大戦前に形成され、一九三四年以降再活性化した考え方が、戦後に三たび政治教育の核に置かれることになったというのである。[13]

オーストリアの政治教育における個人と国家の関係の理解の変遷についてヴィマーが述べていることに、大きな間違いはないだろう。戦後初期の教育行政は、必ずしもガスナーやファドルスのような、かつてのグレッケルの同僚によってのみ担われていたのではなく、レールのように三四年以降グレッケルの遺産を廃棄していった保守系の元教員も、そこでは大きな役割を果たしている。[14]

その一方で、ここでは四九年の通知が抱える限界に保守系の教育関係者の影響のみを見て、社会民主党系の教育者・思想を除外して考えて良いのかという疑問が生じる。ヴィマーは四七年の非公式の文書に触れていないが、既述のように、そこに記されている内容は四九年の通知を先取りしている。オーストリア国家と民主主義国家への帰属意識を分けること、あるいは文化と国家を分けることは、そもそもグレッケルにも難しかったのではないだろうか。彼を中心とする社会民主党の教育政策が目指したのは、労働者を中心とする貧困層と富裕層のあいだにある教育機会の格差を縮めることであり、それは階級意識による分断状況を脱し、国民意識に基づく共同体を建設しようとする思想と結びついていた。また、こうした教育思想は現実の政治によって規定されていただけでなく、当時の心理学によっても裏付けられていた部分もあるかもしれない。[15] 状況の変化により、かつて国民意識の基礎として想定されていたドイツ文化の代わりに戦後はオーストリア文化（その地域における「精神的ならびに経済的達成物」）が置かれることとなったと考えれば、実はヴィマーが示唆する第一次世界大戦と一九三四年のあいだの空白も、それほどの意味を持たないことになる。

もちろん、ドイツ文化を考えるのか、オーストリア文化を考えるのかは歴史的にも政治的にも大きな違いであり、さらに二大陣営のあいだのスタンスの差異は常に確認しておく必要があるが、四七年の文書は、両者の共通性が持つ意味を再検討するよう求めていると言えよう。

以上は当然のことながら、一九四〇年代後半のオーストリアの教育政策に対するヴィマーの厳しい評価そのものに異を唱えるものではない。それは今日の政治教育の視点から見れば、明らかに問題の多いものだった。そして、こうした状況がこのあとも三〇年あまりにわたって学校を支配することになる。

しかしその一方で、戦後のオーストリアはかつてのようにファシズムに陥ることはなかったことも確認しなければならない。教育は必ずしも民主的とは言えなかったが、政治は冷戦体制のなかで一応の民主主義体制を築くことに成功した。

共和国の再建

いわゆる第二共和国は、ドイツと連合国とのあいだで休戦協定が結ばれる前の一九四七年四月一七日に、第一共和国初代首相をつとめ、以前からソ連軍と連絡をとっていたレナーが、社会民主党と国民党、そして共産党の代表とともに、ナチス・ドイツによる支配を無効とし、共和国の再建を宣言したところから始まる。レナーを首相に据える臨時政府は、当初はソ連の承認しか得られていなかったが、同年一〇月二〇日にイギリス、フランス、アメリカの承認も得ることができた。

第二共和国の民主主義にとって重要な意味を持つのは、一九四五年一一月二五日に行われた戦後初（オーストリア共和国として第五期）の国民議会選挙で、国民党が単独過半数（八五議席）を獲得したにもかかわらず、社会民主党（七六議席）、共産党（四議席）とともに連立政権を維持したこと、そしてその政権が一九二九年の憲法に基づいてオーストリア共和国政府となったことである。また、一九四九年に旧ナチス関係者が公民権を回復するなかで行

表 1　1945 年以降の国民議会選挙結果と与党（網かけ部分は与党）

選挙年	社会民主党[1]		国民党		自由党[2]		緑の党		NEOS[3]		未来同盟		共産党	
	得票率(%)	議席数	得票率(%)	議席数	得票率(%)	議席数	得票率(%)	議席数	得票率(%)	議席数	得票率(%)	議席数	得票率(%)	議席数
1945	44.6	76	49.8	85									5.4	4
1949	38.7	67	44.0	77	11.7	16							5.1	5
1953	42.1	73	41.3	74	10.9	14							5.3	4
1956	43.0	74	46.0	82	6.5	6							4.4	3
1959	44.8	78	44.2	79	7.7	8							3.3	—
1962	44.0	76	45.4	81	7.0	8							3.0	—
1966	42.6	74	48.4	85	5.4	6							0.4	—
1970	48.4	81	44.7	78	5.5	6							1.0	—
1971	50.0	93	43.1	80	5.5	10							1.4	—
1975	50.4	93	42.9	80	5.4	10							1.2	—
1979	51.0	95	41.9	77	6.1	11							1.0	—
1983	47.6	90	43.2	81	5.0	12	3.4	—					0.7	—
1986	43.1	80	41.3	77	9.7	18	4.8	8					0.7	—
1990	42.8	80	32.1	60	16.6	33	4.8	10					0.6	—
1994	34.9	65	27.7	52	22.5	42	7.3	13	6.0	11			0.3	—
1995	38.1	71	28.3	52	21.9	41	4.8	9	5.5	10			0.3	—
1999	33.2	65	26.9	52	26.9	52	7.4	14	3.7	—			0.5	—
2002	36.5	69	42.3	79	10.0	18	9.5	17	1.0	—			0.6	—
2006	35.3	68	34.3	66	11.0	21	11.0	21			4.1	7	1.0	—
2008	29.3	57	26.0	51	17.5	34	10.4	20	2.1	—	10.7	21	0.8	—
2013[4]	26.8	52	24.0	47	20.5	40	12.4	24	5.0	9	3.5	—	1.0	—
2017[5]	26.9	52	31.5	62	26.0	51	3.8	—	5.3	10			0.8	—

注 1）1991 年までは（オーストリア）社会党。
注 2）1956 年までは独立者連盟。
注 3）2008 年まではリベラル・フォーラム。
注 4）ほかにチーム・シュトロナッハが 5.7（%）で 11 議席を獲得。
注 5）ほかに緑の党から分かれた PILZ（ピルツ）が 4.4（%）で 8 議席を獲得。

われた国民議会選挙では、過半数を失ったものの第一党となった国民党（七七議席）は、旧ナチス関係者の支持を得た独立者連盟[16]（一六議席）ではなく、社会民主党（六七議席）との連立を選んだ。こうして、第一共和国の憲法のもとで二大政党が連立して政権運営を行うという、戦後オーストリアの民主主義体制の原型が成立した。その後、表1に示したように、戦後の七〇年あまりのなかで大連立政権の期間がほぼ四五年を占めることになる。

これは少なくとも、一九二〇年選挙で社会民主党が第一党から陥落すると連立から離脱したこととは対照的である。その意味では第二共和国は、第一共和国の失敗への反省に基づいて開始されたと言えよう。そこでは同時にプロポルツ制と呼ばれる、二大政党が国家の主要ポストを分け合う仕組みも形成され、それは政治・経済の様々な面に硬直化をもたらし、さらに二つの陣営に回収されない人々の権利を制約するものとして否定的に語られる場合が少なくないが、両陣営を国家に縛りつけるために必要だった面もある。すなわち、独立者連盟に代表される第三陣営とはナチズムに連なるドイツ民族主義派にほかならず、歴史的経緯のゆえに、オーストリア国家の安定のために は二大陣営の協力によって彼らの影響力を排除することが必要でもあった。その後の展開は、時間とともに二大政党プラスワンの体制が弛緩し、三大政党制ないし多党制に変化していくが、そこではオーストリアの変容や民主主義の危機が語られることになる。

そして戦後初期の時点での課題は、政党国家（Parteienstaat《パルタイエンシュタート》）とも呼ばれる[17]、対立する二大政党の方が国家よりも長い歴史を持ち、アイデンティティ上の凝集力も強いという前提条件のもとで、いかに両者の協力を可能にするかであった。この点については、両党の協力に基づく第二共和国の発展を可能にした最大の要因が、第一共和国の失敗とナチス政権下でともに迫害された経験にあるのは間違いないが、それに加えて国際環境にも目を向ける必要があろう。

まず第二次大戦後、ドイツが二つに分割され、それぞれが東西両ブロックに組み込まれていったこと、つまりかつてのようにオーストリアを併合することなど全く考えられない状況になったことは重要である。同じ敗戦のあとでも、第一次大戦後と第二次大戦後では、ドイツは大きく異なる国家になっていた。

その一方で戦勝国は第一次大戦後と変わることなく、独立したオーストリア国家の存在を要求していた。戦勝国の姿勢は、一九四三年一〇月三〇日に合意され、翌日発表された、「オーストリアに関する宣言（いわゆるモスクワ宣言）」によく見ることができる。

オーストリアに関する宣言

イギリス、ソ連、アメリカ合衆国政府は、ヒトラーの犠牲となった最初の自由な国家であるオーストリアは、ドイツ支配から解放されるべきであるとの意見である。

三国政府は、一九三八年三月一五日にドイツによりオーストリアに押しつけられた併合を無効とみなす。その日よりオーストリアで行われた変更には一切拘束されない。三国政府は、自由で独立したオーストリアが再建されることへの期待を宣言する。……

しかし、オーストリアは、ヒトラー・ドイツの側に立って戦争に参加したことに責任があること、また最終決定に際しては必然的に解放に向けた自らの努力が考慮されることを忘れてはならない(18)。

このモスクワ宣言については、戦後のオーストリアでは最初の三文が好んで引用され、反対に最終段落を無視することで、それは犠牲者神話(19)の創造に利用されたと言われる場合が多い。しかし本書の文脈から重要なのは、連合国は戦争中から、対ナチス・ドイツ戦争を遂行するためにオーストリア人をドイツから離反させようとしていたということである。そして暫定政府に始まる第二共和国政府は、この四三年の宣言を最大限に利用して、戦勝四カ国による分割占領の終了とオーストリア国家の独立を追求したのだが、その結果として一九五五年にオーストリアが永世中立国として誕生することは、ドイツの再度の大国化を懸念する周辺国にとっても好ましい事態であった。その後、一九九〇年に東西ドイツは統一を果たしたが、そこにオーストリアが加わることは全く考えられず、その意味では二度の世界戦争終結時に連合国が望んだ状態が、いまも現実に続いていると言える。

このように、オーストリア第二共和国は国際社会から基本的に祝福されて形成されたのであり、相互に不信感を抱く二大政党の協力は、周囲の期待と要求に応えるものだったからこそ可能になった面もあろう。

他方、戦勝国は、必ずしもオーストリアの民主化を強く望んでいたわけではなかった。なにより重要なのはオーストリアが独立国であり続けることであり、それが民主的であるかどうかは彼らにとって二次的な問題である。もちろん、それがソ連の衛星国となるのは西側にとって好ましいことではなく、その意味でも、またより一般的な意味においても第二共和国には民主主義が期待されたが、その優先順位は決して第一位ではなかった。このことは、ドイツとは違ってオーストリアでは戦勝国が占領教育改革に不熱心だったところに、よく表れている。さらに若干時代は下るが、一九五〇年代末から六〇年代にかけて、『サウンド・オブ・ミュージック』のようなミュージカル（映画）が犠牲者神話を言わば外から支えていたところにも、少なくともアメリカで広がっていたオーストリア社会を軽視する姿勢を確認することができるだろう。[20]

戦後初期の学校と大学

先に見た一九四九年の通知等に見られる政治教育政策は、こうした内外の条件を反映していると考えられる。オーストリア愛国心の強調と権威主義による民主主義の混濁は、当時の国際社会の要求と国内の政治的条件が符合したところで生じた。もちろん、より積極的に民主的な政治教育を追求する可能性も論理的には存在したはずだが、国内にそれを用意するだけの教育（学）的な基礎がなく、戦勝国も彼らにそこまでは求めなかったのである。

こうした戦後国家再建の初期における政治教育の遅れは、その後の展開にも影響を及ぼしている。この点、西ドイツでは、特に一九五〇年代の学校では、いわゆるパートナーシャフト教育論のように、利害や価値観に基づく対立よりも共同体における調和を重視する、今日の目から見ると非政治的な政治教育が広まっていたが、それらは、かつてナチスに様々な形で抵抗した人々を中心とする政治教育学者の手で、まもなく否定されていく(21)。こうした過程は同時期のオーストリアでは見られない。たしかに時間とともに宗教を中心とする文化と伝統を核にした国家観は少しずつ弱まっていくようにも見えるが、その過程で政治的・教育的な対立が表に出ることはないのである。

さて、二一世紀まで続く戦後オーストリアの学校制度は一九六二年に一連の学校関連法(22)が整備されることで、その基礎が形成された。それを可能にしたのが七月一八日の憲法改正における学校教育条項の修正であり、またその憲法改正を可能にしたのが七月九日の政教条約である(23)。それまで国民党ないしカトリック教会と社会民主党とのあいだで宗教教育を中心に意見の対立が続いたため、学校教育については、第二共和国の誕生とともに効力を回復した一九二九年の憲法における極めて簡素な規定しか持つことができなかったのだが、当時の教育相H・ドリメルの言う「二〇世紀後半におけるキリスト教人道主義と人道主義的社会主義の出会い(24)」により、オーストリアの二大政党が憲法改正において協力できるようになったのである(25)。

一九二九年憲法における学校教育に関する規定は、改正前の一九二〇年の条文をそのまま引き継ぐ、わずか一文の簡素なものであった。

第一四条
学校教育ならびに国民教育制度における連邦と州の権限は、連邦憲法によって定められる(26)。

これが一九六二年に大幅に拡充され、計一一項目から構成されるに到った同じ第一四条の第一〇項には次のように記されている。

州で勤務する連邦の教育公務員、義務教育、学校組織、私立学校、学校における宗教教育を含む学校と教会（宗教団体）の関係に関する事柄については、高等教育ならびに芸術アカデミーの場合をのぞき、国民議会議員の過半数が出席し、三分の二以上の賛成によって連邦法を定めることができる。……[27]

ここで三分の二という数が意味するのは、二大政党が拒否権を持ったということである。つまり一九四五年以来の両党の協力による教育政策の運営という原則が、憲法によって再確認されたことになる。そして、それに基づく新しい学校制度においても政治教育の基本的な性格が大きく変わることはなかった。特に学校教育の課題を記した学校組織法第二条には次のように記されている。

第二条　オーストリアの学校の課題

(1)オーストリアの学校は、発達段階と進路に応じた教育により、道徳的・宗教的・社会的価値と、真・善・美の価値に向けて若者の素質を発展させることに努める。学校は若者に、人生と将来の仕事で求められる知識と能力を備え、また自分で教育を得られるようになるよう促す。若者は、健康かつ有能、また義務に忠実で責任感のある社会の一員となるよう、そして民主的で連邦制のオーストリア共和国の市民となるよう、教育される。彼らは、自らの判断と社会理解のほか、他者の政治理解と世界観に対する開かれた姿勢を持ち、さらにオーストリア、ヨーロッパ、世界の経済と文化に参加し、自由と平和を愛する気持ちをもって人類共通の課題に取り組むよう促されるべきである。[28]

図4　中央ヨーロッパ大学教授（元インスブルック大学教授）A・ペリンカ氏。オーストリアの政治教育の発展に大きな役割を果たした。

ここではオーストリア文化への明確な言及は影をひそめ、反対に「自らの判断と社会理解」や「他者の政治理解と世界観に対する開かれた姿勢」といった政治教育上の目標を認めることができる。その一方で「道徳的・宗教的・社会的価値」や「真・善・美の価値」そして「健康かつ有能、また義務に忠実で責任感のある社会の一員となる」といった言葉遣いには、従来の権威主義的な国家・教育観が表れてもいる。このことは、一九六二年の憲法が、たしかに国民党と社会民主党の妥協の成立と、それによる戦後オーストリア国家の安定を象徴する一方で、「反啓蒙主義的な従順を教える伝統」（A・ヴォルフ[29]）に打ち勝つだけの民主主義教育論が成長する前の段階で、学校教育が政治的に固定されたことを示唆している。

そしてこのような制度とそれを形成した社会は、学生運動が世界を覆った一九六〇年代に、隣国のドイツやフランスとは異なる状況をオーストリアにもたらした。現代史研究者のP・エープナーとK・フォツェルカは、六八年を「おとなしい革命」と呼び[30]、オーストリアを代表する政治学者の一人であるA・ペリンカも「学生運動は相対的に見てわずかな政治的爆発力しかもたなかった」と述べている[31]〔図4〕。

もちろん何も起きなかったわけではない。

一連の学校教育法が審議されているとき、世界通商大学（現ウィーン経済大学）の歴史家であるT・ボロダイケヴィチ教授の講義に注目が集まっていた。彼はもともと保守カトリック陣営に属していたが、ナチス・ドイツによる併合以前の一九三四年に、まだ活動を禁止されていたナチスに入党した過去を持つ筋金入りの元ナチスである。戦後は公民権を剥奪されていたが、一九四九年に旧ナチスの票を獲得することを目指す国民党に対して旧幹部との橋渡し役をし、その功績により教授ポストを与えられたと言われている。(32)

少なくとも一九六二年以降の講義で、彼が、マルクスや（一九二〇年の憲法を起草した）ハンス・ケルゼンに言及する際には「ユダヤ人の」という修飾語をつけて呼び、戦勝国の再教育はオーストリアのドイツ的性格を消し去り、オーストリア国民なるものを創造しようとしているという、典型的なドイツ民族主義のオーストリア理解を公言していたことがわかっているが(33)、その時点ではまだそれを問題視する学生は多くなかった(34)。しかし、一九六五年三月二三日、テレビカメラを前にして「ケルゼン氏がイスラエル人だったとは言えない。当時はまだイスラエル国家は存在していなかったからだ。そもそもマルクスの教えの多くは理解不能だ。彼のユダヤの出自、ラビの出自を無視してもである……」と皮肉な言い回しをしたときから、問題は一気に拡大する。内外のメディアが一斉にボロダイケヴィチの反ユダヤ主義を批判するなか、左翼学生とかつての反ナチ抵抗運動家が、教授解任を求めるデモを始めた。それに対抗する形で右翼学生もデモを行い、両者の衝突のなかで、かつての反ナチ抵抗運動の闘士が右翼学生に殴られて死亡するという事件も起きている(35)。

しかし、こうした衝突がそのあと拡大することはなかった。

たしかに（正）教授が大きな権限を持ち、いわゆる詰め込み教育が常態だった大学への不満や、ドイツからリアルタイムで届く学生運動の情報は、オーストリアの大学でも大勢の学生が抗議の声をあげるに十分な条件を作っており、実際に左翼学生を中心に数千人規模のデモやティーチ・イン、講義室でのシット・イン、試験のサボタージュなどが行われた。また一九六九年一月にイラン国王が国立オペラを訪れた際には、抗議する学生と警察そしてイランの諜報機関のあいだで衝突が生じ、けが人と逮捕者を出している。

ただ、基本的にはオーストリアの学生運動は、いわゆる「大学の中での抗議」が中心であった(36)。ここには、当時多くの大学の学生自治会が保守派またはドイツ民族主義系の自由主義派の手にあったこと、そのために左翼の学生の行動が大学内での保守・右翼勢力との政治闘争に向かったこと、さらに争点の一つである大学組織の民主化そのものについては保守・右翼勢力も反対ではなかったという複雑な事情が関係している。他方、左翼のあいだでも、社会民主党の穏健な方針に忠実な学生と、より行動的な学生とのあいだの分裂が当初より見られた(37)。それに加えて、一九六八年八月にソ連軍がチェコスロヴァキアに軍事介入したことも運動に影響していると考えられる。左翼の学生はその翌日にウィーンの中心に位置するシュテファン広場でソ連の軍事行動を批判するデモを行った(38)。

オーストリアにおける若者の運動は、各陣営に世代間ないし男女間の対立といった新しい要素を取り入れることで、それまでの政党国家のあり方に変容を迫るものだったと言える。その影響力はその後のオーストリアの社会と政治の展開に見ることができるが、まだその時点ではラディカルな変化をもたらすことはできなかった。これは政治教育の分野にもあてはまる。むしろこの時期に政治教育の観点から注目すべきは、新たに登場した精神的国家防衛（geistige《ガイスティゲ》 Landesverteidigung《ランデスフェアタイディグング》）のための教育という考え方である。

精神的国家防衛

この言葉はスイスではすでに一九五〇年代に使用されていたが、オーストリアでは一九六四年一月一日に教育省大臣官房に精神的国家防衛係が設置された頃から急速に広まっていった。なお、同係は一九七〇年に大臣直属の精神的国家防衛・国家市民教育担当に、さらに社会民主党単独政権成立後の一九七一年には精神的国家防衛・政治教育・国家市民教育担当へと改称されている。今日の政治教育学では、政治教育担当部局として政治教育課が一九七三年に初めて設置されたと語られ(39)、それはその年に政治教育・国家市民教育課が設置され、精神的国家防衛は同課の担当分野に相対的に格下げになったことに基づいている。[40] しかし以上の経緯は、見方によっては、オーストリア教育省の政治教育担当部局は一九六四年に遡るとも言えることを示している。

この政治教育課はその後も毎年のように名称変更・組織改編を重ね、最終的に一九八九年にその担当分野から精神的国家防衛が外れることとなった。その頃より精神的国家防衛という言葉を表題に冠した書籍等は、教育省ではなく国防省の支援を受けて出版されるケースが多くなるが、二〇〇九年に国防省が国防・スポーツ省に改編され、教育関連分野を一部取り込んでからも、なお教育省は政治教育的な観点から精神的国家防衛の活動を一部管轄しており、二〇一七年末の時点で教育省のウェブサイトには次のような説明が掲載されている。

精神的国家防衛は、軍事的・経済的・市民的国家防衛とならぶ包括的国家防衛の一部です。その課題は、政治教育の枠組みにおいて民主主義の価値を伝達し、民主主義的な自由、憲法に記された市民的権利と人権の意識の全体を形成することにあります。それは、民主主義の基本的コンセンサスならびに社会的平和の保全と、国家、ヨーロッパ、そしてグローバルなコンテクストにおける包括的な安全保障政策の理解に貢献するものです。[41]

この説明からは、精神的国家防衛という言葉が持つものものしさとは違って、むしろそれは市民的権利や人権の重要性を訴える民主的な政治教育にほかならないようにも見える。とはいえ、軍事的手段と並ぶ国防政策として位置づけられていることを忘れてはならず、既存の国家への貢献を求めるものであることに疑問の余地はない。また、なにより右の教育省による説明は二〇世紀末以降のものであり、一九六〇年代は違っていた。学生運動が高まりを見せるなかで教育省が刊行した教員向けハンドブックのなかで、実科ギムナジウムで英語を教えていたF・コモルニクは次のように記している。

シット・インやティーチ・イン、ハプニング、プロテスト・ソングといった喧騒のなかで、……いまのビート世代はアメリカ社会からやってきた最初の世代ではないということを忘れてはならない。

こういう時代における教員の課題は、アジテーションやプロパガンダに負けないよう、若者に他国の人々の文化の理解を可能にする全体的な地平を提供することである。確かな歴史意識と確かな未来への期待が……学校がいまできることのなかで最も重要なのである。(42)

このあとコモルニクは、アングロサクソン社会の長所として、文民統制のもと軍隊と市民が良好な関係を保っていること、共同体のなかでの規律ある行動を低学年から教えていること、世界恐慌や第二次大戦のような危機の際に市民が政府を信頼していることなどをあげているが(43)、こうした記述からは、イギリスやアメリカからは学生運動のような頽廃的な思想と運動ではなく、個人と政府・国家のあいだの信頼関係こそ学ぶべきであるという彼の理解と主張をうかがうことができる。また、ここには精神的国家防衛という言葉が、彼に、アングロサクソン諸国への対立する二つの姿勢をもたらしている様子が見られる。すなわち、それらの諸国からの絶え間ない影響によってオーストリア文化が浸食されていくことに対する文化的防衛の必要性と(44)、オーストリアには欠けていると思われた共同体への忠誠心の重要性を、国防のために彼らから学ぶことである。この緊張に満ちた姿勢に、ウィーンの学校で英語を教える著者の立場が表れているのは間違いない。

それに対し、国防省の国防アカデミー国防教育研究部の部長をつとめたU・ルマースキルヒ少将は、文化論に陥ることなく、より明快に精神的国家防衛の課題について述べている。

精神的国家防衛の目的は、包括的国家防衛についての情報を提供し、参加意欲を高めることである。包括的国家防衛の基本的な考え方は、オーストリア国民に、必要な防衛努力についての理解を促すだけでなく、そのために犠牲になる準備を求めるものでもある。……今日、保障という言葉は、完全にとは言わないが、主として社会保障との関係で使われている。その結果、多くの市民が安全保障政策や国防政策上の諸問題について考えたことがなく、また無関心である。この無関心こそが問題なのであり、それゆえ流れを変えるための教育上の包括的な施策が必要である。(45)

このあと著者は「情報提供は民主主義国家の市民に向けてなされるのであり、それは真実に忠実でなければならず、操作の要素があってはならない」とも述べており、そこからは彼が民主主義の原則に対して一定の配慮をしている様子がうかがわれる。他方、この本が書かれたのはコモルニクより二〇年近く後であり、すでに学生運動の季節は終わっていたことから、そこには外来文化による浸食への抵抗という観点は存在しない。その意味でも、政治教育との接点が拡大しているのは間違いない。

とはいえ、コモルニクの本もルマースキルヒの本も、いずれも教育省から刊行されているにもかかわらず、そこでの精神的国家防衛の理解は二一世紀初頭に同省のウェブサイトに記された理解とは異なっている。後者においては民主主義の国家を守ることが目的とされているのに対し、二冊の本は国家そのものを守ることを自明の目的としている。たしかにルマースキルヒにおいては、その防衛すべき国家は民主主義国であることが前提とされているが、それは現状がそうだからであって、仮に民主主義国でなくなったとしても、彼は国民に対して国家防衛のために犠牲となるよう求めたであろう。

むしろ、教育省に見られる精神的国家防衛についての理解の変容は、この間にようやく政治教育が一定の発展を遂げたことを示唆しているかもしれない。

2　基本通知（一九七八年）をめぐる対立

政治教育の始まり

学生運動が社会に与えた影響は、少なくともリアルタイムには限定的だった。それは、かつて第一共和国を崩壊させ第二共和国に妥協を強いた強固な陣営からなる国家の枠を突破することができなかった。

しかし、彼らの行動はそれぞれの陣営内部に動揺をもたらし、さらに新聞報道等を見る限り、左翼の学生たちが指弾した、大学におけるドイツ民族主義派の教員と学生によるナチスの政策を支持する議論の再生産に対し、オーストリア社会はそれを批判する姿勢を示した。ここには、戦後のオーストリアがナチス・ドイツの最初の犠牲者という理解の上に再建されたことも関係していよう。ボロダイケヴィチは、七一年に本人の意思に反して退職に追い込まれた。

この点については、彼は一九〇二年生まれであり、また問題が生じてから退職までに約一〇年を要したこと、また七〇年四月に社会民主党の単独政権が誕生して教育相ポストが国民党から社会民主党に移って初めて可能になったことを確認する必要があるだろう。こうした遅れた対応は、むしろ学生運動の政治的影響力の限界を象徴しているとも言える。とはいえ、まさに七〇年に初の社会民主党単独政権が成立したことそのものが示すように、この頃、遅ればせながらオーストリア社会も変わりつつあったのは間違いない。

実際には、一九六六年三月の国民議会選挙で国民党が過半数の議席を獲得したことから、四月より単独政権となっていた。このように二大陣営の妥協の必要性の認識が相対化するなかで学生運動は行われたのであり、ボロダイケヴィチ事件は、両陣営間の緊張に満ちた協力関係の揺らぎ、すなわち反ドイツ民族主義を軸とする国家再建の要としての妥協と、戦前から引き継がれた対立の再活性化という相反する動きの両面を象徴するものであった。
こうした政治的な不安定化は必ずしも国家の不安定化を意味するとは限らず、むしろ客観的には、その前提ないし背景として国家の安定がそこに見られるかもしれない。

しかし、二大陣営間の関係が変容するなか、政治教育においては一九六九年一二月の教育課程基準でAHS《アーハーエス》すなわち普通教育中等学校（Allgemeinbildende《アルゲマインビルデンデ》 Höhere《ヘーエレ》 Schule《シューレ》、通称ギムナジウム）の第八学年（最終学年）に、「政治、経済、社会的な出来事と秩序における要素とその機能についての知識を与え、批判的な判断力ならびに理性的な意思決定の力を生徒が獲得すること」を目的に据える自由選択活動として、まさに「政治教育」が導入されるに到った(46)。

国民党政権下で導入が決められ、一九七〇／七一年度から実施されたこの自由選択活動では、生徒が自ら学ぶことが重視され、そのために「グループ活動や生徒による研究報告、ディスカッション、社会見学」のほか「政治・経済・社会の様々な分野の専門家を学校に招いて話をしてもらい、議論をする」といった活動的な学習が推奨された(47)。

政治学者のB・ヴィハが指摘するように、ここには生徒による政治参加という視点が欠けていたり(48)、問題意識が教育方法面に偏っていることは否定できないが、六九年の教育課程基準のなかで、歴史／社会科については、「多元的な産業社会、教育社会の形成、新しい社会形態の成立、政治的操作―イデオロギー、プロパガンダ、マスメディア、世論、個人の意見形成」という内容について、従来どおりに「歴史や現在の具体的な状況を手がかりに扱うこと(49)」と書かれているだけであることと比べるとき、やはり自由選択活動に一定の新しさが見られるのは間違いない。

一九七二年二月から八八年一月まで政治教育課の初代課長として、その基礎を築いたL・レティンガーによれば、六九年も七〇年も教員のための研修会を開催してきたにもかかわらず、実際にはこの自由選択活動を提供したギムナジウムは限られており、開始初年度にその活動に参加した生徒は全国の対象生徒の九・七パーセントにとどまった。[50] ここには、政治教育が教員ないし学校の意欲次第の自由選択活動であったことの限界を見ざるを得ない。

とはいえ、限られた範囲ではあってもこうした教育活動が実施されたことは、それまでの政治・法制度に関する知識の伝達に偏った国家市民教育への問題意識が広まっていたことを示唆する。一九七〇年はオーストリアの政治教育の発展において一つの転換点であると言って良いだろう。このことは、先に見た政治教育課の名称ならびに管轄業務の変遷、すなわち（まだ国民党の単独政権だった）一九七〇年一月の時点で精神的国家防衛に加えて国家市民教育がその管轄とされ、社会民主党に政権交代をしてからは、さらに業務に政治教育という言葉が加えられた経緯にも見ることができる。

そしてこうした関心の高まりを背景に、同年、「政治教育」を書名に冠した一冊の本が表れる。当時はウィーンのＡＨＳ《アーハーエス》に勤め、後にクラーゲンフルト大学で現代史の教授となるＮ・シャウスベルガーが著した『民主主義のための教育としての政治教育』である。それまでのオーストリアには、西ドイツと違って政治教育を正面から論じる書籍はほとんどなかった。[51] そうした状況のなかで、彼は西ドイツで発達した政治教育学における政治と教育についての理解を、Ｈ・ギーゼッケやＷ・ヒリゲン、Ｋ・フィッシャーなど、六〇年代を代表する政治教育学者の考え方に基づいて丁寧に紹介したのである。

シャウスベルガーも当時のオーストリアが社会の変革期を迎えていると考えていた。

いま中央ヨーロッパでも進みつつある学校改革は、西ヨーロッパの先進的な教育学を適用しようとする試みであるだけでなく、絶えず進展する民主化過程の一部でもある。このプロセスは、これまでタブーだった領域にも浸透しつつあり、この民主化という共通の基礎の上で、時代に適した学校を目指す努力と政治教育をめぐる努力が出会うのである(52)。

そして、こうした変化に関する認識は、政治についての理解を改めるよう求めているという。彼が訴えるのは、政治を政党間の交渉と捉えるそれまでの習慣から抜け出し、それは社会現象であり、人々の生活のすべての側面と関わりつつ、社会と相互に影響しあって変容していくものとして考えることの重要性である。そうした理解に立つとき、政治教育は、国家市民教育が追求してきた、法制度等についての知識の伝達と規範意識の育成という課題とは別に、現実に生じている政治を理解・分析することを目的とせざるを得なくなる。政治教育とは社会科学的な訓練を通して「成熟した、自律的に思考・行動する人間を形成する試み(53)」なのである。

この彼の言葉については、特に「成熟した（mündig《ミュンディヒ》）」という表現が、啓蒙主義の伝統に立つ（西）ドイツの政治教育学の影響を示していると同時に、そこには既存の社会秩序に若い市民をはめこんでいくのではなく、民主化を推進する市民の育成を目指す教育活動として政治教育を把握する姿勢を見ることができる。

重要なのは、こうした主張は彼一人のものではなかったことである。同様の考え方は、社会民主党政権下の教育省をも捉えることになった。すなわち教育省は一九七四年の時点で、それまで自由選択活動として提供されていた政治教育の必修化、具体的にはＡＨＳ《アーハーエス》の最終学年の歴史／社会科と地理／経済科を政治教育に置き換えることを目指しており、それが実現したあとは、義務教育課程にも広げることを検討していた(54)。そこで政治教育に期待されていたのは「政治や社会や経済の現実に生徒ができるだけ直接的に出会うよう促し、こうした現実にできるだけ積極的に取り組むきっかけを与えること(55)」である。これは、「現実に取り組む」という目的が書き込まれた点で、一九六九年の教育課程基準よりも一歩踏み込む形になっており、シャウスベルガーが紹介した六〇年代の西ドイツで生じた政治教育の「教授学的転換（didaktische《ディダクティシェ》 Wende《ヴェンデ》）」以降の考え方を反映している。

政治教育の授業原則をめぐる教育省内の議論

しかし、政治教育を必修教科とする学校組織法改正案が一九七四年の年末に国民議会教育小委員会に提出されると、そこでは与野党を問わず各党から批判の声が上がった。国民党と自由党は、社会民主党政権下で導入が進められている政治教育が政治的操作の道具となることを心配し、他方、社会民主党の一部からも、ＡＨＳ《アーハーエス》の教員は多くが社会民主党支持者でないことから、彼らによって、やはり党派性を帯びた授業が行われるのではないかと懸念する声が聞かれた[56]。そして先に確認したように、一九六二年の憲法改正により、教育に関する連邦法の改正には三分の二以上の賛成、すなわち最低限二大政党の支持が必要であり、それは事実上不可能と考えられたことから、教育省は方針転換を迫られることになる。

結局、翌七五年七月、Ｆ・ジノヴァッツ教育相は公式に法案を撤回し、代わりに政治教育を教科としてではなく、教科を超えた授業原則（Unterrichtsprinzip《ウンターリヒツプリンツィープ》）として確立するという代替案を提示した。これは政治教育課のレティンガーの発案によるものである[57]。

レティンガーは自ら原則の草案[58]をまとめ、まずは省内で各課の意見を求めた。この草案の特徴は冒頭の部分に表れている。

> Ｉ　教授学的前提
>
> 民主主義への教育として理解される政治教育領域の授業のためには、提供される教育内容と授業方法が従来以上に密接に対応している必要がある。民主的な方法は、民主的な内容にとって唯一適切なものである（民主主義の経験による民主主義への教育）。
>
> 最も重要な授業原則は、民主主義の深い理解は単なる知識の伝達と情報の蓄積によっては達成されず、授業

のなかで民主的な行動を直接経験することによってのみ可能となるということである。
したがって授業の形態そのものによって、生徒に民主主義に対する基本的な信頼を与えることが重要である。これまで認知的な（すなわち知的な理解を中心とする）「国家市民科」で内容の伝達が主に行われてきたとすれば、政治教育の授業では、民主主義のルールを自分で経験するよう強調することで補われなければならない。そのためには、生徒に対し、自ら民主主義に参加する可能性をより強く示唆する必要がある。(59)

注目されるのは、民主主義への教育は民主主義的な方法を必要とするという、教育方法論から説き起こされている点である。しかも引用部のあと、草案全体の半分をこうした方法論上の議論が占めている。後半の「目指すべき能力と学習目標」の節では、政治教育がその育成を目指す能力が五項目に分けて設定されており、それらを獲得するための学習テーマも例示されているが、その記述は簡潔なものにとどめられている。

こうした構成に、目指されているのが教科ではなく授業原則である以上、固有の教育内容を持ち得ず、したがって取り上げるべき具体的な内容は記しにくいという事情が反映しているのは間違いない。また、教科にできなかったことが、知識の伝達ではなく能力の形成という、いわゆる二一世紀型の教育方法を強調する結果をもたらした面もあろう。そもそも教科とすることができなかったのは、既述のように、各党から、政治教育があたかも通常の教科のように、すなわち（特定の党派から見て）正しい政治理解・政治的見解を教えるプログラムとして機能する可能性への懸念が表明されたためであり、その意味でも、レティンガーは、目指しているのは教科ではないことを強調する必要性を感じていたはずである。

このように草案は当時の政治状況を踏まえてまとめられたが、それでも省内での検討の段階では数々の疑義が提起された。特に本質的なのは、想定されているような反権威主義的な授業は、教室のなかで、あるいは社会全体にも、無政府主義的な混乱をもたらすのではないかという懸念である。[60]

こうした批判は、ある程度予想されていたであろう。また草案中の「コンフリクト」という言葉に同様の観点から意見がつけられたが[61]、これもある程度想定されていたであろう。政治をコンフリクトと見る政治教育論はいまではごく普通の考え方に属するが、一九六〇年代のドイツでは政治における協力と妥協の重要性を軽視するものとして、それは保守派から激しい批判を受けていた。七五年という時点は、そうした捉え方がようやく一定の理解を得るに到った時期とも言えるが、オーストリアの状況、すなわち政治教育をこれから始めようという段階にあったことを考えれば、同様の批判を受けることは容易に予想されたはずである。結局、これは「多元主義的な民主主義」と言い換えられることとなった。

このように省内での批判をもとに修正された教育省案[62]が、翌七六年一一月一六日に再び国民議会の教育改革委員会に持ち込まれた。そこでは草案とは違って、政治教育が育てるべき能力が最初に規定され（全体の約三分の二）、教育方法論上の議論は最後にまわされている。

「オーストリアの学校は、生徒の政治教育について適切に考慮してはじめて、学校組織法第二条に記された包括的な使命を果たすことができる」という文章から始まる、この七六年教育省案は、政治教育は、知識の伝達と能力の開発、そして責任ある行動への意識の覚醒という三つの領域で行われると規定している。これは、草案には記されていなかった分類だが、今日の政治的資質ないしコンピテンシーの考え方を先取りするものと言って良いだろう。

そして、第二部で具体的に次のような五つの能力が設定されている。

一、政治権力とその分散について、目的と必要性、また基礎にある利害、規範、価値観を理解する能力。

二、政治参加の機会についての認識に基づき、自分の意見を持って政治的立場を取り、民主的な決定の実現を試みる能力。

三、自分の権利と利害を理解した上で、それを貫徹するか、社会の利益を優先するかを判断する能力。また犠牲を払ってでも、民主主義的な自由と憲法等による法秩序、共和国の独立と領土を守る準備。

四、学校卒業後も学び続ける能力。

五、自由や人間の尊厳のような不可侵の基本的人権を支持し、不利な条件にある人々の利益のために行動する能力と用意。

これらの五点は基本的に七五年の草案の内容を引き継いでおり、表現上の整理を施しただけのものがほとんどだが、第三項目の後半、すなわち精神的国家防衛についての記述は、省内での検討の結果、ここに書き込まれたものである。草案でも具体的な学習内容の例として精神的国家防衛について簡単に触れられていたが、教育目標である能力としては語られていなかった。

こうしてみると、省内での意見はすべて従来の政策ないし社会・国家秩序を肯定する方向性を持っており、特に国民党から予想される批判を示している。

国民党の反発

このような準備にもかかわらず、原案に対する国民党の姿勢は厳しかった。主な批判は次の二点である。(63)第一に教育省案が想定するような授業は、教員の負担が大きいこと。そして第二に、政治教育の教科化には反対だということである。

委員会ではジノヴァッツ教育相もレティンガー課長も、目指しているのは政治教育の授業の原則を定めることであって教科化ではないと明言しており、さらに原案のどこにも教科化を目指す表現はない。したがって批判の第二点には、それまでの経緯に基づく誤解ないし憶測が働いているものと推測されるが、いずれにせよ、批判の背景に、教育省案に記された政治教育の考え方ないし民主主義理解そのものに対する反対の姿勢があったのは間違いない。

この点では、たとえば一九七七年一月に開かれた国民党の会合において、後に教育相となるE・ブゼクは、この教育省案について、計画されている通知は民主主義理解を促すよりも、学校に階級闘争を持ち込むことで民主主義を不安定にするものだと述べた。彼によれば、政治教育はなにより基礎的な知識の伝達と既存の政治的秩序への参加を教えるべきであり、社会民主党の案はその代わりにイデオロギーを伝達しようとしているというのである。(64) 政治教育の教科化に反対しながら、知識の伝達を重視せよという要求は、事実上、従来の国家市民教育のままで良いという認識を示している。

こうした根本的な批判と対立を前にして、ジノヴァッツ教育相は三党の代表——社会民主党から三名、国民党から三名、自由党から一名の計七名——からなる専門家委員会を設け、同委員会が教育省から提案された案をもとに教育改革委員会の原案をまとめることを提案し、了承された。(65)

そうして作られた修正案は、細かな字句の変更を別にすると四箇所に比較的大規模な削除と加筆を加えており、それらの修正の内容は、その性格において二つに大別される。

第一は、すべての会派が原則的なところでは意見が一致した上で修正が行われたと推測される箇所である。具体的には、政治教育の重要性を論じる第一節のなかの民主主義についての理解に関する記述の補足と、第二節に記された教育目標としての五つの能力のうち、第三項目すなわち個人の利害と社会全体の利害の関係を把握する能力について記した文章のなかで精神的国家防衛についての記述が拡充された点である。前者は、授業の基本原則の趣旨をより明確にするものであり、教科化に反対する国民党の姿勢と整合性が高いが、すでに社会民主党もその点では譲歩していた。また後者についても、国民党の方が国防教育に熱心であったことは確かだが、社会民主党もそれに反対だったわけではない。そうした意味で、これらの二箇所については一定の合意の上で修正がなされたと推測される。

それに対し、大きな加筆修正がなされた別の二箇所には、両党の見解の相違が現れている。

まず第一の能力、すなわち政治権力を正確に認識する力についての記述は、第一文の次に以下①の文章が、また最後に②の文章が加筆された。

①支配関係と権力の分散を見るとき、その中心には民主主義の正当性への問いが位置していなければならない。支配と権力は民主主義に不可欠であり、また所与のものである。重要なのは、（特定の内容の命令に対して一群の人々に服従を見出すチャンスとしての――ヴェーバー）支配と（ある社会関係のなかで自らの意思を抵抗に逆らってでも貫徹する可能性としての――ヴェーバー）権力が、民主主義的な法治国家の原則にかなうものとして扱われることである。

②生徒は、社会的なコンフリクトを認識し分析する能力を獲得すべきであり、また民主主義社会においては、どのような共通の価値観によってコンフリクト状況から合意に基づく決定が可能になっているのかを認識すべきである。(66)

まず①については、日常の言葉遣いでは政治権力への対抗的な文脈で使用されることが多い否定的なニュアンスを持つ「支配」や「権力」という言葉について、マックス・ヴェーバーを持ち出すことで、言わば脱色が図られている点が目立つ。さらにそれらは「民主主義的な法治国家の原則にかなう」とまで記されているが、これは、そうした言葉をできれば使いたくない国民党と、それらの視点は批判的に政治を捉える上で不可欠であるとの立場を取っていた社会民主党とのあいだの妥協を示していると言って良いだろう。

また②については、コンフリクトという言葉の復活に、社会民主党の主張を見ることができる。その一方で、文章の後半は、いわゆる「共通の価値観」を強調することでコンフリクトの視点を相対化しており、ここにも保革の妥協をうかがうことができる。

以上からわかるのは、この修正案が、各党の異なる政治姿勢を前提に、危ういバランスをとりつつまとめられたということである。

経済界の反応

こうして政党間の妥協に基づいてまとめられた修正案だが、それが公式な通知となるためには、社会的パートナーシップの原則に立つオーストリアでは関連経済団体の意見を聴取する必要がある。具体的には連邦商工会議所[67]、オーストリア企業家連盟[68]、オーストリア労働総同盟、そしてオーストリア農業院総裁会議が意見を寄せてきた。

そのうち労働総同盟からの回答は、政府の方針を支持するという簡潔なものだったが、他の三団体の反応は芳しくなかった。

まず一九七六年一二月二三日の連邦商工会議所の回答は、細かい点を別にすれば、基本的に政治教育を学校教育の課題とすることには賛成しつつも、それを中心的に担う教科を明確にすべきであり、また異なる学校種・段階に対して、より個別の目標を設ける必要があるというものだった[69]。すなわち低学年においては従来のような知識の伝達を中心とする教育が重要であり、討論に基づく政治教育は中等教育段階を中心とすべきだというのである。そして、このように考えれば、政治教育を担う教科としては、経済、社会科、哲学そして現代史ということになるだろうと提案された。

企業家連盟からの一二月三〇日の回答も重なるところが多い。政治教育は学校組織法の要請にかなうものだが、すべての学校のすべての教員に向けて同一の授業原則を考えるのは非効率だというのである[70]。特に企業家連盟は、ようやく導入されたばかりの経済・社会科が実際には教員養成の不備から十分に機能していないとの認識に立ち、政治教育の実現の困難を予想すると同時に、それを経済的な内容を含める形で独自の教科とする可能性についても言及した。

二つの経済団体が、修正案に示された形で政治教育を推進すべきことそのものについては賛成しており、特に企業家連盟は、国民党が反対していた政治教育の教科化にまで明確に踏み込んだ意見表明をしたのに対し、農業院総裁会議はより慎重な姿勢を示した。

「政治教育」という概念は、特にドイツで議論されてきた一連の理解やコンセプトが示すように非常に多義的である。政治教育に見られるいくつかの理解は、オーストリア連邦憲法、とりわけ法治国家と民主主義、市民権ないし基本権の考え方に合致しない。

それゆえ農業院総裁会議は、政治教育の教育目標、そして内容と方法をオーストリア憲法と完全に一致させるよう求める……[71]。

七〇年代のドイツにいわゆる保守から革新まで様々な政治教育の考え方があったことは事実である。しかし、少なくとも有力な考え方のなかに、法治国家や民主主義、市民権や基本権を否定するものはなかった。また当然のことながら、西ドイツにおける民主主義理解とオーストリア憲法の民主主義理解が、本質的なところで大きく違っていたということもない。したがって農業院総裁会議の返答には、民主主義を非常に狭く理解すると同時に自らの理解をその中心に置き、その一方で社会民主党の民主主義理解に対して強度の不安を感じている様子を見てとらざるを得ない。それは具体的に次のような要求となって表れている。

まず、政治教育を必修教科化しないことをより明確にするよう求められた。とりわけ農業・林業学校において、それを受けない権利が確実に認められることが重要だった。また修正案が要求する、コンフリクトを認識し分析する能力や批判的に判断する能力の育成については、そうした考え方は政治的教化であり、憲法に合致しないとして削除が求められている。そもそも農業院総裁会議にとっては、「あらゆる生活領域における民主主義」という修正案の考え方が問題だった。そうした民主主義理解はたしかに言葉としては消されていたが、修正案をその根本で支えていると見られていた。彼らによれば、民主主義（人民による支配）とは市民が直接あるいは間接に統治する国家的な共同体を意味しており、そうした考え方は社会・生活領域にまで適用すべきものではない。むしろ、そのように民主主義を拡大して考えることは、それに対する信頼を傷つける可能性があるというのである。[72]

このように対立する考え方を憲法違反であるとまで主張することは、むしろそのような姿勢が、彼らが危惧する政治的教化につながりかねない。しかし、それも一つの私的な立場としては考えられるのであり、また現実的には、国民党の有力な支持母体である彼らの承認を得られないと通知を発することはできないことから、専門家委員会は農業院総裁会議を含む四団体の意見をもとにさらに妥協点を探ることとなった。

「学校における政治教育」の公表

結局、最終的な文面は一九七七年一一月一〇日に確定し、各党の最終的な合意を確認した上で翌年四月一一日にジノヴァッツ教育相が署名、九月一日に公布されたが[73]、それは原案や教育省案はもちろん専門家委員会の案と比べても、目指すところがわかりにくいものとなった[74]。

まず第一部の基本原則においては、おそらくは農業院総裁会議の意見を容れて、民主主義は社会のあらゆる生活領域で承認されなければならないという記述が削除され、代わりに民主主義にとって正当な支配と権威を承認することの重要性が強調された点は大きな変化である。当然、なにが正当なのかについては多様な考え方がありうることも語られてはいるが、既存の政治体制はすでに十分に平和、自由、平等、公正といった基本的価値を守るものとなっているという認識を内面化することを推奨ないし、少なくとも提案しようとしていると言って良いだろう。

こうした傾向は、第二部の授業原則の詳細な規定において顕著に見られる。そこに記されていた既述の五つの能力のうち、専門家委員会案でヴェーバーを持ち出して説明されていた、第一のコンフリクトを認識し分析する能力を育てるという目標はすべて削除され、代わりに「政治教育は、社会の構造をその形と制約（利害、規範、価値観、支配、権力、権力の分割、政治機関）において認識する力を育てるべきである」という抽象的な記述に改められている。

また二つ目の、自分の意見を持って政治的立場を取る能力については、自他の利害や共同の利害を正しく代表することが政治参加であるとの理解が書き込まれる一方で、非民主的な要求に対しては制裁を恐れずに民主主義を守ることの重要性が削除された点が重要である。また、この市民的勇気については、第三の能力に関して、「合法的な利益を追求する際に」しばしばそれが必要になることを生徒は理解すべきであると加筆修正されており、ここには民主主義の防衛という観点の大きな後退が指摘されよう。

続いて第三部の授業に対するアドバイスでは、まず政治学習において知識と認識が持つ意味が強調されたところに、経済団体の意見が取り入れられた痕跡が認められる。そこでは必ずしも経験の意義が否定されたわけではないが、授業における生徒の積極的な参加を促す記述は削除され、生徒の活動は学校教育法が認める枠内で行われるべきであると、むしろ制約を意識させる記述となっている。

そして、なにより大きな変化は、この点に関連して「教員は、政治教育を、決して個人の見解や政治理解の宣伝のために利用してはならない。教員が個人の見解を示すことが求められる場合には、その意見が他の意見を貶めることのないように、また生徒が教員の個人的な見解に対して批判的な距離をとることができるように、厳格に注意しなければならない」という全く新しい文章が付け加えられたことである。

ここに書かれている内容そのものは、今日のオーストリアでも、ドイツでも多くの政治教育関係者の支持を得られるであろう。また二一世紀初頭の日本における政治教育をめぐる政治的状況に鑑みれば、教員が個人の見解を示すことを明確に認めている点で、前向きかつ現実的な思考をそこに認めることもできる。

しかし、原案では、生徒が現実社会を理解する際の姿勢として要請されていた批判性が、ここでは教員に対する生徒の姿勢として語られており、そこには授業原則の考え方が当初より大きく転換した様子が表れている。この修正には、言わば政財界が自らに向けられそうになった批判の矛先を教員に向けることにより、政治教育を無力化しようとした形跡を見ないわけにはいかない。

最後に基本通知「学校における政治教育」が公布されるまでの経緯をあらためて振り返ると、それは結局のところ、政治と社会のさらなる民主化が望ましいと考える社会民主主義勢力と、既存の民主主義体制を変えないことが望ましいと考える保守勢力のあいだで綱引きが続けられた三年間であったと言って良いだろう。文面の変容を子細に追っていくと、原案にあって一度消された表現が最終的な通知のなかで復活するなど、内容とは別に、文章表現上の理由から変更が加えられた点も少なくないが、修正の過程では、そうした変更も政治思想的な緊張関係と共振していたと推測される。

そもそも国民党の理解に基づくなら、それまでの国家市民教育に大きな問題はないのであり、政治教育という言葉を使って新しい通知を発する必要はない。国家市民教育の空洞化、すなわち知識の獲得が中心であることによる不人気を問題視するとしても、アクティブな学習活動を取り入れるなど、教育方法面での微調整をすれば済むことである。こうした感覚には、戦後早くに自ら政治教育という言葉を使ったドイツの保守政党との教育観における温度差を見ることができる。

実際には、一九七八年の基本通知は一九四九年の国家市民教育に関する通知に代わるものとして発せられており、新たな通知を出すことになった時点ですでに社会民主党の主張が一定程度に実現しているのだが、その検討・審議の過程で国民党は可能な限り内実を変えない方向で働きかけたのである。

同様の保革の政治教育観の対立は既述のように程度の差こそあれドイツにも見られたが、そこでは州ごとに教育行政が進められるため、社会民主党が主導する州とキリスト教民主・社会同盟が主導する州とで、言わば対立する二つのタイプの政治教育が国内に同時に成立し、その結果、連邦全体としてはボイテルスバッハ・コンセンサスが象徴するように、両方を相互に承認することになった。しかし、連邦制とはいえ教育行政の中央集権化の程度が高く、また一九六二年憲法の規定により二大陣営のどちらかが反対すればいかなる決定もできないオーストリアでは、二つの政治教育観のあいだで摺り合わせが必要であり、そのことが政治教育の発展を遅らせたのである。[75]

終わらない対立

基本通知は、少なくともその時点のオーストリアで、ドイツとは異なる形で政治教育をめぐる妥協が成立したことを示唆するが、現状維持の色彩が濃く、改革の方向性が見えにくいものとなったことは、教育現場への影響力を大きく削ぐ結果になったと考えられる。さらに基本通知に見られる不透明な妥協はその時点のものであり、また文面は解釈の幅が大きかったため、すぐに政治的対立が再燃した。具体的には、ジノヴァッツ教育相は基本通知の前文に「学校での実践に役立つ具体的な参考資料が必要である……。この点については、教員による作業グループを設け、一九七八／七九年度にはすべての教員に最初の授業モデルを届けられるよう、すでに委員の任命を終えている[76]」と記しているが、この参考資料が政治的争点となった。

社会民主党系の委員が教員雑誌『自由な教員の声』に、参考資料で扱われることになる内容としてコンフリクトや権力といった視点の重要性を訴える文章を載せたことに対して、国民党系の委員が激しく反発したのである[77]。この対立はマスメディアでも大きく取り上げられた。

特に七八年九月一六／一七日の『ディ・プレッセ』紙に、国民党の教育担当J・グルーバーによる社会民主党への非難が詳細に掲載されている[78]。記事によれば、彼は基本通知そのものには反対ではないが、社会民主党系の教員の動きを放置すれば、賃金闘争や性的役割分担の問題まで教えられることになるだろうと語ったという。これに対しては社会民主党からはただちに、「国民党は学校で政治教育が行われることで市民が成熟するのを恐れているのか？」という反論がなされ[79]、メディアにおける緊張は頂点に達した。

とはいえ、実際に一九七九年初頭にようやく第一巻の配布が開始された参考資料を見る限り、そこに政治的な緊張の跡は認められない。

初等教育用、前期中等教育用、後期中等教育用、そして総合技術学校用の四種類が各三巻ずつ発行された参考資料の中では〔図5〕、各教育課程基準に対応させつつ、第何学年のどの教科のどの単元で使用可能かが示された上で、具体的な教材と授業モデルが記されているが、その内容は二一世紀の視点から見るとき、むしろ控えめという印象を受ける。たとえば小学校二年生の数学では、決められたお小遣いで何を買えるかを考え、それを通して節約について学ぶといった活動が提案され、また三～四年生の美術では、愛や対立、共感といった人間の関係を形や色で表現する活動が提案される程度である[80]。学年が上がり、特に歴史／地理といった教科になると、政策に関わる教育活動も入ってくるが、そこでも取り上げられるのは環境問題や途上国支援の問題など、基本的に政党間に大きな見解の違いが見られないテーマばかりである。

また確かに、前期中等教育用の授業モデルには国民党が懸念を示したコンフリクトを正面から取り上げるものも見られるが〔図 6〕、そこに示されている課題は、具体的なケースについて、そこでどういう利害が対立しているのか、また特定の解決策を取った場合、それぞれの関係者にどのような影響があるのかを考えるといったような、理解と認識の発達を追求するものであり、特定の政治的見解の獲得を促す課題は見られない。価値観に関わる課題

図 5　教育省が作成した参考資料。初等教育用（左上），前期中等教育用（右上），総合技術学校用（左下），後期中等教育用（右下）。

*Oskar Achs / Klaus Volker**

Geschichte und Sozialkunde / 8. Schulstufe

Thema:

Konflikt und Konfliktlösung

Lernziele:

Die Schüler sollen erkennen,
1. daß jeder Mensch in seinem Leben Konflikte hat und Konflikte einen wesentlichen Bereich des menschlichen Lebens bilden;
2. wodurch Konflikte entstehen (Unterschied: Ursachen und Anlässe);
3. welche Möglichkeiten der Konfliktaustragung es gibt;
4. welche Konsequenzen sich aus verschiedenen Konfliktlösungen ergeben;
5. daß man sich für die Interessen der Benachteiligten und Unterdrückten einsetzen soll.

Unterrichtsmaterialien:

4 Bilder (Zeichnungen für Overheadprojektor) bei Unterrichtsverlauf Nr. 1;
3 Bilder (Nr. 1, 3 und 4) bei Unterrichtsverlauf Nr. 2.

Zeichnung 1:
Streit – Autozusammenstoß

WIR FORDERN HÖHERE LÖHNE
WIR STREIKEN!

Zeichnung 2:
Streik – Fabrikstor, Streikende

Zeichnung 3:
Gericht – Verhandlungsszene

Zeichnung 4:
Krieg – Kampf in einem Ruinenfeld

*) Unter Mitarbeit von Ludwig Boyer

13

図 6　前期中等教育用参考資料中の授業モデル「対立とその解決」（第 8 学年）

下の 4 つの絵はそれぞれ「自動車の追突事故」，「賃上げ交渉におけるストライキ」，「法廷での交渉」，「戦争——廃墟での戦い」を示している。それらをもとに，生徒には学習目標として次の 5 点を理解することが期待されている。

1. 人は誰でも生活のなかでコンフリクトに直面するのであり，コンフリクトは人間の生活の重要な一部をなしていること。
2. なにによって（原因と契機を区別せよ）コンフリクトが生じるか。
3. どのようにしてコンフリクトは拡大するか。
4. 様々な紛争解決からどのような結果が生じるか。
5. 不利な位置に置かれている人々や抑圧されている人々の利益のために行動すべきこと。

としては、弱者の不利益が補われるべきことを理解するという目標が掲げられてはいるが、この点をめぐって政党間で見解が分かれることはないであろう。

もちろん、このように党派的な色彩を感じさせない授業モデルが作られた要因に、右に記した国民党のキャンペーンによる抑制効果を見ることもできるかもしれない。しかし、もともと各作業グループには、社会民主党系三人、国民党系三人、自由党系一人に加えて教会の代表者一人が参加しており、しかも全員で全体に対して責任を負うこととなっていた。また、先の社会民主党系の教員雑誌にジノヴァッ教育相が寄せている「学校と政治教育」という巻頭言でも、認識と判断力の形成が目的であると明言されている。以上から、政治的教化に陥ってはならないとする配慮は、与党社会民主党とその下にある教育省でも働いていたのは明らかであり[81]、野党からの再度の政治的圧力なしでも、バランスの取れた内容となったものと推測される。

重要なのは、こうした穏健な教材であっても、国民党の批判は続いたということである。保守の牙城と言われるフォラールベルク州はそれを教員に配布するのを拒否し[82]、また前期中等教育用の参考資料第三巻が発行されると、そこに掲げられた挿絵への批判が大々的に展開された。

そこには図7に示す警察官、看護士、秘書、農家、専業主婦、そして企業経営者が描かれていた。課題は、それぞれの職業に就いている人々はどのように所得を得ているのか、すなわち自営業と賃労働の違いを理解させること

Bearbeitungsvorschläge ausgewählter Themen:

1. Selbständige Arbeit und nichtselbständige Arbeit (Lohnarbeit)

1.1. Nur selten haben Kinder die Möglichkeit, Vater oder Mutter bei ihrer beruflichen Tätigkeit zu erleben.
Berichtet, was ihr von der beruflichen Tätigkeit eurer Eltern wißt.

1.2. Folgende Bilder zeigen Menschen bei der Arbeit:

Welche Berufe und Tätigkeiten sind dargestellt?

1.3. Teile die Arbeiten auf den Bildern danach ein, ob es sich um die Arbeit eines Selbständigen oder Unselbständigen (Lohnarbeiter) handelt.

1.4. *Selbständig Erwerbstätige:*

Menschen, die sich selbst erhalten, ohne von einem Chef, Direktor o. ä. abhängig zu sein (z. B. manche Schriftsteller, Künstler, Rechtsanwälte, Ärzte, Bauern, . . .) und solche, die andere Menschen als Arbeitskräfte anstellen, um den eigenen Betrieb (Werk, Fabrik, Geschäft, Unternehmen) in Gang zu halten (Handwerkstreibender, Kaufmann, Fabrikant, Gewerbetreibender, . . .), nennt man selbständig Erwerbstätige.

Unselbständig Erwerbstätige (Lohnarbeiter):

Die meisten Menschen arbeiten nicht im eigenen Geschäft oder Betrieb. Sie sind als Arbeiter oder Angestellte in einem Unternehmen, als Angestellte oder Beamte im öffentlichen Dienst (Bund, Land, Gemeinde) tätig. Für ihre Arbeit bekommen sie Lohn oder Gehalt.
Arbeiter, Angestellte oder Beamte nennt man deshalb zusammen auch unselbständig Erwerbstätige oder Lohnarbeiter.

1.5. Zähle Berufe auf, in denen selbständig und unselbständig Erwerbstätige (Lohnarbeiter) arbeiten!
Welche davon sind in der Umgebung deiner Schule oder deines Wohnortes tätig?

42

図7　前期中等教育用参考資料中の授業モデル「自営業と賃労働」

この授業モデルは3つの段階から構成されている。
第1に，導入として，自分の親からその仕事について話を聞く。
第2に，6枚の絵を手がかりに自営業と賃労働の違いを理解する。
第3に，学校や地域で働いている人それぞれについて，自営業か賃労働かを区別できるようになる。

にあったのだが、六枚の絵のなかで経営者がただ椅子に座り、机で葉巻をくゆらせる姿で示されたことが国民党議員の反発を招き、教育相は国民議会で説明を求められることとなった。批判的な議員によれば、その挿絵は数千の中小企業経営者の実態にあっておらず、それゆえ誤りなのだという(83)。

こうした非常に神経質な姿勢は、グルーバーによる、国民党は基本通知そのものには賛成であるという言葉の信憑性を疑わしいものとする。実際に、誰の目にも明らかな政治的対立の結果として、基本通知の意義は大きく損なわれることとなった。参考資料も、このあと予定されていた職業学校用が一九八一年に刊行されたが、それを最後に新たな資料の作成や旧版の改訂が行われることはなかった。

たしかにこうした論争は、逆に少なくとも一時的には基本通知の知名度を高めることにつながった。一九七九年にウィーンを含む四都市で義務教育段階の教員一三五七人を対象に行われたアンケート調査によれば、約八〇%がそれを知っていた。そして七六%が自分の授業は基本通知の要求を満たしていると考えていた(84)。

しかし、一九八七/八八年にウィーンとシュタイアーマルクで中等教育段階の教員二一三一人に対して行われたアンケート調査では、状況が全く違っていた(85)。通知の内容を「正確に」あるいは「ある程度」知っていると答えた教員の割合は、AHS《アーハーエス》で五四%、学力上の問題を抱えた生徒が多く通う前期中等教育学校であるハウプトシューレでは五〇%に沈んだ。また、普段から政治教育に取り組んでいると答えた教員は、AHS《アーハーエス》で三四%、ハウプトシューレでは一九%にとどまり、反対に「ほとんど」あるいは「まったく」取り組んでいないと答えた割合が、それぞれ二〇%と三〇%にのぼった。

その理由として多くの教員が掲げたのが、政治教育のための時間を取れないこと、適切な教材がないこと、そして自分が政治教育を行うための教育を受けていないので自信がないことである。こうした原因は、第4章3節で紹介するウィーンで二〇一四年に行われた調査結果とほぼ一致しており、これは政治教育を敬遠する際の理由ないし口実は常にほぼ一定であることを示唆するが、基本通知公表後一〇年間のあいだに、それを知らない教員が増え、それに呼応して政治教育が行われなくなったのは間違いない。そこには、保革の厳しい政治的対立が新たな教材の作成を不可能にしたこと、また特に自信のない教員に、それを扱いにくい課題として認識させ、取り組みを躊躇させる結果をもたらした様子をうかがうことができる。

もちろん、国民党の抵抗が実際にどの程度の影響力を持ったのかを明らかにすることはできないが、グルーバーが基本通知そのものには賛成であると述べたのとは違って、それが通知の影響力を少なからず削ぐことになった可能性は否定できない。なお、こうした国民党の対応は、マクロに見れば、冷戦時代の革新政権下の保守派の姿勢として、同時期の西ドイツにおいて社会民主党主導の政権が進めたポーランドとの教科書対話を野党キリスト教民主・社会同盟が激しく批判していたことと重なる。また、西ドイツでボイテルスバッハ・コンセンサスが初めて語られたのは一九七六年のことであり、逆に言えば、その頃まで政治教育をめぐってオーストリアと同様の緊張が続いていた。それがオーストリアにおける議論に影響を与えたことはすでに述べたとおりである。

しかし西ドイツでは、政治教育に関する限り、オーストリアよりも一足早く緊張が解け始め、歴史教育をめぐる対立も一九八〇年前後には鎮静化しつつあった。そして八二年にH・コール首相のもとで保守派が政権を奪還すると、保守政権もポーランドとの対話への支持を表明し、対立は収束することになる。

こうしたプロセスがオーストリアで生じるのはもう少しあとのことである。基本通知についての認知度の低下は、時間とともに政治教育をめぐる論争が下火になったことを意味するが、それは保守派が姿勢を転換したからではない。

とはいえ、基本通知と関連教材をめぐる議論のなかで、保守派も政治教育という言葉を使用せざるを得なくなったことの意味は大きい。八〇年代に出版された関連する書籍の書名から、かつての国家市民教育という言葉はほぼ消滅し、政治教育が一般的になった。

その政治教育がいかなるものであるべきかについての理解は分かれ、妥協の努力も大きな成果をもたらさなかったものの、対立する理解があることを相互に認識したことは間違いない。これは、革新勢力が西ドイツの議論と状況に強く影響されつつ、いわゆる批判的な政治教育論を採用したことが、対する保守勢力に、国家市民教育を（西ドイツと同様に）憲法を軸とする既存の政治・社会秩序の維持を目的に掲げる政治教育論へと組み換える作業を促した結果と言えよう。

もちろん長期的な視点からは、こうした展開は第一共和国の経験を繰り返しただけのようにも見える。一九一八年には社会民主党が国家市民教育を推進したのに対してキリスト教社会党がそれにブレーキをかけ、一九七〇年代には社会民主党が今度は政治教育を推進したのに対して、国民党がまたもやブレーキをかけたのである。しかし、国民党は一度は反対した国家市民教育をやがて受け入れたように、政治教育も受け入れるようになる。しかも、いまから振り返ると、その時は意外に早くやってきたのだった。

第3章　学校における政治教育の発展

1　高校教育課程への政治教育の導入

歴史問題に表れた国際環境の変化

一九七八年の政治教育に関する通知は、九四年三月九日に再通知が行われ、また二〇一五年六月二二日には新たな基本通知「政治教育の授業原則」がまとめられた。これらの教育省による一連の通知は、今日のオーストリアにおける政治教育の屋台骨をなしている(1)。

もちろん、このようにほぼ二〇年ごとに基本通知が繰り返し発せられてきたところからは、むしろ政治教育がなかなか教育省の期待どおりに進んでいない現実を推測することもできる。三度の通知はいずれも社会民主党の教育大臣のもとで出されており、これは前章で確認した政治教育をめぐる保革の緊張あるいは少なくとも温度差がその後も続いたことを示唆する(2)。オーストリアの政治教育は、こうした緊張を伴いつつの発展を余儀なくされてきたと言えよう。

一九八〇年代以降の展開には当然のことながら様々な要因が作用しているが、それらはヴァルトハイム事件やEU加盟といった国際関係上の出来事と、選挙権年齢の引き下げという民主主義の根幹に関わる国内的な出来事に分けて考えることができる。

まずヴァルトハイム事件とは、一九八六年の大統領選挙で保守系候補として当選した元国連事務総長K・ヴァルトハイムのナチ党員（突撃隊員）としての過去をめぐる諸問題である。立候補の前から一部では彼の経歴についての疑惑が語られており、それが時間とともに拡大していったこと、しかしいわゆる大量虐殺等に積極的に関わった証拠は見つかっていないこと、他方こうしたプロセスと並行して、立候補、当選、大統領としての職務遂行（の困難）など状況が変化していることなどから、この事件では何が問題だったのかを簡潔に説明するのは難しい。しかし政治教育の観点からは、戦後隠し続けてきたナチス党員としての過去がほぼ明らかになりつつあったにもかかわらず、彼が大統領候補であり続け、そして諸外国の懸念ないし批判にもかかわらず有権者が彼を大統領に選出したところに注目せざるを得ない[3]。当選後、彼はアメリカ等の制裁措置により、外交の場で大統領としての職務を十分に果たせない状況に陥ったが、こうした事態は一九八六年の時点では投票前に予想できなければならなかったのであり[4]、選挙結果は、歴史理解上の倫理的問題に加えて、国益の点からも有権者の合理的な判断力に問題があったことを意味する。

この二つの問題は同一の原因から生じたものと考えられる。それは現代史ないし現代世界のなかでオーストリア国家が占める位置についての内外での理解のずれである。

これまで述べてきたように、戦後オーストリアにおける政治の基本的な対立構造は第一次世界大戦前に遡り、それは特に一九三四年から三八年のオーストロ・ファシズムをめぐる理解の違いと結びついている。すなわち保守カトリック陣営から見れば、その体制はオーストリアを（ナチス）ドイツから守ろうとする試みだったのであり、反対に社会民主主義陣営から見れば、それは自分たちを政治から排除し、ナチス支配に道を開くものだった。戦後は、国家の再建と維持のために、政治的にも歴史理解においても対立する両陣営は妥協を強いられてきたが、政治的に重要なのはこの四年間であり、逆に言えばそれ以後については、オーストリアはナチス・ドイツに併合された犠牲者であるとの理解で一致していた。

実際にそうした面があることは間違いないが、犠牲者であれば加害者ではないということにはならない。それまでオーストリア人だった多くの人々が、一部は仕方なく、また一部は自ら進んで、ドイツの国防軍や警察組織あるいはナチスの軍事組織の一員として正当化できない様々な非人道的行為を行ったのは確かである。ここから国境の内と外で歴史認識の対立が生じるのだが、ヴァルトハイム事件は、オーストリアの有権者が国内の対立に目を奪われ、内外のギャップに気づくのが遅れた様子を示している。

こうした外交上の障害をもたらすことになる歴史認識の形成については、学校を中心とする教育に大きな責任があるのは言うまでもない。その一方で、戦後初期の冷戦体制下ではそれが国際社会から許容されていた面もある。広義の政治教育においては、国家意識と愛国心を育てる活動（＝国家市民教育）が継続的に進められ、歴史教育ではナチス・ドイツの犠牲者としての側面が積極的に語られる一方で、加害者としての側面は軽視されてきたが、西側も東側も特にそれを問題視することはなかった。ミュージカル（映画）として『サウンド・オブ・ミュージック』が成功をおさめたことが象徴するように、被害者としての理解は、オーストリアをドイツとは別の存在と考えることを意味する以上、ドイツの再度の大国化を懸念する諸国にとってそれには歓迎すべき面があった。同時に、独立したオーストリアを相手陣営に追いやるような批判を敢えて行う必要はなかった。

しかし、一九八九年にベルリンの壁が崩壊する前に、すでに冷戦体制は弛緩し、戦後は終わりを迎えていた。そうした状況下で諸外国からの激しい批判に晒されている現実と原因を理解するためには、遅ればせながらナチ時代のオーストリアにあらためて光を当てるだけでなく、その過去を故意に忘却して進めてきた戦後の国家再建のあり方も批判的に振り返る必要があり、そのための教育が学校の内外で進められることになる。政治教育としての現代史教育の本格的な始まりである。

特にナチス・ドイツによる併合五〇周年にあたる一九八八年、政府は国民に向けて加害の歴史にも目を向けるよう促すキャンペーンを展開したが、その中で政治教育課は、ウィーン大学現代史研究所と協力して独自に教材を作成、全国の学校に配布するなど中心的な役割を果たした。(5) 歴史教科書の記述もこれを期に大きく変わっている。(6)

こうした活動には、諸外国の批判から刺激を受けて逆に高まったと考えられる国内の右翼急進主義の動きへの対応という意味もあるが、後述するように、二一世紀の政治教育においても、ナチズムとその忘却は重要なテーマの一つとなっている。

EU加盟と中立国としての自国理解

オーストリアの政治教育にインパクトを与えた、もう一つの国際関係上の出来事はEU加盟である。一九九五年一月一日、いわゆる第四次拡大の際にオーストリアはEUに加盟した。しかし、加盟への熱狂が広がることはなく、ユーロバロメーターによれば、EU加盟への支持は同時に加盟したスウェーデンならびにフィンランドと同様、(イギリスを除く)旧加盟国に比べてかなり低かった。

前年の六月に行われた加盟の賛否を問う国民投票では、投票率は八二・三%、そのうち加盟賛成が六六・六%、反対が三三・四%と賛成が三分の二を占めたが、(7) 加盟直後の九五年五月から九七年五月まで、加盟に肯定的な市民の割合は下がり続け、その後は長期的に見れば若干の改善傾向を見ることもできるが、基本的には増減を繰り返している。(8)

オーストリアのデータで興味深いのは、必ずしも反対意見が他の加盟国に比べて格段に多いわけではないことである。「自分の国がＥＵに加盟しているのは良いことですか？」という加盟への支持を問う質問だけでなく、「欧州統一市場は希望ですか、脅威ですか？」や、ＥＵの権限拡大を意味する「補完性の原則に賛成ですか、反対ですか？」といった質問について、オーストリアでは統合推進に肯定的な意見が少ないだけでなく、それに否定的な意見も少ない(9)。これは、多くの市民が実質的に態度を保留したままＥＵ加盟という政治選択がなされたことを示唆する。

こうした状況が生じたのには理由がある。支持が広がらない原因の第一として、オーストリアがＥＵの中で最も生活水準の高い国の一つであることが考えられる。そもそも一九八九年の加盟申請は、七二年にイギリスとデンマークが、また八六年にポルトガルがＥＦＴＡを脱退してＥＵに加盟し、さらにＥＵの市場統合が進むなかで、その外側に留まることのデメリットを考慮してのものだったが、その一方で、加盟すれば相対的に経済力の乏しい諸国への支援を分担することにもなり、市民一人ひとりにとって加盟の損得がわかりにくい状況があった。

とはいえ、こうした問題は豊かな加盟国に共通しており、オーストリア独自のものではない。それが重要な意味を持っているのは間違いないが、政治的な側面に目を向けるとき、加盟の障害となるもう一つの要因が浮かび上がる。

それは端的に言えば、主権の共有を目指すＥＵへの加盟は、これまで述べてきたように国民意識の形成に邁進してきた戦後のオーストリアの国家のあり方からの転換を意味するということである。もちろん、これも必ずしもオーストリアだけに当てはまるものではない。まさにその転換を要求するところにＥＵの歴史的意義があるのであり、とりわけ新規加盟国はそこに困難を見出すことになる。しかし、困難が生じる具体的な要因は、各国の歴史的経緯に応じて様々である。オーストリアでは、とりわけ永世中立という第二共和国の国家原則とどう折り合いをつけるかが問題とならざるを得ない。しかもスウェーデンやフィンランドと異なり、オーストリアには文化的に極めて共通性が高く、近い過去に自分たちを併合した隣国ドイツが存在している。オーストリアと北欧の中立国を自認する諸国とのあいだにも、EU加盟をめぐる意味の違いが認められるのである。

ドイツが東西に分断される形で一九四九年にそれぞれ独立を回復したのに対し、同様に戦勝国に分割統治されながら一体性を保ったオーストリアの独立は遅れた。これは基本的に西側を指向するオーストリア政府と、オーストリアがそこに組み込まれることを良しとしないソ連のあいだで、独立後の国家のあり方についての合意が困難だったことを意味するが、そうした状況下で永世中立はその独立を可能にする唯一の方法だったと考えられている。一九五五年五月一五日、オーストリア政府と戦勝四カ国の政府代表はウィーンのヴェルヴェデーレ宮殿でいわゆる国家条約[10]に調印し、それによりオーストリアは主権を回復するが、これは直後に永世中立宣言をすることを条件としており、実際に一〇月二六日に国民議会により中立に関する連邦憲法律[11]が定められている。

このように永世中立の原則は冷戦体制下で独立を回復するために求められたものだったが、それは同時に、西側の西ドイツでも東側の東ドイツでもない形でオーストリアの国民意識を形成するのに貢献することとなる。ドリメル教育相は一〇月二六日に中立国オーストリアの独立を祝して国旗を掲げるよう国民に呼びかけ、翌五六年からその日は「オーストリア国旗の日」とされた。また一〇周年の一九六五年には、国民議会により「国家記念日」に定められている[12]。

二一世紀の政治教育では、こうした戦後の歴史的経緯そのものが記憶文化について考える教材として取り上げられているが、このことは永世中立という国家原則がオーストリアの国家意識において一定の位置を占めるに到ったことを示唆するものでもある[13]。実際、二〇一一年に行われた調査によれば、その時点でも七〇％以上の市民が永世中立を支持していた[14]。

このように東側はもちろん西側にも属さない永世中立というあり方に積極的な価値を認めるとき、ＥＵ加盟への姿勢は厳しいものとなる。オーストリアが加盟申請した時点で、ＥＵは事実上西ヨーロッパを意味していた。さらに加盟申請中に発効したマーストリヒト条約（一九九二年調印、九三年発効）により、ＥＵに新たな政策分野である共通外交安全保障政策[15]が追加された。そうした国際的な軍事機関に加わることは、一般には永世中立の原則に違反し、それを放棄するものと受け止められるであろう。

この難題について、そもそも当時の社民党・国民党連立政権は、オーストリアの永世中立はＥＵ加盟国であることと矛盾しないとして加盟交渉を続けていた。中立に関する連邦憲法律が定めているのは、国内に外国の軍事基地を置かないことと、軍事同盟に参加しないことであり[16]、前者については何の支障もなく、後者についてはＥＵの共通外交安全保障政策は軍事行動への義務を伴わないことから、それは軍事同盟ではなく、よって憲法上の制約が問題になることはないというのである。そして一九九四年八月三〇日、憲法裁判所はＥＵ加盟反対派による国民投票無効の訴えを棄却したのだった[17]。

結局、加盟が認められて今日に到っているが、こうしたオーストリア政府の姿勢は、当時のＪ・ドロール欧州委員会委員長から「ＥＵにアラカルト・メニューはない」として批判されるなど[18]、少なくとも統合を進める方向性とのあいだで齟齬があるのは間違いない。他方、右に記した政府の論理によれば、以前からＥＵへの加盟は可能だったことになり、それをしなかったのはソ連が反対していたからだということになる。それは実際にそうなのだが[19]、その事実を認めることは、それまで構築してきた国民意識の価値を自ら傷つけることになる。

冷戦体制のもとで、オーストリアは永世中立の原則により国家主権の保持に努めることでヨーロッパの平和的な秩序の一部をなしてきたことは間違いない。他方、ＥＵはＮＡＴＯならびに西欧同盟とともにあっただけでなく、そこでは二度の大戦を経て主権の制限ないし共有を進めることがヨーロッパの平和と繁栄に寄与すると考えてきた。

ベルリンの壁崩壊の直前になされた加盟申請は、言わば冷戦の終結を機に国家の論理を切り換えようとするものだったが、相当数の市民がその急激な転換についていくことができなかったことを、先に紹介したユーロバロメーターのデータは示唆している。

このような市民に対する説明不足は、それ自体が政治不信を招きかねず、民主主義にとってのリスクと言えるが、EUに加盟した以上、EU市民としての政治的関心と思考力、そして行動力が新たに求められることになる。そして、ここに政治教育への期待が生じることにもなるのである。

なお、EU市民意識の形成という課題に、かつて身近な自然や歴史、文化を軸にオーストリア国民意識を育てようとしたときと同じ形で取り組むことが無意味なのは自明であろう。ヨーロッパは地理的にも歴史的にも文化的にもはるかに多様であり、オーストリアはそのなかの小さな一部にすぎない。その意味で、EU加盟は、民主主義や人権といった抽象的な理念を軸に、ヨーロッパの内外で生じている現実の政治的な出来事を取り上げつつ政治的能力を育成するという、伝統文化や経験に過度に依存しない、言わば純度の高い政治教育を要請する。一九七八年の基本原則にすでに全ヨーロッパ的思考の重要性が記されてはいたが、そこにヨーロッパ・レベルの意思決定への参加という新たな課題が加えられたのである。

選挙権年齢の引き下げ

このように、冷戦終結期にオーストリアはヴァルトハイム問題とEU加盟という国際関係上の大きな転換点を迎え、そのことが社会における政治教育の必要性への認識を拡大することになった。しかしそれだけであれば、後述するような学校における政治教育の必修化にまで到ったかどうかはわからない。誰もが市民の政治的資質向上が必要と考える契機として、やはり選挙権年齢の引き下げが決定的だったのは間違いない。

EU加盟をめぐる交渉が続けられていた一九九二年、国民議会選挙規則を改正する法律により、選挙権・被選挙権年齢がともに一九歳から一八歳に引き下げられた[20]。なお、この審議の過程ですでに緑の党は一六歳への引き下げを主張していたが、このときはその提案は見送られている[21]。

そもそも選挙権・被選挙権を何歳で区切るのかは、それ自体が一つの政治の対象である。下限年齢の引き下げは政治体制の正当性を高め、社会の統合に役立つと考えられる一方で、若い有権者の参加は、各党・政治家に有利あるいは不利に作用しかねない。

実際に、選挙権年齢は、これまで様々な政治的思惑のもとで変動してきた。国政選挙に関する限り、男性普通選挙が導入された一九〇七年に定められた選挙権二四歳・被選挙権三〇歳という下限は、一八年に女性参政権が認められたあと、二三年に選挙権二〇歳・被選挙権二四歳に引き下げられたが、一九二九年憲法では逆に選挙権二一歳・被選挙権二九歳に引き上げられている。戦後は、一九四五年の選挙が二三年の規定に基づいて実施されたのち、国家市民教育に関する布告が出された四九年には被選挙権のみ二六歳に改められた。その後、学生運動を背景に一九六八年には選挙権・被選挙権のいずれも一年ずつ引き下げてそれぞれ一九歳・二五歳となり、ようやく一九九二年にいずれも一八歳まで引き下げられることとなったのである[22]。

こうした経緯のうち選挙権年齢に注目すると、一九二九年に一歳引き上げられただけで、長期的には明らかに時間とともに引き下げられる傾向が見られるが、ダハスによれば、特に九二年の引き下げには、八九年一一月二〇日に国連総会が採択した子どもの権利条約が影響しているという[23]。

オーストリアは同条約に翌九〇年に署名し、九二年に批准したが、そこでは一八歳未満の子どもの、自由に意見を表明する権利（一二条）、表現の自由についての権利（一三条）、思想、良心及び宗教の自由についての権利（一四条）、結社の自由及び平和的な集会の自由についての権利（一五条）などが認められている[24]。こうした一八歳未満の子どもの政治的権利を確認することが、翻って一八歳以上の市民に選挙権を認める方向に作用したというのである。

すなわち一九九〇年に構成された社会民主党と国民党の連立政権では、前政権での選挙法改正をめぐる議論が続けられており、そこでは有権者による候補者個人への投票の要素を高めることと、各党の得票数を議席数に公正に反映することという、二つの目標をどのようにして追求するかが焦点だったが、そうした選挙法改正をめぐる駆け引きのなかで子どもの権利条約がタイムリーに影響力を持つことになったのである(25)。

なお、当時の政治学関係の出版物を見る限り、結果的に選挙制度がドイツの制度に近い形になったことについての論評は数多く見られるが、選挙権年齢の引き下げについては、ただその事実が言及されているだけであり、そこからは一八歳選挙が特に驚きをもって見られてはいなかった様子がうかがわれる(26)。また選挙権年齢の引き下げに積極的な社会民主党は、戦後の党の業績として二〇〇七年の一六歳への引き下げについては積極的に語っているが、一八歳への引き下げについては、それを特に誇ってはいない(27)。

この点についてはイギリスではすでに一九六九年に、ドイツでは七〇年に、フランスでも七四年に二一歳から一八歳に引き下げられていたことも関係していよう(28)。オーストリアでは一足早く六八年に一九歳への引き下げが実現していたとはいえ、一八歳選挙の導入はむしろ遅れていた。他方、既述のように、それ以前から社会民主党と緑の党は引き下げを主張しており、さらに州議会選挙については一九八四年にティロルで、また一九九一年にはシュタイアーマルクで一八歳への引き下げが行われるなど、期は十分に熟していたのである(29)。

このように、いわゆる一八歳選挙は必ずしも大きな関心を呼ばなかったと推測されるが、教育課程基準を見る限り、やはり一定の影響を及ぼしたと考えて良いであろう。選挙権年齢が一九歳以上であればＡＨＳ《アーハーエス》の生徒のなかの有権者は限られるが、一八歳まで引き下げられると、一定数の生徒が有権者となるのであり、その準備が必要なのは明らかとなる。

なお、第2章で紹介した一九六二年の学校組織法以降にAHS《アーハーエス》上級段階の教育課程が改訂されたのは、七〇年、八九年、そして二〇一六年である。そのほか実際には毎年のように修正が加えられているが、それらは基本的に小規模なものであり、教科の内容に本質的な影響を与えるものではない。

このうち一九八九年の教育課程は、まだ選挙権が一八歳に引き下げられる前に公布されているが、七〇年の教育課程と比較するとき、以下の三点に政治教育の観点が重視されている様子を見ることができる。

第一に、最終学年に「歴史・社会科、政治教育、法学」という選択教科（週二時間）が設けられたことである。(30)普通教育課程の教科名に政治教育という言葉が使用されたのは、これが初めてである。必修教科としては、歴史に国家市民教育の内容を加えた従来の「歴史・社会科」が設定されているのに対し、この選択教科では、その歴史・社会科に加えて政治教育と法学を加えた計三分野が設定され、様々な社会現象を理解するだけでなく、より合理的な意思決定のための基準を持てるよう促すこととされている。

この選択教科は、実質的に七〇年の教育課程の「活動学習（Arbeitsgemeinschaft《アルバイツゲマインシャフト》）」の時間（週二時間）を引き継ぐものだが、(31)七〇年には「歴史・社会科」と「地理・経済科」の二つの教科の範囲から、科学技術が近代社会に与えた影響や近代国家の性格などについて、資料の読み取りや発表・討論などに重点を置く授業を展開することが求められていた。「歴史・社会科、政治教育、法学」は、教育方法論的にはこの活動的な学習を受け継ぎつつ、それに政治教育としての性格を与えたものと言って良いだろう。

実際、教科目標の観点からは、「活動学習」も「歴史・社会科、政治教育、法学」も、ともに社会的事象についての深い理解を通して批判的な判断力を獲得させるという点で特に違いは認められない。しかし、前者では取り上げるべきテーマについての記述が簡潔で、さらに今日の社会問題を歴史的な観点から捉え直すという趣旨が前面に出ていたのに対し、後者では歴史・社会科分野で一四のテーマ領域が提案されているほか、政治教育分野に「国家の本質と課題」、「民主主義の政治過程」、「政治とメディア」など、同じく一四のテーマ領域が、また法学分野でも「法治国家の基本問題」や「基本権と抵抗権」などの八つのテーマ領域が設けられ、歴史科よりも政治教育としての色彩が濃くなっている。また授業ではそれらの三分野から五～一〇のテーマについて、教員のアドバイスのもと生徒が自発的に学習を進めることとされており、その点でも現実の政治的問題に対する生徒の関心を生かしやすい規定となっている。

第二の変化は、必修教科としての「歴史・社会科」の内容に見ることができる。AHS《アーハーエス》上級段階での各学年の授業時間数（週二時間）は同じだが、第八学年の教育内容が大きく変わっているのである。すなわち一九七〇年の教育課程では第七学年で帝国主義諸国間の緊張の高まりまでを扱い、第八学年では第一次世界大戦開戦以降を教えることとされていたのだが、八九年の教育課程基準では第七学年で第二次世界大戦の終結までを扱い、第八学年はすべて戦後史にあてられている。具体的には「一九四五年以降の世界」、「オーストリア第二共和国」、「現代の政治的・社会的諸問題」の三つの大項目がたてられ、特に最後の大項目では、今日の民主主義における重要課題の認識、政治参加と政治的責任の必要性についての認識などが求められている。この認識という言葉には、国家市民教育の流れを引き継ぐ当時の教育論の特徴ないし限界を認めざるを得ないとはいえ、こうした内容構成は、事実上、第八学年が政治教育に大きく重点を移したことを意味している。そして実際に、このあと二〇〇二年の改正で、「歴史・社会科」は、教育内容については修正を加えることなく、「歴史・社会科と政治教育」に名称変更された(32)。

八九年教育課程基準における第三の注目すべき点は、教科横断的な学習が強調されていることである。これにより政治教育は歴史・社会科だけでなく、隣接する地理・経済科や言語教科に加えて自然科学や芸術、宗教などの教科でも取り組みが期待されることになった。そこではラテン語の時間にキケロやセネカなどの著作を学ぶことが政治学習として持つ意味があらためて確認されているのはもちろん、たとえば物理学では、エネルギー問題に加えて、物理学理論の軍事利用と科学者の責任について考えることなどが提案されている。

さらに興味深いのは、教育課程基準中の各教科で期待される学習を記述した政治教育と関係づける学習を促す文章に、（歴史・社会科のほかに）まさに政治教育という言葉が単独で用いられていることである。既述のように、この時点では、政治教育という言葉は、一九七八年の基本通知に触れる場合を除いて、単独では必修教科はもちろん選択教科にも使われていない。それにもかかわらず教科横断的な授業を期待されるなかで、他教科は、歴史・社会科との連携だけでなく、まだ教科ではない政治教育との連携を求められたのである。

以上より、普通教育課程における政治教育は実質的に一九八九年にスタートを切っていたと考えて良いだろう。このことは、ヴァルトハイム問題やEU加盟問題などが、すでに政治教育の必要性の認識を広めていたのであり、厳密に言えば選挙権年齢引き下げの実施が教育課程基準の改革に直接的に影響したのではないことを示している。本章の冒頭に記したように、約半年後に初の一八歳選挙を目前に控えた一九九四年三月九日には一九七八年の基本通知が再度全国に周知されたが、それ以上の動きは見られない。これは選挙権年齢の引き下げが当時必ずしも大きな社会的関心を呼んでいなかったこととも符合する。しかしその一方で、九二年の選挙制度改革は、それが実現する前の社会民主党と国民党の連立政権時代（一九八七〜九〇年）から検討が進められていた。時間的視野を大きく取るなら、一八歳選挙を含む一九八〇年代後半から九〇年代初頭にかけての政治状況が、八九年の教育課程改革の背景にあると言えるだろう。

むしろ興味深いのは、一九八九年に実質的に政治教育を導入しておきながら、そのときは必修科目にその言葉を使用せず、教科名称の変更が二〇〇二年まで遅れたことである。ここには七〇年代から続く（必修）教科として政治教育を設置することをめぐる政治的対立に、当時はまだ決着がついていなかった様子を見ることができるだろう。十年以上にわたって実績が積み重ねられ、また七〇年代の対立を直接的に知る人々の多くが政治の世界から退場して初めて、名前が実質に追いついたのである。

2　一六歳選挙のインパクト

選挙権年齢引き下げへの賛否

選挙権年齢の一八歳への引き下げについては近隣諸国に遅れをとったが、二〇〇七年六月五日、オーストリア国民議会は連邦憲法律を改正し、他のヨーロッパ諸国に先駆けて一六～一七歳の市民約一八万人に選挙権を認めた[33]。以前から選挙権年齢の引き下げに熱心だった緑の党は、二〇〇一年七月にリンツ党大会で採択された基本綱領で一六歳への引き下げを明確に掲げており[34]、社会民主党ではその青年組織が、二〇〇三年九月二四日、選挙制度改革を議論していた国民議会に対して一六歳への引き下げを求める声明を発していた[35]。当時の社会民主党青年部委員長A・コルロス[36]によれば、一六歳になれば働くことができ、税金も払わなければならず、また前年にブルゲンラントで行われた市町村議会選挙での若者の高い投票率は引き下げの必要性と妥当性を示しているのだった。遅くとも九〇年代後半のオーストリアならびにドイツでは、（一六歳ではなく）一四歳への引き下げが妥当とするビーレフェルト大学のK・フレルマンが注目を集めるなど、一八歳以上という年齢制限は社会の現実にあっていないという意見が広まりつつあった[37]。

結局、国民議会の議論では緑の党と社会民主党が引き下げを主張し、右翼急進主義の自由党も共感を示したが、国民党が反対したことで、このときは選挙制度改革をめぐる四党合意から外されることとなる[38]。しかし、コルロスをはじめとする引き下げ賛成派が言及したように、二〇〇三年の時点で、すでに州レベルでは一部で一六歳選挙が実現していた。

具体的には、ブルゲンラントのほかウィーンが二〇〇二年に州議会と市町村議会・市町村長選挙で一六歳選挙を導入し、ザルツブルクが二〇〇五年に続いた。また市町村議会・市町村長選挙だけであれば、すでにケルンテン（二〇〇〇年）とシュタイアーマルク（二〇〇一年）で引き下げが実現していた。なお、ブルゲンラントで二〇〇二年一〇月六日に行われた市町村議会選挙では、初めて選挙権を手にした一六歳以上の有権者の投票率は八五％に達し、これは有権者全体の投票率（八五・五％）とほぼ等しく、引き下げ賛成派を勇気づけていた[39]。

そもそも選挙権年齢の一六歳への引き下げは、子どもの権利条約の考え方の実現を目指す延長線上で提案されたものである。しかし、国民議会での国民党の反対が象徴するように、反対意見も強かった。ザルツブルク大学のD・アイクナーは、表2のように賛成・反対意見をまとめている[40]。

国民党も、若者の意見を政治により積極的に反映させるべきことについては、少なくとも建前上反対ではなかった。しかし、それは若者の声を吸い上げる機関を新たに設置するといった提案にとどまり、政治への関心と知識が乏しい若者に選挙権を認めれば、彼らは急進主義政党に利用され、結果的に民主主義が不安定化するという論理をもって、選挙権年齢の引き下げに反対していた。しかし、それに対して二〇〇三年以前に引き下げを実施した州では、社会民主党と緑の党のほか、自由党が（少なくとも市町村レベルでは）引き下げに積極的な姿勢を示したため、若年層のあいだに否定的なイメージが広がるのを恐れる国民党は、政治教育の強化を条件に譲歩せざるを得なくなっていた。さらに右に記したブルゲンラントの例だけでなく、シュタイアーマルクやグラーツで行われた市町村議会・市町村長選挙でも、初めて選挙権を手にした有権者の投票率は有権者全体の投票率とほぼ等しく、少なくとも

表 2　選挙権年齢の 16 歳への引き下げに関する賛成・反対の理由

引き下げに賛成	引き下げに反対
何歳で選挙権を認められるべきかは，社会の状況に応じて変わる。いまは引き下げが望ましい状況である。	若者は，選挙権を持つに相応しい洞察力と責任感を持っていない。
選挙権年齢の引き下げは，国家機関への若者の関与を可能にすることにより，その認知度を高める。	若者は容易に操作される存在である。彼らの政治的な考え方や投票行動は，様々な指導者や理想などにより影響されやすい。
若者の政治的関心は高い。彼らの関心は，現状では NGO など議会の外でしか表現されていない。	若者の政治的能力は不十分である。党綱領や政治制度についての知識が乏しいなど，基礎的な知識が欠けている。
選挙権が与えられれば，若者の関心はさらに高まる。それは，未来の決定に参加する勇気を促すことになる。	若者は，政治に煩わされない子どもとしての時間を奪われるべきではない。また彼ら自身が未熟であると感じており，選挙権がほしいとは思っていない。
政治的決定は多くの場合，元に戻すことができず，若者は，自分が参加できなかった決定の影響を大人よりも大きく受ける。これは，ルールが適用される人間がその決定に参加できなければならないとする民主主義の考え方に反している。	若者は政治には関心がない。選挙権年齢の引き下げは，投票率の低下を招き，選挙の正当性を損なう可能性がある。
選挙権を認めないことは，1992 年の国連の子どもの権利条約の精神に反している。	若者はバランス感覚が不足しており，急進主義に傾きがちである。したがって選挙権年齢の引き下げは，左翼ないし右翼政党を強化し，政治システムの急進化を招く可能性がある。

若者が政治に関心がないという主張は成り立たないことは明らかであった。

この点についてインスブルック大学のF・カールホーファーは、「あなたは政治に関心がありますか？」と聞いた場合、たしかに一六歳の市民は一八歳以上の市民に比べて「大いにある」あるいは「ある程度ある」と答える割合が低くなる傾向があると認めた上で、しかしながら環境問題や雇用問題などの個別の案件を掲げて関心の有無を尋ねると差が縮まることを指摘している[41]。これは、一六歳の多くの若者は自分の問題意識が政治的なものであることを認識していないだけで、政治への関心がないわけではないこと、それゆえ政治についての理解を促す教育が重要なことを示すものである。その意味で、選挙権の引き下げを政治教育の充実とともに実行することは、理に適っていると言えよう。

新しい有権者の投票行動

一九七〇年代には政治教育に対して距離をとっていた国民党がその充実を要求するに到ったところに、オーストリアにおける議論の枠組みの変化を見ることができるが、再びカールホーファーによれば、国民党が二〇〇七年に選挙権年齢の引き下げを認めたのは、若者や政治教育に対する理解を改めたからではなく、単に、以前から導入を主張していた郵便投票を社会民主党が認めることとの取り引きの結果にすぎなかった[42]。

もちろん、こうした政治的取り引きが許容されるところまで、党内で一六歳選挙への不安が低下し、またその意義についての理解が広がっていたことも推測されるが、そもそも一六～一七歳人口はわずかであるのに加えて、それまでに実証的なデータが不足していたのは間違いない。それゆえ、予定よりも二年早く二〇〇八年九月二八日に国民議会選挙が実施されると、直後の一一～一二月にかけて、国民議会と首相府そして教育省も支援する形で、全国の一〇〇〇人の一六～一八歳の若者に対するアンケート調査が実施された。

調査項目は多岐にわたるが、いずれも結果はほぼ予想された範囲であり、彼らの推定投票率は七七％で有権者全体の七八・八％とほぼ等しいこと、また大学入学資格を持っている親の子どもの方が投票率が高いことなどが確認されている[43]。

その上で興味深いのは、グラフ1が示すように、選挙権年齢の引き下げに消極的だった国民党への支持が、それに積極的だった社会民主党への支持を上回ったことである。二〇〇八年の選挙では社会民主党が僅差で国民党をかわして第一党となったが、一六～一七歳に限ってみれば国民党への支持が社会民主党への支持を大きく上回っている。他方、若者のあいだで右翼急進主義政党への支持が広がっているとする懸念については、たしかにその傾向は

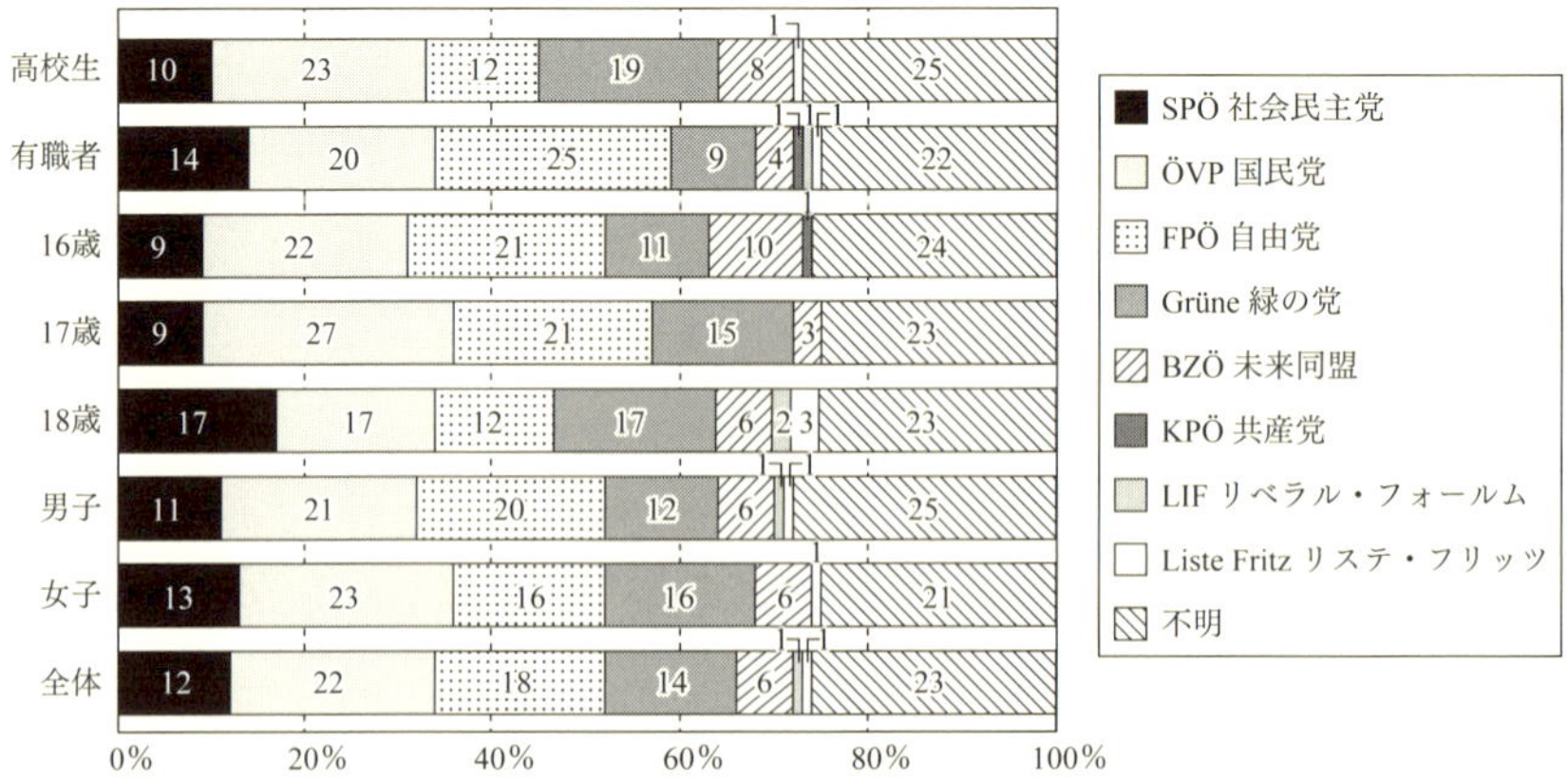

グラフ1　16〜18歳年齢層の投票先

注）有権者全体の投票結果は，社会民主党が29％，国民党が26％，自由党が18％，緑の党が10％，未来同盟が11％，共産党が1％，リベラル・フォーラムが2％，リステ・フリッツが2％だった。なお上のグラフに示した各党の得票率は，約23％の棄権者を含めた割合であり，有効投票数を前提とした有権者全体の投票結果とそのまま比較することはできない。

出典）Abbildung 13 : Parteienpräferenzen, in : Schwarzer, Steve, u. a., *“Wählen mit 16” Eine Post Election Study zur Nationalratswahl 2008. Befragung-Fokusgruppen-Tiefeninterviews*, SORA, 2009, S. 42.

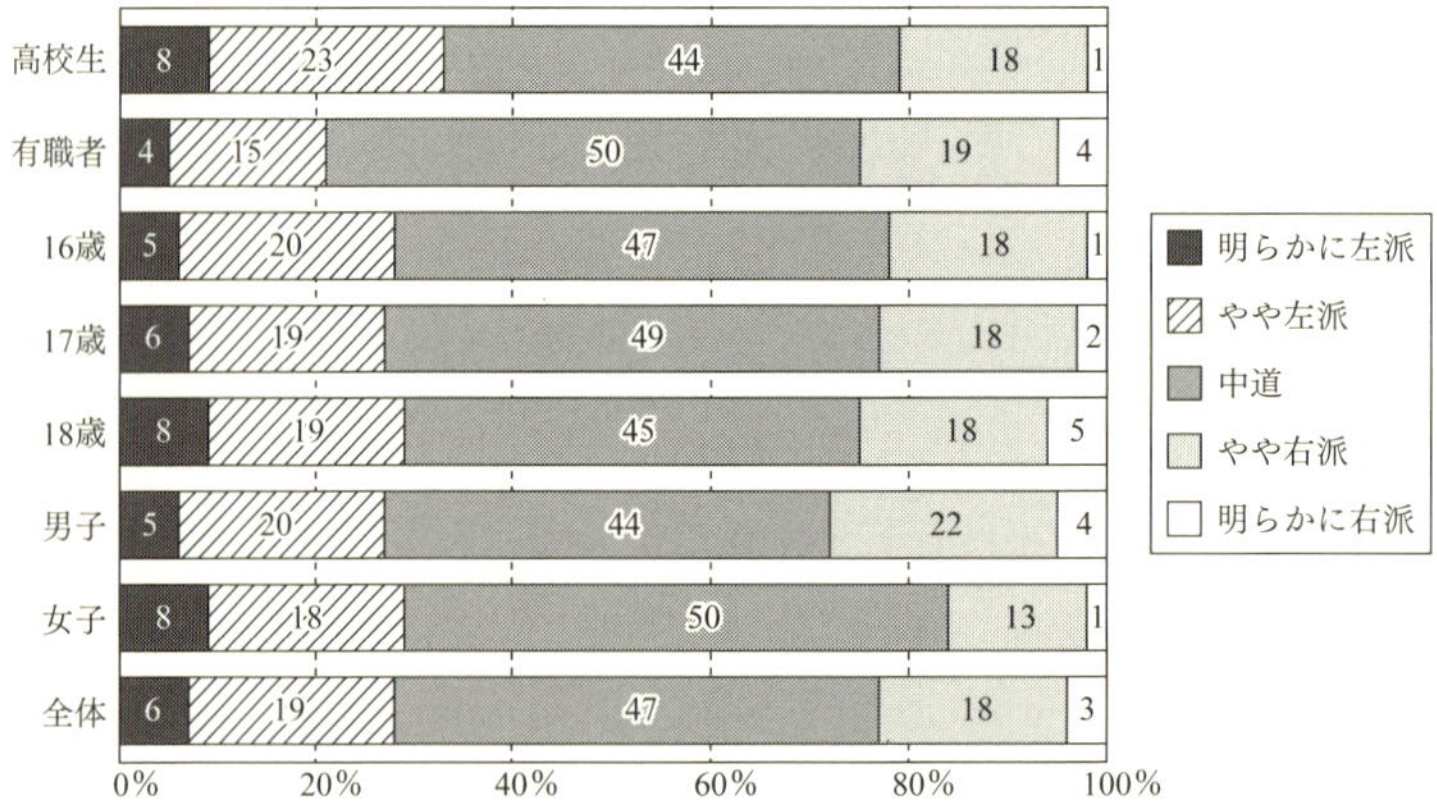

グラフ2　16〜18歳年齢層の政治的スペクトラムにおける自己評価

出典）Abbildung 7 : Einstufung zwischen Links und Rechts, in : Schwarzer, u. a., S. 29.

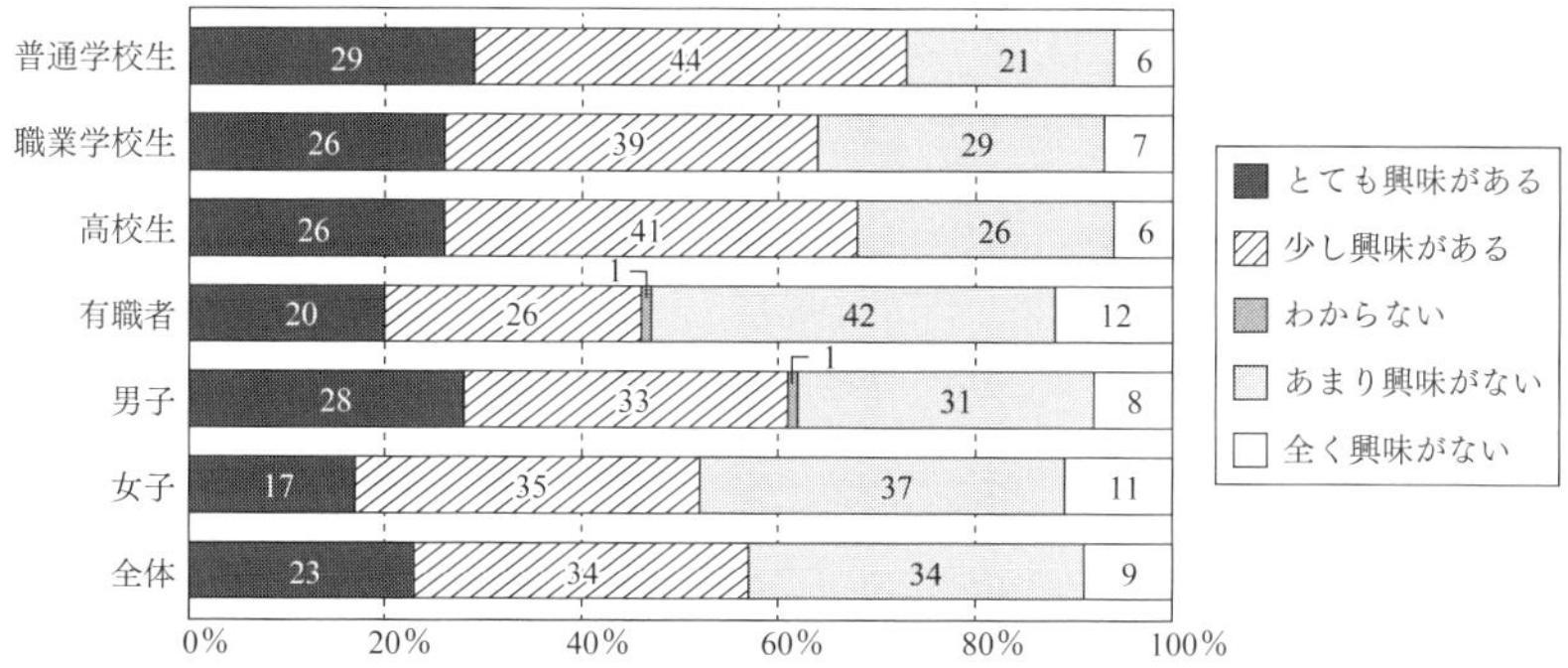

グラフ3　学校種別に見た政治への関心

出典）Abbildung 3 : Interesse an Politik, in : Schwarzer, u. a., S. 24.

見られるものの、自由党と未来同盟への支持が極めて高いということはなく、また全体的に見れば左右のバランスは取れており、これは若者自身の自己評価の分布（グラフ2参照）とも一致している[44]。

その一方で、二つのグラフからは、後期中等教育機関に在籍している若者と、すでに職業に就いている若者のあいだに政治的指向の違いがある様子がうかがえる。すなわち、後者では右翼政党への支持が顕著に高いのである。また、前者の場合、自分の政治的位置についての理解が支持政党と一致している可能性が高いのに対し、後者には、中道という自己認識のもとで右翼政党を支持している者が相当数存在するものと考えられる。

このことは、もう一つの調査結果とも符合する。グラフ3は、学校に在籍中か否かだけでなく、在籍している学校の種類を職業教育学校（BHS《ベーハーエス》）とAHS《アーハーエス》に分けて政治への関心の高さの分布を表しており、そこからは言わば学力の高い順に、自分は政治への関心が高いという認識を持っている様子を見てとることができる。反対に言えば、後期中等教育に進まなかった若者のあいだでは、政治への関心が低く、自分の政治的位置を認識できていない者が相対的に多いということになる。

他方、一六歳から一八歳のあいだの年齢による差異はそれほど明らかではないことから、少なくともこの年齢層については、重要なのは年齢よりも政治についての広い意味での学習であると言える。そこでは家庭や仲間集団さらには職場を含む政治教育上の環境の全体が問われるが、投票の質を高めるために、やはり学校その他の公的機関による政治教育が重要であるとの結論が導かれる。実際に教育省は、選挙年齢の引き下げが決まった直後に「君が重要！（Entscheidend《エントシャイデント》 bist《ビスト》 Du《ドゥ》 !）」という、若者に日々の政治的な問題についての意見の交換を促すウェブサイトを開設し、また国民議会も同じく二〇〇七年、後述する「民主主義工房（Demokratiewerkstatt《デモクラティーヴェルクシュタット》）」という一五歳までの子どもを対象にした体験型の政治教育プログラムの提供を始めていた[45]。

こうしたなか二〇〇八年には前期中等教育の教育課程が改正され、後期中等教育と同じように「歴史・社会科」が「歴史・社会科と政治教育」に改められた。一六歳で投票が認められるということは、AHS《アーハーエス》上級段階に進む生徒は最終学年で政治教育の授業を受ける前に投票の機会を持つ可能性があり、また職業教育に進む生徒については、義務教育である総合技術学校等に以前から政治教育が導入されていたものの、その成果が芳しくないことを考えると、前期中等教育における政治教育を強化する必要があるのは自明であった。

教育課程基準の対応

オーストリアの前期中等教育段階には、特別支援学校等を別にすると新中等学校とハウプトシューレ、そしてAHS《アーハーエス》下級段階という三種類の学校が存在し、教育課程も別々に公布されているが、その内容は同一である。基本通知がまとめられた一九七八年以降の教育課程の変遷を確認すると、一九八四／八六年、二〇〇〇年、二〇一六年に大幅な改訂がなされている。

まず一九八四／八六年の教育課程基準では、歴史・社会科は第二学年（通算第六学年）から始まり、そこで先史時代から中世の終わりまでを、第三学年で宗教改革から第一次世界大戦終結までを、そして最終学年で一九一八年以降を扱うことになっていた。この最終学年には九つの大項目が設定されており、そのなかの一つ「一九五五年から今日までのオーストリア」では中立政策や社会的パートナーシップなども扱われ、その際、国家市民としての責任と権利・義務について学ぶことが期待されていたが、配当時間は週二時間であり、現実の政治問題を扱う余裕はほとんどなかったと推測される。この教育課程は、歴史教育に国家市民教育が追加された古い形を示しており、一年を通した現代史教育も政治教育としては改善の余地が大きいものだったと言えよう(46)。

二〇〇〇年の教育課程基準にも、それほどの変化は見られない。

まず各学年で扱うべき内容は、一九八四／八六年の教育課程基準と基本的に同じである。たしかに授業を構成する上での注意点として「現代とのつながりと政治教育」の視点が新たに記され、具体的には「授業では、様々な政治的な思想や機関についての認識を伝えるべきである。秩序と自由、支配と共同決定、戦争と平和のような緊張関係に取り組むことが、民主主義と法治国家のための教育において重要である。イデオロギー批判の姿勢と寛容、他者を理解しようとする姿勢と平和への意思が、政治行動の重要な前提となる」という政治教育上意味のあるまとまった文章が書き込まれはしたが、ほぼ同じ内容は独自の項目の形を取らずとも八四／八六年の教育課程にも見ることができる。またコンピテンシーという、政治教育を考える際に重要な考え方が部分的に導入されているが、ここでは資料の読解力やコミュニケーション能力の重視など形式的な言及に留まっており、政治教育を意識したというよりも、狭い意味での歴史の学力観の変容を示していると解釈されよう。

このように一九九二年の一八歳への選挙権年齢の引き下げは、結局のところ、前期中等教育に対しては、歴史・社会科が持つ政治教育上の意味を際立たせるという程度の変化しかもたらさなかった。

しかし一六歳への引き下げの際は違った。二〇〇〇年に教育課程を改正した以上、次の本格的な改正は二〇一〇年以降となってしかるべきところだが、連邦憲法律改正の翌二〇〇八年には歴史・社会科に大幅な修正が加えられたのである。そこでは既述のように教科名称が「歴史・社会科と政治教育」と改められ、教科の目標は、歴史的コンピテンシーと政治的コンピテンシーの獲得に置かれることとなった。

政治的コンピテンシーについては次章であらためて検討するが、このとき国家市民教育における制度に関する知識と愛国心の形成を促す教育から、民主主義の政治に参画するための能力を育てる教育へと本質的な転換がなされたのは間違いない。

このことは、教育内容についての考え方の改革を伴っていた。それまでの教育課程では、各学年で扱うべき内容が比較的詳細に定められていた。たとえば一九八四／八六年教育課程の第四学年であれば、すでに述べたように、「一九五五年から今日までのオーストリア」など、九つの大項目が設定され、その大項目ではさらに「国際社会の中での中立国の可能性」「政党の役割」「社会的パートナーシップ」「市民と自治体」などの各項目について教えることが求められていた。総授業時間数を考えれば、一つの項目に割くことのできる時間は一～二時間程度だったろう。もちろん実際には忠実に教育課程に従って授業を行う教員は少なかったと推測されるが、たとえ形式的な意味しかないとしても、このような制約は広範な知識の伝達が意図されていたこと、そうした教育目標の理解を教員と生徒がある程度共有していたことを意味している。

それに対して二〇〇八年の改正は、それまでの大項目とその下位の項目の記述を、扱うべきテーマの例と目標の記述に変えた。たとえば第一次世界大戦終結以後の時代を扱う第四学年で取り上げるべきテーマとしては、以下の一三の例が掲げられている。

・政治参加、共同決定、共同責任の様々な可能性
・オーストリアの憲法、民主主義、政党
・市民の権利と義務

・労働と余暇の変化から見る経済と社会
・経済危機
・様々な世代と家族のなかの女性と男性の役割
・ヨーロッパにおける民主主義と独裁
・ナチズム、ホロコースト、記憶文化
・第二次世界大戦とその結果
・オーストリア第二共和国——政治システムと経済と社会の発展
・EU加盟国としてのオーストリア
・欧州統合
・今日の紛争と様々な平和教育

これらはあくまでも例である。授業は生徒が以下の五つの目標を達成できるようになることを目指すものであれば、これ以外のテーマを扱ってもかまわない。

・学校ないし社会における政治参加、共同決定、共同責任の可能性と、民主主義の諸機関を活用することができる。
・オーストリア憲法の原則についての知識を持っている。
・市民の基本的な権利と義務についての知識を獲得する。
・二〇世紀に経済が社会に与えた影響を理解している。
・ヨーロッパにおける民主主義の支配と独裁体制についての知識を持っている。

こうした目標設定は、「歴史・社会科と政治教育」という教科名称に相応しいと言えよう。特に現代史教育は、いわゆる知識の伝達を中心とする授業であっても、歴史的知識そのものが政治的思考と判断の基礎として重要なことから、それは政治教育の一部をなすと考えられるが、この改正は、世界の（影響関係を含む）時系列的な把握という側面を抑え、政治的必要性の観点から教育活動を捉え直している。こうした改革から生じる現代史学習に要する授業時間の不足、すなわち歴史学習として断片化しがちな問題への措置がないなど、付け焼き刃的な対応という面を見ることもできるが、ここに二一世紀初頭のオーストリアにおける政治教育を強化しようとする姿勢が表れているのは間違いないところである。

第4章　民主主義の能力を育てる

1　政治的コンピテンシー

二〇一五年の基本通知と新教育課程

二〇一六年、前期中等教育と後期中等教育の「歴史・社会科と政治教育」の教育課程が同時に改訂された。これは一三年の連立政権合意に基づくものだが(1)、その背景には、OECDのDeSeCoプロジェクトに見られるような学力観の転換を目指す世界的な流れがある。DeSeCoはDefinition and Selection of Competencies : Theoretical and Conceptual Foundationsの略であり、一九九七年に開始されたそのプロジェクトは、情報化とグローバル化が進む現代世界で求められ、教育システムが育成すべき能力（コンピテンシー）を確認することを目的としていた。その提言は政治教育だけを念頭に置いていたわけではないが、無関係ではない。二〇〇三年にまとめられた最終報告書のなかでは、コンピテンシーは単なる知識やスキル以上のものであり、「特定の文脈における複雑な要求に対して効果的に対応する力」と定義され、なかでも個人と社会の成功にとって重要な鍵となるコンピテンシーとして、「同質でない集団において行動する力」、「自律的に行動する力」、「言語や情報、知識などのツールをインタラクティブに使う力」の三つが掲げられている[2]。これらは、いずれも民主主義社会に生きる政治的市民に求められるものにほかならない。

コンピテンシーという考え方については、OECDによって提唱されたこともあり、日本では労働者に求められる新しい能力ないし学力の考え方として肯定的にも否定的にも論じられる傾向があるが、そこには政治に積極的に参加する市民による民主主義を目指している面もあることを見落としてはならないだろう。

もちろん、このことはオーストリアの学校の政治教育、とりわけ「歴史・社会科と政治教育」にDeSeCoの考え方がそのまま導入されたことを意味するものではない。特に歴史教育の分野では以前から様々な資料を分析的に利用する力を育て評価することが行われてきた。そもそも歴史学習は政治的な能力の育成を目的の一つとしていたのであり、それは学んだ知識を現在の問題に結びつけて活用することを要求していた。

このようにコンピテンシーという考え方は必ずしも目新しいものではない。とはいえ、獲得した知識の量の評価と、それを実際に使える程度の評価のうち、どちらにどれだけのウェイトを置くかという点で、それが後者に重りを移す作用を及ぼしたのは間違いない。

このことは、一九七八年の基本通知から三七年を経て二〇一五年に教育省があらためて全国の学校に送付した基本通知「政治教育の授業原則」にも明瞭に見ることができる。その冒頭には、新たな通知が出された背景が次のように記されている。

基本通知を最初に公表して以来、学校、社会、そして政治はさらに発展した。政治的コミュニケーション、メディア報道、情報との関わりあい方は大きく変わった。特に二〇〇七年には選挙権年齢が一六歳に引き下げられた。……本授業原則の基礎には、学校組織法第二条に記されたオーストリアの学校の課題のほか、様々な国際的勧告と、政治教育に高度な価値を置き、また若者のその権利を強調している教育課程基準がある。国際的な勧告としては、特に政治教育と人権教育に関する欧州評議会憲章[3]ならびに子どもの権利条約が重要である。そのほか二〇〇六年一二月一八日の生涯学習のためのキーコンピテンシーに関する欧州議会と欧州評議会の勧告[4]も、政治教育と密接に関係している[5]。

二〇一五年の基本通知は、そのあと「コンピテンシー指向の政治教育は、自分の意見を形成し、言葉で表現できるようになるのに貢献する」とした上で、ザルツブルク大学のR・クラマーを中心とする教育省に設置された委員会が二〇〇八年にまとめた「政治教育のコンピテンシーの構造モデル[6]」に基づき、「学習者に対して、政治教育のコンピテンシー（概念コンピテンシー、方法的コンピテンシー、判断コンピテンシー、行為コンピテンシー）の獲得を促す」よう教員に求めている。二〇一六年の前期・後期中等教育課程は、これに実際の形を与えたものにほかならない。

前章で確認したように、前期中等教育課程ではすでに〇八年にコンピテンシーの考え方が導入されていたが、一六年の教育課程ではそれがさらに徹底された。とりわけ前期と後期の中等教育課程が同時に改訂されることで、一貫した体制を整えることが試みられたと言えるだろう。どちらも歴史的コンピテンシーと政治的コンピテンシーの育成を教育目標としており、特に後者については基本的に同じ考え方に立ちつつ、生徒の発達段階に応じた配慮がなされている。

具体的には二〇一五年通知にあった四つのコンピテンシーが設定され[7]、事実上、判断コンピテンシーと行為コンピテンシーについては、以下のような形で前期・後期を問わず同じ記述となっている。

政治的な判断コンピテンシー（Politische《ポリーティッシェ》 Urteilskompetenz《ウアタイルスコンペテンツ》）

日々の生活は様々な政治的決定と対立の影響を受けることから、政治教育は、政治的な決定や諸問題そして対立について、自律的かつ根拠をもって、またできるだけ客観的かつ価値観に裏付けられた判断をできるよう促すと同時に、少しずつ自分の（部分的なものでも）意見を形成し、それを表明できるようになるよう促すべきである。

政治的な行為コンピテンシー（Politische《ポリーティッシェ》 Handlungskompetenz《ハンドルングスコンペテンツ》）

授業は、生徒が政治的な行為をできるようになるよう促すべきである。そこでは、自分の意見を言葉にし、他者の意見を理解した上で、協力して問題解決にあたることが必要である。こうした政治的行為の中心的な能力は、具体的な事例を通した模擬的な学習のほか、学校民主主義の機関でも教えられるべきである[8]。

この二つのコンピテンシーは、生徒が自分の意見を形成してそれに基づいて実際に政治的な行為を行えるようになることを想定しており、言わば政治教育の最終的な目標を表現するものと言える。それゆえ、前期中等教育と後期中等教育の区別なく同じように追求されているのだが、それに対して方法的コンピテンシーと概念コンピテンシーは、そうした目標を達成するために必要な能力であることから、発達段階に応じて期待されるところが微妙に異なっている。まず後期中等教育課程では次のように記されている。

政治に関連した方法的コンピテンシー（Politikbezogene《ポリティークベツォーゲネ》 Methodenkompetenz《メトーデンコンペテンツ》）

政治教育は、様々なデータや図像、テキストを分析する方法を伝えることにより、状況と情報を分析し、（ビラ、新聞報道、ポスター、テレビ番組、ブログなどに表れた）政治的表現をその背景を含めて読み解く力を育てるべきである。同時に、（政治的な問題をめぐる討論に参加したり、生徒代表選挙などの場で）口頭や文章で、あるいは映像を含む新しいメディアを利用して政治的メッセージを発信する方法が教えられるべきである。

政治的な概念コンピテンシー（Politische《ポリーティッシェ》 Sachkompetenz《ザッハコンペテンツ》）

様々な概念とそのコンセプトに取り組む際には、それらが政治的なコンテクストのなかで伝達されており、既存の知識と関係していることに注意する必要がある。概念とそれが持つコンセプトは、政治的な事実を理解するのに役立つ。ここでは、政治的知識を形成する際に重要な基本概念（証明可能性、構造性、因果関係、視点、選択）と人間の共同生活における関係性に焦点を当てた基本概念（構造、権力、コミュニケーション、行動範囲、生活／自然空間、規範、労働、多様性、分配）に注意すべきである。[9]

これに対して前期中等教育課程では、方法的コンピテンシーについては冒頭の文章が次のように若干異なる表現となっている。「政治教育は、様々なデータや図像、テキストを分析する方法を伝えることにより、政治に関する情報を分析し、（たとえば討論、新聞、テレビ番組、ブログにおける）政治の表現を読み解く力を育てるべきである。[10]」ここでは、情報と並んで分析すべき対象としての「状況」と、「その背景を含めて」の部分が削られ、またビラとポスターの代わりに討論が加えられている。

このうち削除の方は、前期中等教育では様々な媒体に見られる政治的な表現に分析を集中させる一方で、背景を含めてその表現がなされている状況までは学習対象としなくても良いとの考え方を表していると考えられる。ビラやポスターが分析対象から外されているのも、それらを批判的に読み解くためには一定の背景知識が必要であるとの判断に基づくであろう。

方法的コンピテンシーにおける発達段階への配慮は、このように相対的に小さいのに対し、概念コンピテンシーの記述は、前期中等教育と後期中等教育のあいだに大きな違いが見られる。先に見た後期中等教育用教育課程とは異なり、前期用の課程には、単に「政治教育は、学習者が、政治的なコンセプトを活用し、それについてよく考え、それを発展させられるようにしなければならない。その際、学習者が持っている予備知識と結びつけること、年齢に相応しい形で具体的に扱うことが重要である」[11]と記されているだけである。

高度な学習となることが予想される基本概念の例示がないことが目を引くが、そのほかに方法的コンピテンシーの場合と同様、政治的コンテクストへの注意が学習目標から外されている点を確認しておく必要があろう。

以上のように、コンピテンシーを軸に編成された二〇一六年の教育課程は、前期中等教育と後期中等教育のあいだで一貫性を保ちつつも発達段階に応じた差異を併せ持つ形になっている。これは、コンピテンシーの考え方をベースにしたベルリンの歴史教育課程に鳥越泰彦が見出した、到達目標の階梯性を連想させる。[12]そこでは学校種（すなわち生徒の学力差）と年齢を組み合わせた複雑な階梯構造が取られているのに対して、オーストリアでは前期中等教育段階の教育課程が学校種（すなわち生徒の学力）に関係なく一本化されているため、年齢に応じた二段階からなる単純な階梯しか見られない。とはいえ「歴史・社会科と政治教育」という同じ教科において、前期中等教育と後期中等教育のあいだで、学習内容の量ないし詳細さに基づくよりも、むしろどれだけの視野で考えることを期待するか、またどの程度に緻密な思考と表現を要求するかという観点から基礎と発展の関係を考えることを可能にしたところにコンピテンシーの考え方を導入した意味があり、それは、かつての知識の量にウェイトをおいていた国家市民教育から、市民の政治参加能力を育てる政治教育への発展を象徴するものと言えるだろう。

歴史的コンピテンシーとの関係

二〇一六年の教育課程における同教科には、発達段階への配慮と間接的に関係するもう一つの理由から、前期中等教育と後期中等教育のあいだに、期待される教育活動に性格の違いが生じている。具体的には、各学年の教育課程を構成するモジュールにおけるコンピテンシーの設定の仕方が異なるのである。

まず前期中等教育では、二〜四学年にそれぞれ九つのモジュールが設定されている。たとえば最終の第四学年の「歴史・社会科と政治教育」は、以下のモジュールから構成される。

モジュール1　ファシズムとナチズム——独裁体制
モジュール2　二〇世紀と二一世紀のグローバリゼーションの諸相
モジュール3　オーストリアの民主主義の歴史
モジュール4　ヨーロッパ化
モジュール5　ホロコースト／ショア、ジェノサイドと人権
モジュール6　歴史文化—記憶文化—記憶政策
モジュール7　二〇世紀と二一世紀における社会の変容
モジュール8　政治的な共同決定
モジュール9　メディアと政治的コミュニケーション[13]

このうちモジュール1〜5が「歴史教育」、6と7が「歴史—政治教育（Historisch《ヒストーリッシュ》-politische《ポリーティッシェ》 Bildung《ビルドゥング》）」、8と9が「政治教育」の活動とされている。この五—二—二という割合は第二・三学年にも共通しており、そのことは、歴史教育を通史で一通り終えたあとで政治教育を行うのではなく、第二学年から政治教育の内容を一定の割合で扱っていくこと、その際、歴史を教える過程で政治教育的な活動も行うという形ではなく、政治教育独自の内容もそこに配当されていることを示している。具体的には第二学年に「政治的行為の可能性」と「法と規則、価値」、第三

学年に「アイデンティティ」「選挙と投票」というモジュールが見られる。

他方、歴史教育と政治教育のモジュールが分けて設定されていることは、当然のことながら排他的な性格の教育活動が期待されていることを意味しない。たとえば右に記した第四学年のモジュール1は、民主主義と独裁体制のもとでの日常を比較するといった活動を、またモジュール3は、様々な政治的急進主義の形を定義し、比較し、評価するといった活動を要求しており、それらは政治的なコンピテンシーを養おうとするものと言えよう。また、この教育課程の解説では、歴史も時系列的に教える必要はなく、モジュールの順番を変えたり、複数のモジュールを一つにまとめて扱うことも可とされており、そうした指示からは、さらに政治教育的な活動が促される可能性がある。その意味では、政治教育の活動は五―二―二の配分を越えて実施されることが期待されており、その配分は言わば政治教育のために最低限の時間を確保するよう求めていると言ってよいだろう(14)。

前期中等教育の「歴史・社会科と政治教育」が形式的に歴史教育と政治教育を分け、その上で政治教育にそれまでにないウェイトを置いているのに対して、後期中等教育課程には、歴史教育と政治教育(ないし歴史―政治教育)という区別は見られない。最終学年を除いては基本的に時系列的に通史学習を行い、その過程でそれぞれのモジュールのなかで歴史的コンピテンシーと政治的コンピテンシーの両方を育成することが求められている。そもそもモジュールは一学期につき一つしか設定されておらず、前期中等教育のように複数のモジュールを組み合わせたり、順番を入れ換えるという余地はないが、一つのモジュールに通常四つほど設けられている各テーマ領域を扱う際に、どのコンピテンシーを重視するかは教員に委ねられている。

たとえば第三学年には、第一次世界大戦から現代までの政治的・経済的・文化的・社会的変容という教育内容があてられているが、そのなかで前期(第五学期)には以下の四つのテーマ領域が設定されている。

・一九一八〜四五年の国内・国際政治（たとえば講和条約、戦間期の危機、第二次世界大戦）
・ヨーロッパにおける民主主義、権威主義、全体主義の国家システムとその思想——歴史文化的視点からのそれらの思想の描写
・ナチス体制とホロコースト——ホロコーストとの関係における記憶文化
・一九四五〜九〇年の二極化した世界とその崩壊、またヨーロッパの変容(15)

このような従来最終学年の前期で扱われていた内容を扱いつつ、次のようなコンピテンシーの育成にあたることが求められる。

・歴史の問いのコンピテンシー
　過去の経緯に対して自分の問いをたて、文章で表現する。
・歴史の方法的コンピテンシー
　資料をその性格を踏まえて分析する。
　資料を活用して、何らかの問いに基づいて自分で歴史叙述を行う。
・歴史の概念コンピテンシー
　日常の言葉遣いと（学問的な）専門用語における概念の違いを認識し、その言葉の由来と意味の変容に注意する。
・政治の判断コンピテンシー
　偏見や先入観と合理的で根拠のある判断とを区別する。

　政治的な論争・対立について、当事者の利害とそれぞれの基礎にある価値観を認識する。

・政治の方法的コンピテンシー

政治的な議論のなかで取り上げられる様々な調査を確認し、そのデータを分析する。(その調査の方法とその理由を確認する。またデータと評価の違いを認識する。)

メディアの情報を批判的に検討する。(情報提供の様式が持つ影響力を分析する。あってはならない簡略化がないかを認識する。情報の多様な解釈の可能性を言葉にする。)[16]

授業では、右に記した四つのテーマ領域を扱えば、それぞれのテーマでいずれのコンピテンシーの育成に重点をおいてもかまわない。もちろん実際には、テーマごとに取り組みやすい活動と取り組みにくい活動が考えられるが、教育課程はそうした詳細までは規定していない。

なお、第五学期は政治教育については判断コンピテンシーと方法的コンピテンシーしか取り上げられていないが、第六学期には行為コンピテンシーに重点が置かれ、また概念コンピテンシーは第八学年で取り上げられている。特に行為コンピテンシーとしては、同じく第一次世界大戦から現代までの政治的・経済的・文化的・社会的変容という教育内容のもとで、「学校の内外の事柄について自らの関心を貫徹するための民主的方法(たとえばデモ、署名活動、ビラの配布、請願書)を構想したり、実行したりすること」、「自分の政治的意見や問題意識を他の人に知ってもらうためにメディアを利用すること(投書やポスティングなど)」、「政治的な討論を精緻に行うこと」、「政治の世界の機関や個人(政治家やNGOなど)とコンタクトをとったり、それらの機関が提供するものを利用できるようになること」という四つの能力が記されている。

学校外での政治的テーマについてデモを構想し、さらにそれを実行することまで想定されているのは、とても革新的なようにも見えるが、後期中等教育の第三学年は一六~一七歳にあたり、すべての生徒が選挙権を手にしていることを考えれば、このような積極的な政治教育の考え方を採用することも特に不思議ではない(17)。

二〇一六年の後期中等教育課程のもう一つの特徴は、既述のように、第三学年までで従来の最終学年で扱う内容を終えており、最後の一年間が「二〇世紀と二一世紀の変容過程と政治への根本的な洞察」というテーマのもと、(狭義の)歴史教育よりも政治教育色の濃い学習活動に当てられていることである。前期中等教育では各学年に均等に歴史教育と政治教育を配当しようとする努力が試みられたのに対して、後期中等教育では緩やかな通史学習の形態を残しつつ、低学年では歴史教育を重視し(18)、学年が上がるにしたがって政治教育にシフトする形が取られている。

具体的には、前期(第七学期)には、グローバル化を背景に欧州統合が進むなかでのオーストリアと、ニューメディアが与える社会的影響を主なテーマ領域として、概念コンピテンシーについては、政治の言葉を具体例に基づいて批判的に認識し、正確に使えるようになること、方法的コンピテンシーとしては、政治的問題についての情報を収集し、それをメディアで発信できるようになること、行為コンピテンシーとしては、政治的プロセスに責任感をもって参加できるようになることといった目標が課されており、また後期(第八学期)には、安全保障問題や様々な社会運動をもとに、判断コンピテンシーとして、既存の政治的判断と人権との関係を検討する力ならびに様々な決定や判断の結果を予想する力の育成が求められている。

なお、最終学年(第七・八学期)でも、歴史のコンピテンシーとして、問いのたて方が叙述に与える影響を認識する力の育成などの高度な要求がなされているが、政治的コンピテンシーの記述に比べるとそれらは少数に留まっている。

教員の指導力という制約

これまで見てきたように、前期中等教育も後期中等教育も以前に比べると政治教育を重視する姿勢が顕著だが、各学年へのその配当の仕方に違いが生じているのには、学習者の発達段階の違いもさることながら、それと関係して、従来の教育課程の形とそれに対応した教員の専門性が影響していよう。

オーストリアでは、二〇一五年まで普通教育の後期中等教育段階の教員は基本的にすべて総合大学で養成する一方、前期中等教育段階ではAHS《アーハーエス》の教員は総合大学で養成するが、それ以外の学校の教員は教育大学で養成する制度となっていた。これは必ずしもいわゆる学力において前者が高く後者が低いということではないが、総合大学では歴史学や政治学等の教科の基礎にある学問を比較的多く学び、特に後期中等教育段階の教員には専門分野の博士学位を取得している者も珍しくないのに対し、教育大学は教育関連科目の学習に多くの時間を割いているという違いがあった。

AHS《アーハーエス》に通う学力の高い生徒を学問的な学習・研究経験のある教員が教える授業を想定すれば、教員一人ひとりの専門性を生かして、授業で扱う各テーマについて自由かつ臨機応変に授業を展開することが、各コンピテンシーの育成を図るうえでも有効と考えられよう。授業を進める上での最低限の注意点として、新しく導入されたそれぞれのコンピテンシーの要求を明示しておけば、教員はこれまでの自分の授業を微修正することで、目標をある程度達成できるものと期待される。

それに対して大学で教科の内容以外を中心に学び、これまで教科指導については（教育課程基準と）教科書を前提として授業方法を発展させてきた多くの前期中等教育の教員のあいだでは、そのように大きすぎる自由を有効に使いこなせないケースが少なくないことは容易に想像できる。教育内容をある程度決めたモジュールが設定された背景には、こうした思考が推測されるのである。

しかし、このような教育課程の制約は、当然のことながら同時に生徒の学習活動の制約をも意味する。発達段階が相対的に低い生徒に対して、前期中等教育の教員がどのような方針で臨むべきか、またその教員の能力はどのような方向で向上させることが求められるのかについては模索が続いている。

2　教科書とマトゥーラ試験

前期中等教育教科書に見る政治教育

次に、今日のコンピテンシー志向の政治教育とは、具体的にどのようなものなのかについて、教科書ならびに大学入学資格試験等を手がかりに見ていくこととする。

オーストリアを代表する「歴史・社会科と政治教育」の教科書の一つである『時代の姿（*Zeitbilder*《ツァイトビルダー》）』の二〇一七年に発行された第六学年用の巻（第二巻）は、二〇一二年の旧版と異なり、新教育課程基準を反映して九つのモジュールから形成されている〔図8〕。すなわち一つないし二つのモジュールが一章を構成し、全体で六章構成となっている。

第一章　人類の始まり——資料と叙述
・モジュール1　歴史の資料と過去の叙述
第二章　世界の古代文化
・モジュール2　古代文化——特徴、社会、つながり

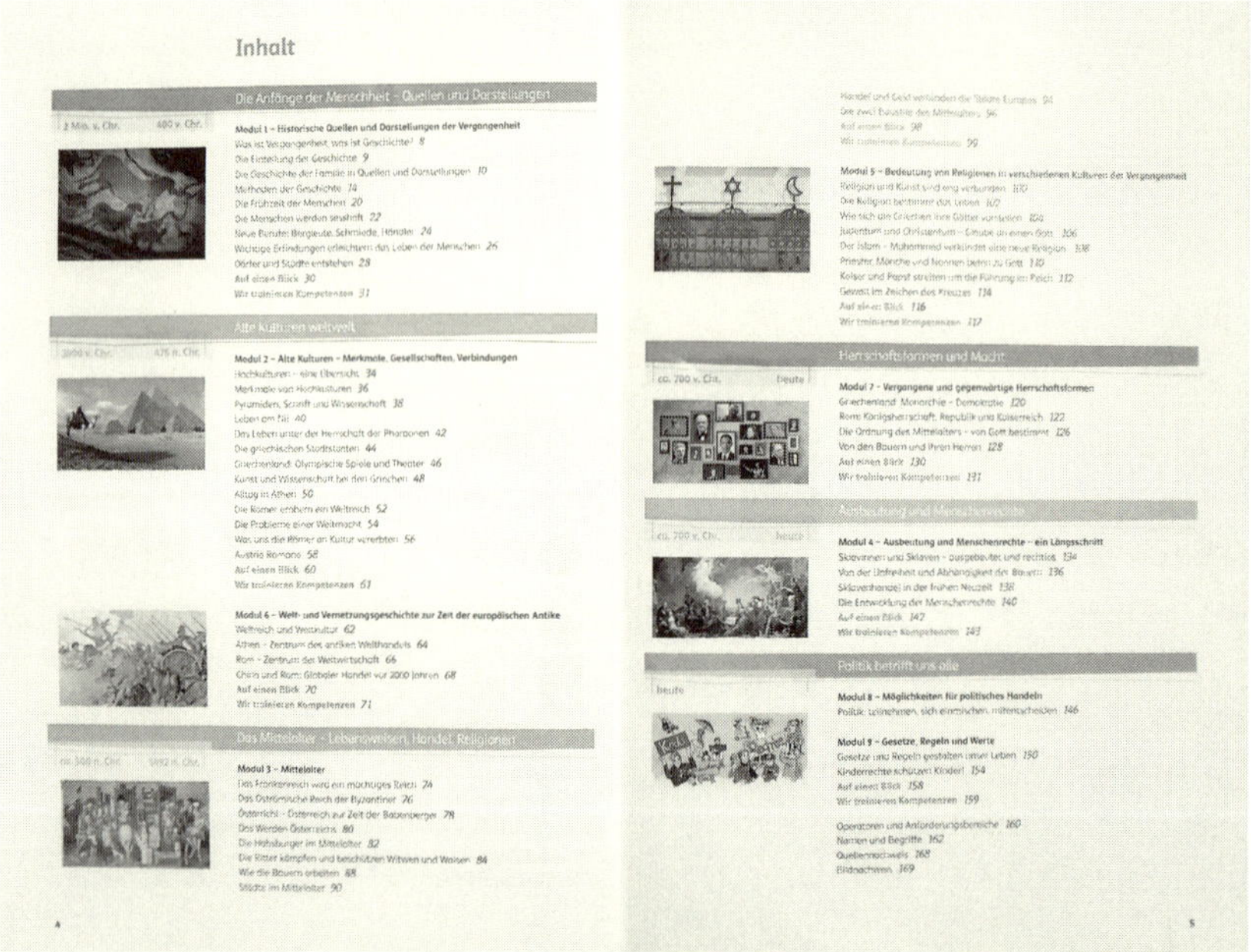

Inhalt

Die Anfänge der Menschheit – Quellen und Darstellungen

2 Mio. v. Chr. 400 v. Chr.

Modul 1 – Historische Quellen und Darstellungen der Vergangenheit
Was ist Vergangenheit, was ist Geschichte? 8
Die Einteilung der Geschichte 9
Die Geschichte der Familie in Quellen und Darstellungen 10
Methoden der Geschichte 14
Die Frühzeit der Menschen 20
Die Menschen werden sesshaft 22
Neue Berufe: Bergleute, Schmiede, Händler 24
Wichtige Erfindungen erleichtern das Leben der Menschen 26
Dörfer und Städte entstehen 28
Auf einen Blick 30
Wir trainieren Kompetenzen 31

Alte Kulturen weltweit

3000 v. Chr. 476 n. Chr.

Modul 2 – Alte Kulturen – Merkmale, Gesellschaften, Verbindungen
Hochkulturen – eine Übersicht 34
Merkmale von Hochkulturen 36
Pyramiden, Schrift und Wissenschaft 38
Leben am Nil 40
Das Leben unter der Herrschaft der Pharaonen 42
Die griechischen Stadtstaaten 44
Griechenland: Olympische Spiele und Theater 46
Kunst und Wissenschaft bei den Griechen 48
Alltag in Athen 50
Die Römer erobern ein Weltreich 52
Die Probleme einer Weltmacht 54
Was uns die Römer an Kultur vererbten 56
Austria Romana 58
Auf einen Blick 60
Wir trainieren Kompetenzen 61

Modul 6 – Welt- und Vernetzungsgeschichte zur Zeit der europäischen Antike
Weltreich und Weltkultur 62
Athen – Zentrum des antiken Welthandels 64
Rom – Zentrum der Weltwirtschaft 66
China und Rom: Globaler Handel vor 2000 Jahren 68
Auf einen Blick 70
Wir trainieren Kompetenzen 71

Das Mittelalter – Lebensweisen, Handel, Religionen

ca. 500 n. Chr. 1492 n. Chr.

Modul 3 – Mittelalter
Das Frankenreich wird ein mächtiges Reich 74
Das Oströmische Reich der Byzantiner 76
Ostarrichi – Österreich zur Zeit der Babenberger 78
Das Werden Österreichs 80
Die Habsburger im Mittelalter 82
Die Ritter kämpfen und beschützen Witwen und Waisen 84
Wie die Bauern arbeiten 88
Städte im Mittelalter 90

4

Handel und Geld verbinden die Städte Europas 94
Die zwei Baustile des Mittelalters 96
Auf einen Blick 98
Wir trainieren Kompetenzen 99

Modul 5 – Bedeutung von Religionen in verschiedenen Kulturen der Vergangenheit
Religion und Kunst sind eng verbunden 100
Die Religion bestimmt das Leben 102
Wie sich die Griechen ihre Götter vorstellten 104
Judentum und Christentum – Glaube an einen Gott 106
Der Islam – Muhammad verkündet eine neue Religion 108
Priester, Mönche und Nonnen beten zu Gott 110
Kaiser und Papst streiten um die Führung im Reich 112
Gewalt im Zeichen des Kreuzes 114
Auf einen Blick 116
Wir trainieren Kompetenzen 117

Herrschaftsformen und Macht

ca. 700 v. Chr. heute

Modul 7 – Vergangene und gegenwärtige Herrschaftsformen
Griechenland: Monarchie – Demokratie 120
Rom: Königsherrschaft, Republik und Kaiserreich 122
Die Ordnung des Mittelalters – von Gott bestimmt 126
Von den Bauern und ihren Herren 128
Auf einen Blick 130
Wir trainieren Kompetenzen 131

Ausbeutung und Menschenrechte

ca. 700 v. Chr. heute

Modul 4 – Ausbeutung und Menschenrechte – ein Längsschnitt
Sklavinnen und Sklaven – ausgebeutet und rechtlos 134
Von der Unfreiheit und Abhängigkeit der Bauern 136
Sklavenhandel in der frühen Neuzeit 138
Die Entwicklung der Menschenrechte 140
Auf einen Blick 142
Wir trainieren Kompetenzen 143

Politik betrifft uns alle

heute

Modul 8 – Möglichkeiten für politisches Handeln
Politik: teilnehmen, sich einmischen, mitentscheiden 146

Modul 9 – Gesetze, Regeln und Werte
Gesetze und Regeln gestalten unser Leben 150
Kinderrechte schützen Kinder! 154
Auf einen Blick 158
Wir trainieren Kompetenzen 159

Operatoren und Anforderungsbereiche 160
Namen und Begriffe 162
Quellennachweis 168
Bildnachweis 169

5

図 8　教科書『時代の姿』第 2 巻（第 6 学年用），2017 年

・モジュール6　ヨーロッパ古代における世界史

第三章　中世——生活様式、通商、宗教

・モジュール3　中世

・モジュール5　過去の諸文化における宗教の意味

第四章　支配の様式と権力

・モジュール7　過去と現在における支配の様式

第五章　搾取と人権

・モジュール4　長期的視点から見た搾取と人権

第六章　政治からは誰も逃げられない

・モジュール8　政治的な行為の方法

・モジュール9　法律、規則、価値

こうした構成は、全六章のうち第一〜三章の五つのモジュールが歴史教育に、第四〜五章の二つのモジュールが歴史—政治教育に、そして第六章の二つのモジュールが政治教育に割り当てられていることを意味する。

既述のように、モジュールはどのような順番で扱っても良く、また複数を自由に組み合わせても良いとされていることから、この教科書は、モジュール2と6、そして3と5を結びつけることで、中世までを年代順に教えることを可能にしている。また歴史学習と同時に政治学習を進めることが期待されるモジュール4と7については、前者が中世の農奴から奴隷貿易とフランス人権宣言までを主に扱うのに対し、後者は古代ギリシアからローマそして中世ヨーロッパにおける政治体制という前者よりも古い時代に焦点を当てていることが、順番が入れ換えられている理由と推察され、[19]ここにも年代順に教えられるように編集が施されている様子を見ることができる。

一方、第六章の二つのモジュールは、五年ほど前に刊行された同教科書シリーズでは他の学年用の巻にもなかった完全に新しい内容となっており、この点も含めて政治教育の観点を入れて大きな改編がなされていると言える。

そもそも二〇一六年の「歴史・社会科と政治教育」の教育課程は、ザルツブルク教育大学のC・キューベルガー、ウィーン大学教科教育センターのT・ヘルムートならびにA・エッカーの三人の歴史教育研究者を中心に作成されたが、このうちキューベルガーとヘルムートはオーストリアを代表する政治教育研究者でもある。[20]こうした人選にも政治教育を重視する教育省の姿勢が表れているが、彼らにより新教育課程で政治教育の開始時期が第二学年まで引き下げられたことは、少なくない教員に戸惑いをもたらした。それは政治教育学の考え方からは妥当なのだが、教員のあいだでは、低学年の生徒には古代史の方が興味を持ちやすく、また年代順の方が教えやすく学びやすいとの声が聞かれるのも確かである。右に見たこの教科書の構成には、編集者が、こうした教員の要望を最大限に取り入れる形を模索した様子を見ることができるだろう。

なお、コンピテンシーの育成という考え方への対応は、この教科書に、二〇一二年版と比較するとき、右に記した新しい二つの政治教育のモジュールの導入のほか、三つの点で変化をもたらしている。

第一に、二〇一七年版の作成にあたり、旧版の記述をもとに修正が加えられた頁では、著者による説明文と、歴史的な状況説明のための図版や写真が削減され、代わりに文字資料が加えられている。

単元「ギリシア——君主制から民主制へ」(見開き二ページ)を例にとると、一二年版では古代ギリシアの都市国家について次のような説明から始められていた。

すでに学んだように、ギリシアには二〇〇から三〇〇の都市国家が存在していた。そのなかで最も有名だったのがアテネ、スパルタ、そしてコリントである。これらの都市国家は、居住地（大きな村あるいは都市）とその周辺地域からなっていた。ポリスでは人々が一つの共同体を作って暮らしていた。彼らは自分たちと隣のポリスを明確に区別した。

そのような都市国家は、良好な状態にあれば、
——経済的に独立して、人々は生活に必要なものをすべて自給することができ、
——政治的に独立して、他のポリスの下に置かれることなく、自治を行った。

それでも多くの都市国家は互いに同盟関係を結んでいた。そうすることで敵に対して有効に防衛することができたのである。なぜならポリスは互いに戦争を繰り返していたからである。[21]（傍線引用者）

このあと、古代ギリシアにおける政治体制の変化として「王政」、「貴族政」、「僭主政」の三つの用語が、次いでアテネの民主主義として「新しい国家秩序（＝体制）」、「民会」、「民衆裁判所」の三つの用語が説明されるほか、ソロンの胸像や陶片の写真、古代ギリシアの民主主義と現代オーストリアの民主主義の違いを示す図などが示されていた。また、王政・貴族政・僭主政について、そうした体制をとる国が今も存在するかどうかをインターネットで調べるよう求める課題や、「政治的権利は納税額に比例する」という原則についてクラスで話し合うよう求める課題などが掲げられていた。

このように一二年版でも一定の活動的な学習が期待されていたが、一七年版は、旧版の記述枠組みを基本的には踏襲しつつ、右の引用のなかの傍線部を削除したほか、各用語に関する説明を簡素化し、さらに写真や図を省略した上で、代わりに資料として左のペリクレスによるアテネの民主主義についての叙述（トゥキュディデスからの引用）に紙面を割き、さらにそれに関連する作業課題を載せている。

紀元前五世紀に政治家ペリクレスがアテネの民主主義について記した資料

われらの政体は他国の制度を追従するものではない。ひとの理想を追うのではなく、ひとをしてわが範を習わしめるものである。その名は、少数者の独占を排し多数者の公平を守ることを旨として、民主政治と呼ばれる。わが国においては、個人間に紛争が生ずれば、法律の定めによってすべての人に平等な発言が認められる。だが一個人が才能の秀でていることが世にわかれば、無差別なる平等の理を排し世人の認めるその人の能力に応じて、公の高い地位を授けられる。またたとえ貧窮に身を起こそうとも、ポリスに益をなす力をもつ人ならば、貧しさゆえに道を閉ざされることはない。われらは自由に公につくす道を持ち……。

われらは己の家計同様に国の計にもよく心を用い、己の生業に熟達を励むかたわら、国政の進むべき道に十分な判断をもつように心得る。ただわれらのみは、公私両域の活動に関与せぬものを閑を楽しむ人とは言わず、ただ無益な人間と見なす。そしてわれら市民自身、決議を求められれば判断を下しうることはもちろん、提議された問題を正しく理解することができる。理をわけた議論を行動の妨げとは考えず、行動にうつる前にことをわけて理解していないときこそかえって失敗を招く、と考えているからだ。(トゥキュディデスⅡ・三七、四〇)

課題

・ペリクレスがアテネの市民に期待していること、そして彼が民主主義のどこに長所を見ているかを自分の言葉でまとめなさい。

・実際のアテネはどのように「民主的」だったのか[22]?

教科書はさらにペリクレスのもとで貧民も市民権を獲得したこと、官職の抽選制が行われたこと、完全な市民権は両親ともアテネ人である二〇歳以上の男性にしか認められず、それは当時の人口約三〇万人のうちわずか四万人にしかならないことを説明した上で、最後に次のような課題を提示している。

課題

・五人以内のグループで、クラスのどういう「委員」が民主的に選ばれるか、また各委員に選ばれるにはどのような条件を満たしている必要があるかを話し合いなさい。[23]

以上の新たに加えられた記述のうち、先のトゥキュディデスからの引用に基づく第一の課題は資料の読み取りという方法的コンピテンシーに、また第二の課題は概念コンピテンシーに、そして最後の話し合いを求める第三の課題は判断コンピテンシーないし行為コンピテンシーに焦点を当てたものと言えよう。すでに指摘したように、一二年版にも、いわゆる調べ学習や、クラスで議論を行うことを求める課題は存在したが、それぞれの課題のねらいがより明確にされているところに、コンピテンシーの考え方が重視されている様子をうかがうことができるだろう。なお、ここでは特に概念コンピテンシーについては歴史教育的な性格が強く、判断コンピテンシーについては政治教育的な色彩が濃いことから、想定されている学習の一貫性が乏しいように感じられるかもしれない。また方法的コンピテンシーについても、右の課題は政治教育の範疇で捉えることもできるが、分析対象であるトゥキュディデスの叙述そのものが歴史的なものであることから、歴史教育の範疇で捉えた方がそこで想定されるコンピテンシーについて細かく語る意味が生じることは否定できない。

しかし、こうした単元の構成原理に見られる曖昧さないし強引さは、意図されたものである。既述のように、この単元は政治教育ではなく歴史—政治教育のモジュールであり、歴史教育と政治教育を同　教科とするオーストリアの考え方をよく示している。そこでは、政治は歴史を学ぶなかでも、意識的に学習されなければならないのである。

他方、第六章の政治教育のモジュールの課題例に目を向けると、たとえば両親ないし祖父母に対して、子どものころ家族の中でどういう問題については誰が決めていたか、また今はどうかを尋ね、その上で、そうした決定の仕方が平等の観点からどのように評価されるかを述べるように求めるもの、あるいは特定の政治的問題に関するデモのリハーサルを行うことを求めるなど、歴史的な知識を必要としない形で、判断コンピテンシーと方法コンピテンシー、さらには行為コンピテンシーの育成を目指す政治的な内容の課題が設定されていることがわかる。

概念コンピテンシーに関連する課題は相対的に少ないが、それは、この教科書が前期中等教育第二学年（通算第六学年）用であることが関係していよう。すなわち教育課程が、右の課題に見られるような身近な問題から始めて、国家ないしヨーロッパ・レベルの政治へと学習を発展させる形で構成されているため、低学年には、敢えて特定の概念の習得を促す必要が少ないのである。

とはいえ二〇一七年版が一二年版と異なる第二の点は、そこでは各モジュールに「コンピテンシーを鍛えよう」と題する頁が新たに設けられていることであり、そこでは概念コンピテンシーも配慮されている。

正確には、歴史教育と歴史―政治教育のモジュールには必ず一つずつその頁が配置されているのに対し、政治教育のモジュール二つについては併せて一つしか設けられておらず、そこにも低学年で政治教育を進めることの困難を見ることができる。とはいえ、見開きの左側のページで五つの基本的な理解、具体的には①政治は大人だけのものではなく子どもにも、市民イニシアチブやデモ、投書やソーシャル・メディアでの意見の発信など、様々な政治参加の可能性があること、②法は共同生活のなかで諸問題によりよく対処するためにあること、③メディアが政治の大きな要素であること、④政治的な意思決定には様々な方法があり、多数決にも様々な形があること、⑤子どもの権利条約（一九九八年）により子どもには様々な権利が認められていることが確認され、その次の（右側の）ページに、以下の五つの課題が記されている。

課題一、政治と聞いて思い浮かぶ言葉をすべて書き出しなさい。それらの言葉でマインドマップを作りなさい。

課題二、あなたが決定に加わることのできる領域を書き出しなさい。

課題三、ルールや法が人間の共同生活にとって重要な理由を述べなさい。

課題四、次の表〔上の表〕を手がかりに、若者がどのようにして政治の情報を得ているかについて述べなさい。

政治の情報源

政治情報に関するメディア利用
ウィーンで16歳以上の1000人を対象に調査。
複数回答可。

公共のテレビ放送	45%
新聞	43%
公共のラジオ放送	36%
インターネット	27%
民間テレビ局	11%
民間ラジオ局	8%

~6時45分	睡眠	休養への権利
6時45分~7時15分	朝食	栄養への権利
…	…	…

課題五、学校に行く普通の日の一日を書き出し、その横にどのような子どもの権利が関係しているかを記しなさい[24]〔下の表〕。

これらのうち方法的コンピテンシーの育成を目指している課題四を別にすれば、他の課題は基本的には概念コンピテンシーを指向している。専門的な用語は扱われていないが、これらの課題に先行して示された五つの政治に関する基本的な考え方の定着が図られているのは間違いない。

学校教育における政治教育は、初めに後期中等教育の最終学年に国家市民教育として導入されたところから始まり、それが狭い意味での政治教育に改められたのち、前期中等教育の最終学年にも広げられ、二〇一六／一七年からはすべての学年で行うこととされた。かつての時間配当の基礎には、通史を学ぶ過程で政治を考える際に必要な知識を獲得し、その上でこそ効果的に政治教育を行うことができるという考え方があった。これは二〇一六年の教育課程基準でも全否定はされていない。しかし、基礎的な知識がない段階でも学べること、ないし学ぶべきことは存在するというのが、コンピテンシー・ベースの教育論であり、教科書を見る限り、それを実現するための努力が進められていると言って良いだろう。

後期中等教育教科書に見る政治教育

一方、後期中等教育用の新しい教科書は、前節で確認した、低学年では通史教育のなかで政治教育も併せて臨機応変に行うというコンセプトの教育課程基準に準拠して作られている。同じ『時代の姿』の第五巻（第九学年すなわちAHS《アーハーエス》第五学年用）は、古代世界から中世の終わりまでを扱っているが、その中世以降の章のなかに三つの政治教育の単元が設けられている〔図9〕。

すなわち第一に、民族移動から始まる第二章「中世」の最初に、時間を越えて移民がもたらす問題を扱う単元として「我々と他者」が、第二に、「十字軍」と「ユダヤ人の迫害」のあいだに単元「大衆の操作――マニピュレーションの方法としての演説」が設けられているほか、第三に、同時期のオーストリアに注目する第三章に「オーストリアの州の形成」という単元が置かれている。

このうち、旧版から引き継いだ単元「大衆の操作――マニピュレーションの方法としての演説」に注目すると、

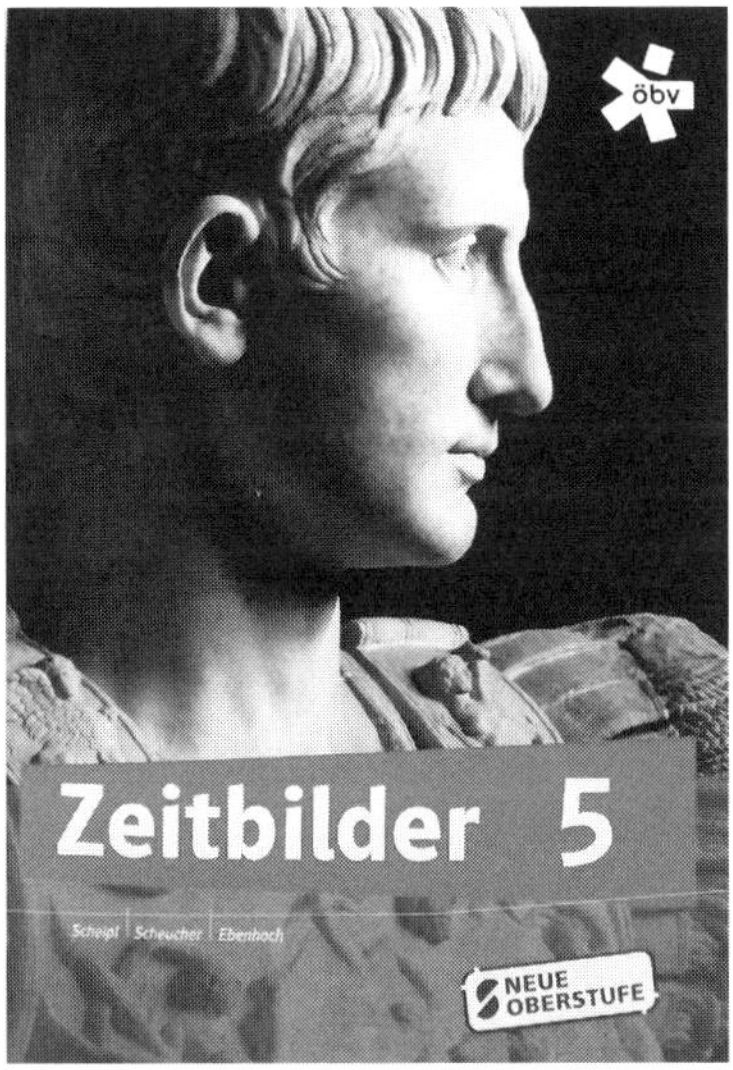

Politische Bildung

16. Die Beeinflussung von Massen

Reden als Mittel zur Manipulation

Politikerinnen und Politiker sowie weitere führende Persönlichkeiten (z. B. Feldherrn) möchten die Menschen seit alters her für sich und für ihre Ideen gewinnen. Sie wollen die Massen beeinflussen und für ihre Zwecke einspannen. So versuchen sie z. B. vor Wahlen die Menschen für ihr Programm zu begeistern. Nicht selten greifen sie dabei zu Mitteln der Manipulation. Unter Manipulation („geschickte Handhabung, Handgriff, Kunstgriff; Machenschaft") wird hier die gezielte und verdeckte Beeinflussung von Menschen verstanden. Dazu benutzen sie besonders öffentliche Reden bzw. Aufrufe.
Gegenwärtig nutzen sie v. a. das Fernsehen. Denn mit ausgewählten Bildern lassen sich die Aussagen besonders gut verstärken. Aber auch Radio, Zeitungen oder Internet ermöglichen es, Aufrufe öffentlichkeitswirksam zu gestalten.
Schon in der klassischen Antike gab es berühmte Rhetoriker (von Griechischen: rhetorike – Redekunst) wie beispielsweise Demosthenes (gest. 322 v. Chr.) oder Cicero (gest. 43 v. Chr.). Demosthenes hielt vier herausragende Reden (Philippika) zur Verteidigung der griechischen Stadtstaaten gegen die sich herausbildende Großmacht Makedonien unter König Philipp VI. Cicero hielt vier Reden gegen Catilina, der eine Verschwörung plante.
Diese Kunst beherrschte man auch im Mittelalter. Ein eindrucksvolles Beispiel dafür bildet der Aufruf von Papst Urban II. 1095 zum Ersten Kreuzzug gegen die Sarazenen.
Diese hatten schon im Jahr 683 Jerusalem erobert. Zwar gab es im Laufe des 11. Jh. vereinzelt Hinweise darauf, dass Christen der Ostkirche im muslimischen Palästina unterdrückt würden. So berichteten lateinische Christen, die um die Mitte des 11. Jh. Pilgerreisen ins Heilige Land unternahmen, von Problemen, die heiligen Stätten zu besuchen. Doch Pilger, die um 1090 im Heiligen Land waren, beschrieben Jerusalem als ein blühendes Zentrum der religiösen Verehrung für Muslime und für Christen. Sie erwähnten, dass es den Christen in Jerusa- [illegible] halten. Es finden sich in den – allerdings sehr spärlichen – Überlieferungen keine Hinweise darauf, dass griechische oder lateinische Christen behindert oder gar misshandelt worden wären. Nichts deutete also um 1090 darauf hin, dass die muslimischen arabischen Herrscher die christliche Minderheit verfolgten.
Der Papst jedoch bereitete seinen Aufruf sorgfältig vor. [illegible] nach Clermont (Frankreich) einberufen. Zwölf Erzbischöfe, 80 Bischöfe und 90 Äbte folgten der Einladung. Dies war die größte Versammlung hoher kirchlicher Würdenträger während seiner Amtszeit. Nach mehrtägigen Beratungen bekundete der Papst seine Absicht, eine besondere Ansprache zu halten. Am Vormittag des 27. November 1095 hielt er vor den geistlichen Würdenträgern und hunderten Gläubigen seine Rede.

Q *Ihr Volk der Franken […] ihr seid, wie eure vielen Toten zeigen, Gottes geliebtes und auserwähltes Volk. […] An euch richtet sich unsere Rede […]; sie betrifft euch und alle Gläubigen.*
Aus dem Land von Jerusalem und der Stadt Konstantinopel kam schlimme Nachricht […]: Das fremde Volk der Sarazenen, ein ganz gottloses Volk, hat die Wiege unseres Heils, das Vaterland des Herrn, in seiner Gewalt. Diese gefühllose Brut drückt die heiligen Orte, welch die Füße des Herrn betreten haben, schon seit langer Zeit mit seiner Tyrannei und hält die Gläubigen teils in Knechtschaft und Unterwerfung, teils wurden sie verschleppt, teils elend umgebracht. Dieses Volk hat die Kirchen Gottes zerstört, die Altäre mit Schmutz befleckt. Die Hunde sind ins Heiligtum gekommen und das Allerheiligste wurde entweiht. Niemand anders als ihr habt die Aufgabe die Schmach zu rächen, dieses Land zu befreien. Bewaffnet euch mit dem Eifer Gottes, liebe Brüder, gürtet eure Schwerter an eure Seiten. Wenn euch die Liebe zu euren Kindern und Frauen davon abhält, bedenkt, was Gott im Evangelium sagt: Jeder, der Frau und Kinder um Gottes Willen verlässt, bekommt hundertfachen Lohn und ewiges Leben. […]
Euer Land hier ist eng und dicht bevölkert. Es liefert keinen Wohlstand und den Bauern kaum genug Nahrung: Deshalb bekämpft und tötet ihr euch gegenseitig. Wendet die Waffen, mit denen ihr auf sträfliche Weise Bruderblut vergießt, gegen die Feinde des christlichen Glaubens: Tretet den Weg zum heiligen Grab [in Jerusalem, Anm. d. A.] an. Nehmt dem gottlosen Volk das Land weg und macht es euch untertan. Jerusalem ist der Mittelpunkt der Erde, das fruchtbarste aller Länder. Jerusalem sehnt sich danach, dass ihr es befreit. […] Macht euch also auf den Weg. Wir aber erlassen, durch die Barmherzigkeit Gottes allen gläubigen Christen, die gegen die Ungläubigen die Waffen nehmen und sich der Last dieses Pilgerzuges unterziehen, alle Strafen für ihre Sünden. Ewiger Lohn im Himmel ist euch gewiss.
(Der Augenzeuge Mönch Robert von Reims schrieb die (hier gekürzte) Rede 1107 nieder. Zit. nach: Geschichte und Geschehen, Bd. 2, S. 138, [illegible])

Die Predigt des Papstes war für das Publikum überwältigend: „Die einen hatten Tränen in den Augen. Andere zitterten". Das berichten die Augenzeugen. Einer von ihnen war der Mönch Robert von Reims. Er schrieb die hier gekürzt wiedergegebene Rede erst im Jahr 1107 nieder, also 12 Jahre nachdem der Papst sie gehalten [illegible]

→ Diskutiert in der Klasse, wie der lange Zeitabstand oder die Ereignisse des Ersten Kreuzzuges (vgl. S. 110) die Wiedergabe der Rede beeinflusst haben könnten. Erörtert mögliche Gründe dafür, die Rede des Papstes erst zwölf Jahre später aufzuschreiben.

114

Das Mittelalter – eine 1000-jährige Epoche

Mit seiner kunstvoll aufgebauten Rede verfolgte der Papst mehrere Ziele:
(1) Er wollte dem bedrängten oströmischen Kaiser zu Hilfe kommen. Das sollte den Herrschaftsanspruch Roms gegenüber Konstantinopel betonen.
(2) Ferner beabsichtigte er mit einem bewaffneten Pilgerzug ins Heilige Land das Christentum dort zu stärken.
(3) Und schließlich wollte er die dauernden Streitigkeiten der Ritter untereinander für seine Zwecke auf einen „gemeinsamen Feind von außen", die Sarazenen, umlenken.

Merkmale einer manipulativen Rede

Berücksichtige bei der Feststellung der Merkmale, welche „Regeln" die Rednerinnen und Redner beachten, wenn sie Eindruck auf die Masse machen wollen. Versuche diese in der Rede des Papstes zu erkennen. Analysiere dazu die Rede Zeile für Zeile. Unterstreiche die entsprechenden Stellen (Wörter, Abschnitte), an denen diese Regeln deiner Meinung nach Anwendung finden:

1. Allgemein wenden sich Rednerinnen und Redner vorwiegend an das Gefühl der Menschen und weniger an ihre Vernunft.

2. Sie geben vor, dass sie die Gefühle der Zuhörerinnen und Zuhörer teilen, dass sie ihre Ansichten, Meinungen oder Schwierigkeiten kennen und verstehen. Damit wollen sie die Zuhörerinnen und Zuhörer besonders herausheben.

3. Sie stellen (einfache) Behauptungen auf, die meist ohne Begründung bleiben.

4. Diese Behauptungen unterstreichen sie durch anschauliche Übertreibungen. Sie „malen" ausdrucksstarke Bilder „in Schwarzweiß". Damit bereiten sie die Zuhörerinnen und Zuhörer insgeheim darauf vor, ihre Ansichten in eine von der Rednerin oder dem Redner gewünschte Richtung zu verändern. Sie zeichnen die Gegnerinnen und Gegner als gefährlich, böse oder lächerlich. Die Eigenen hingegen streichen sie positiv hervor.

5. Diese Botschaften wiederholen sie in verschiedenen Varianten.

6. Sie erwecken Hoffnungen. Dadurch verringern sie die Ängste der Menschen.

→ Arbeitsaufträge

1. Beschreibe die Vorbereitungen des Papstes für die Umsetzung (Inszenierung) seine Rede.
2. Erläutere die Darstellung der drei übergeordneten Ziele durch den Papst.
3. Skizziere die Beschreibung der Sarazenen, die Robert von Reims dem Papst möglicherweise „in den Mund legt". Zeige Übertreibungen bzw. Unterstellungen („Schwarzweißmalereien") auf. Vergleiche dazu die Beschreibung der Franken.
4. Beurteile abschließend die Glaubwürdigkeit der Quelle selbst. Erörtere diesbezügliche offene Fragen.

→ Weiterführender Arbeitsauftrag

Sucht nach Reden von gegenwärtigen Politikerinnen und Politikern (z. B. im Fernsehen, Radio, Zeitung, Internet) und analysiert diese mit Hilfe der sechs hier vorgestellten „Regeln".

Projektvorschlag

Verfassen und analysieren einer politischen Rede unter dem Aspekt „Beeinflussung" (Manipulation):
1. Verfasst jeweils in Zweierteams eine Rede zu einem selbst gewählten aktuellen politischen Thema. Legt dabei die vorhin angewendeten „Regeln" zugrunde. Analysiert in denselben Teams die „Reden" der anderen Teams.
2. Ordnet die Nummern der „Regeln" den jeweiligen Zeilen zu.
3. Besprecht und vergleicht abschließend die ausgewählten Beispiele in der Klasse.

■ Urban II. verkündet 1095 in Clermont den Kreuzzug. Anders, als auf dem Bild dargestellt, sprach der Papst unter freiem Himmel zu seinem Publikum (v. a. Geistliche und einige Laien). Die Buchmalerei entstand ca. 400 Jahre nach dem Ereignis. (Bildausschnitt, 1490)

115

図 9　教科書『時代の姿』第 5 巻（第 9 学年用），2017 年

そこでは前の単元「十字軍」を受ける形で、ウルバヌス二世のクレルモンでの有名な演説が取り上げられている。大衆の操作を取り上げようとすれば通常はナチス等の例に注目するところだが、十字軍という中世の事例でもそれについて学ぶことを求めているところに、政治教育を重視する姿勢を認めることができる。

教科書は、十字軍の開始にいたる前史として、エルサレムは六八三年以来イスラーム帝国の支配下にあり、一一世紀には東方教会のキリスト教徒が弾圧されているという報告があったこと、しかしその一方で一〇九〇年にエルサレムを訪れた巡礼者の記録によれば、そこではキリスト教徒も教会を維持しており、弾圧を示すものはなかったことを確認し、その上で一〇九五年一一月二七日にウルバヌス二世がクレルモン宗教会議で行った十字軍の呼びかけ（を修道士ロベールが後年まとめたもの）の抜粋が、次のように引用される。

フランクの民よ、皆はその行いが示すように、神に愛され、選ばれた民である。その皆に、そして神を信じる者すべてに、われらの演説は向けられる。

エルサレムの地とコンスタンティノープルから悪い知らせが届いた。神なき民サラセン人が我々の救いの揺籃の地であり主の祖国である土地に暴力をもたらしたとのことである。冷酷なものどもの群れが、主が足を踏み入れた聖なる土地に長きにわたって圧政を敷き、神を信じる者を弾圧し、また一部を放逐し、さらに貧困においやってきた。彼らは神の教会を破壊し、豪華な祭壇を汚した。やつらが神聖な場所にやってきて、聖なるものが汚されたのだ。君たちをおいてほかに、この屈辱をはらし、その土地を解放できる者はいない。愛する兄弟たちよ、武器を取れ、剣を帯びよ。もし子どもや妻への愛が妨げとなるなら、神が福音書のなかで語っている言葉を思い出すのだ。神の意思のために妻と子どものもとから離れる者は、百倍の報酬と永遠の命を手にする。……

いまの君たちの土地は狭く、人口は過密である。ここに幸せはなく、農民を十分に養うことはできない。それゆえ君たちは互いに戦い、殺し合っているのだ。その剣を、兄弟の血を流すためではなく、キリストの教えの敵に対して用いよ。（エルサレムの）聖なる墓への道を進みなさい。神なき民をその土地から追い払い、服従させよ。エルサレムは世界の中心であり、最も実り豊かな場所である。そのエルサレムが解放の日を待っている。……そのために進みなさい。神を信じない者に対して武器を取り、この巡礼の戦役に参加する信心深いすべてのキリスト教徒には、神の慈悲により、そのすべての罪が許される。君たちには天国での永遠の祝福が約束されているのだ(25)。

この演説から、そこに見られる操作のための要素を取り出すことが、教科書が設定する課題である。具体的には、聴衆を操作しようとする演説には、一般に以下の六つの要素があるとされ、それぞれに対応する箇所を抜き出すよう求められている。

一　（操作しようとする演説は）一般に人々の理性ではなく感情に訴えようとする。
二　自分は聴衆と感情を共有し、同じ見方をしており、彼らの意見や問題をよく判っていると主張する。
三　多くの場合、根拠のない（単純な）主張をする。
四　その主張をわかりやすい誇張を使って強調する。彼らは状況を極度に単純化して描き出す。そうすることで、密かに聴衆の理解を、演説をしている人にとって望ましい方向に向けていくのである。彼らは、敵は危険な存在か、邪悪な存在、あるいは軽蔑すべき存在として描き出す。それに対して味方は善なるものとされる。
五　そうしたメッセージは様々な形で繰り返される。

六　彼らは聴衆に希望を与え、そうすることで不安を減らす。(26)

ウルバメス二世の演説の分析だけであれば、歴史的なコンピテンシーが問われているようにも思われるが、この単元は歴史教育ではなく政治教育の教育活動を想定している。したがって主目的は、十字軍の派遣がどのようにして決められたのかを理解することではなく、生徒が操作という概念を理解し、実際の演説等における操作を見抜けるようになることである。そのため、引用部のあとには、現在の政治家による演説を右の六つの観点から分析する課題と、さらに生徒自ら政治的に聴衆の操作を試みる演説の原稿を作り、六つの要素の観点から互いに分析しあうといった課題が設定されている。

この単元は、十字軍という歴史学習上のテーマのもとで政治的コンピテンシーとしての概念コンピテンシーと方法的コンピテンシーの育成を図るものだが、これはあくまでも一つの例にすぎない。既述のように、後期中等教育段階の教員は歴史教育のなかに自由に政治教育の要素を取り入れて授業を進めることが認められ、また期待されている。実際に、この教科書で多くを占める歴史教育として想定されている単元にも政治教育の内容は数多く見られる。これは旧版でも基本的に同じである。(27)たとえば先に触れた中世の章における移民を扱う単元では、「移民とEU」や「移民とオーストリア」といった観点から現在の移民についての分析がなされ、プッシュ要因とプル要因を説明させたり、移民にドイツ語の習得を強いている政策の是非についての議論を求める課題が設けられている。教員は、こうした教科書を手がかりに、政治的なコンピテンシーの育成を図る授業を展開することができるだろう(28)〔図10〕。

とはいえ、ウルバヌス二世の演説を分析させる単元が、少なくとも後期中等教育の第一学年で期待される政治教育の一応の水準を示していることは間違いない。コンピテンシーという新しい考え方を導入するに際して、教科書には、教育課程基準における抽象的な記述を実際の教育活動に具体化する際の参照例としての役割を果たすことも期待されている。

なお、特に後期中等教育における「歴史・社会科と政治教育」には、成熟した民主的な市民の育成という目標とは別に、大学入学資格としてのマトゥーラの試験においてどのような能力をどのレベルで要求するかという問題がある。

Das Mittelalter – eine 1000-jährige Epoche

2. Migration – bis heute

Migration – bis in die Gegenwart

„Europa in Bewegung" – Migration und EU

Migration und Österreich

Gründe für Migration

Chancen durch Migration

Probleme der Migration

Fragen und Arbeitsaufträge

78　79

図10　教科書のテーマとしての移民

『時代の姿』第5巻は，移民の歴史，EUとオーストリアの移民政策，移民が発生する原因とそこから生じる問題を説明した上で，過去および現在において移民が持つ意味を考えさせ，またオーストリアの学校で20％を越える移民の生徒に対し，ドイツ語を必修としていることの妥当性についてクラスで議論するよう提案している。

マトゥーラ試験における政治的コンピテンシー

マトゥーラ試験は、二〇一三／一四年度より従来の筆記試験と口述試験に自主研究（Vorwissen《フォアヴィッセン》-schaftliche《シャフトリッヒェ》 Arbeit《アルバイト》）を加えた三領域からなっているが、これらのなかで「歴史・社会科と政治教育」が関係する可能性があるのは、口述試験と自主研究である。[29]

まず自主研究は、任意のテーマで教員の指導のもと、論文の作法に従って四万〜六万字のレポートを作成し、プレゼンテーションを行った上で口頭試問を受けるという試験である。指導を担当する教員は個々のテーマの内容によって決められる。したがって、生徒から見れば「歴史・社会科と政治教育」に関係するテーマを選ぶ必要はないが、その教科を担当する教員は、ほぼ毎年数名の生徒を指導し、さらにそのレポートと口頭試問の評価を行うことになる。また通常三教科を受験する口述試験でも、一定数の生徒が「歴史・社会科と政治教育」を選択する。二〇一五年にウィーン教育大学政治教育センターのP・ミトニクがウィーンのAHS《アーハーエス》を対象に行った調査によれば、マトゥーラを受験した生徒の二三・九八％が同教科を選択している。[30] 口述試験では、試験が実施される前年の一一月に各学校で教科ごとに出題領域が発表され、試験当日は各受験生に対して抽選によりそのうちの二領域から出題がなされる。受験生は、どちらか一方を選んで解答することを求められ、具体的には、問題を選択した後、二〇分の準備時間を与えられ、その上で一五分程度の試験を受けることになる。[31]

以前は、筆記試験まで含めて各学校で出題・評価が行われていたところ、二〇一四／一五年度よりドイツ語・外国語・数学の筆記試験については全国で同一の問題かつ同一の採点基準で実施されるようになるなど標準化が進められているが、(自主研究と)口述試験については、いまも出題から評価まで学校単位で行われている。こうした形で、学校間の不公平の是正への要求が高まるなか、各学校・教員の教育上の自由裁量の余地が守られているのだが、[32] そこで評価すべきコンピテンシーについては、教育省の依託によりミトニクを中心とするグループがまとめたガイドラインが、到達度の目安を明らかにしている。

そのガイドライン『歴史・社会科と政治教育におけるコンピテンシー志向の中等教育修了試験——原則と例題集』(二〇一一年)は、口述試験用の一八の例題を掲載しており、これは事実上、毎年のマトゥーラ試験で各学校が問題を用意する際の手本として刊行されたことを示唆する。なお、一八の問題は以下の二つの視点から構成されている。すなわち第一に、扱うテーマによる分類であり、第二に、評価がなされるコンピテンシーによる分類である。試験のテーマについては、「政治体制の歴史的な比較」や「他者と我々」、「政治的危機と急進化」など、二八種類が設定されているのに対し、コンピテンシーとしては「口述資料（オーラル・ヒストリーやインタヴュー、演説、歌曲）を分析し、解釈する」「歴史の利用と誤用について評価する」「私的な文字資料（ラブレターや日記等）を分析する」など一八種類が設定されており[33]、それぞれの出題例は、第一および第二の視点から、それぞれどの項目に該当するかが明らかにされている。

たとえば先に見たウルバヌス二世の演説を掲げる例題一「十字軍」は、第一の視点からは「宗教のイメージとその社会への影響」と「政治的危機と急進化」のテーマを扱う問題として、また第二の視点からは「(政治演説や新聞記事から）特定テーマに対する賛否の意見を取り出し、分析する」というコンピテンシーを測定する問題として位置づけられており、具体的には、先に引用した部分について、以下の三つの問いが設けられている。

第一問　中世において、教皇のその呼びかけはどういう意味を持ったか？　演説の意図と中世における教皇の地位を踏まえて説明しなさい。

第二問　資料をもとに、教皇ウルバヌス二世は、イスラーム教徒とフランク人を、それぞれどのように肯定的ないし否定的に評価しているか説明しなさい。

第三問　この資料の信憑性について、どのような問題があるか述べなさい[34]。

中世に関する理解を問う第一問や、修道士ロベールによるこの記録が第一回十字軍がエルサレムを占領（一〇九九年）したあとの一一〇七年に書かれたことの意味を問う第三問は、歴史的コンピテンシーに焦点を当てたものと言えるが、たしかにテーマとしては、社会における宗教の意味や政治的な急進化といった今日でも重要な問題を扱っており、さらに方法的なコンピテンシーとしては、政治的な演説に見られる視点を分析する能力の有無を見るものとなっている。その意味で、これは広い意味での政治教育の範疇に入るのであり、逆に言えば、先に見た教科書

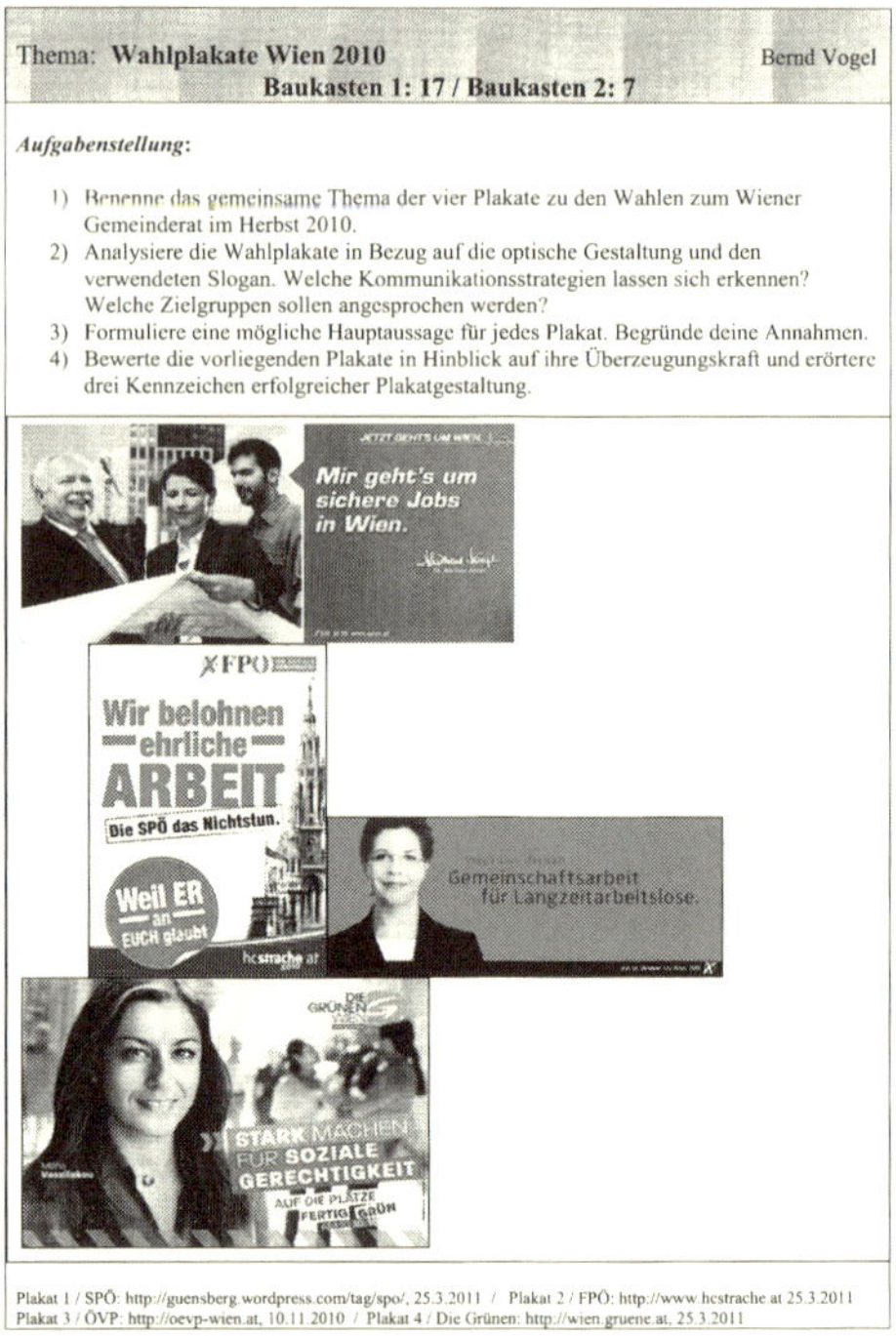
Thema: **Wahlplakate Wien 2010** Bernd Vogel
Baukasten 1: 17 / Baukasten 2: 7

Aufgabenstellung:

1) Benenne das gemeinsame Thema der vier Plakate zu den Wahlen zum Wiener Gemeinderat im Herbst 2010.
2) Analysiere die Wahlplakate in Bezug auf die optische Gestaltung und den verwendeten Slogan. Welche Kommunikationsstrategien lassen sich erkennen? Welche Zielgruppen sollen angesprochen werden?
3) Formuliere eine mögliche Hauptaussage für jedes Plakat. Begründe deine Annahmen.
4) Bewerte die vorliegenden Plakate in Hinblick auf ihre Überzeugungskraft und erörtere drei Kennzeichen erfolgreicher Plakatgestaltung.

Mir geht's um sichere Jobs in Wien.
FPÖ
Wir belohnen ehrliche ARBEIT
Die SPÖ das Nichtstun.
Weil ER an EUCH glaubt
hcstrache.at
Gemeinschaftsarbeit für Langzeitarbeitslose.
DIE GRÜNEN
STARK MACHEN FÜR SOZIALE GERECHTIGKEIT
AUF DIE PLÄTZE FERTIG GRÜN

Plakat 1 / SPÖ: http://guensberg.wordpress.com/tag/spo/, 25.3.2011 / Plakat 2 / FPÖ: http://www.hcstrache.at 25.3.2011
Plakat 3 / ÖVP: http://oevp-wien.at, 10.11.2010 / Plakat 4 / Die Grünen: http://wien.gruene.at, 25.3.2011

図11　マトゥーラ試験の例題「2010年ウィーン市議会選挙のポスター」

の課題は、同じ素材をもとに、より狭い意味での政治教育に向けて改訂されたものと言えるだろう。

ガイドラインには、ほかにもドルフスやヒトラー、そしてクライスキーによる演説の分析を要求する問題なども見られ、こうした出題の仕方が一つの典型例となっていることがわかる。

口述試験で二〇分の準備時間が与えられていることは、特定の資料を分析した上で解答することが受験生に求められており、これは概念コンピテンシーだけでなく、特に方法コンピテンシーを中心に広範な能力の獲得が重視されていることを示している。政治権力者の演説は、そうした評価のための素材の一つなのであり、ほかに文字資料としては新聞記事が多く取り上げられている。

なお、受験生に示されるのは文字資料だけではなく、図像資料や映像資料[35]の場合もある。例題「二〇一〇年ウィーン市議会選挙のポスター」は、社会民主党、自由党、国民党、緑の党の四党の選挙ポスターを示した上で、以下の四つの問いを設定している〔図11〕。

第一問　二〇一〇年秋のウィーン区議会選挙の際の四枚のポスターに共通しているテーマはなにか？

第二問　それぞれのポスターについて、視覚的な構成とそこで使用されているスローガンを分析しなさい。どのような表現上の工夫が認められるか。また、そこではどのようなターゲットが想定されているか。

第三問　それぞれのポスターの主な主張は何だと推察されるか。理由とともに述べなさい。

第四問　それぞれのポスターの説得力を評価し、ポスターをより魅力的なものとするために重要な点を三つ述べなさい。(36)

テーマはもちろん、コンピテンシーの観点からも、この問題は政治における図像コミュニケーションを分析する力を問うており、狭い意味での政治教育が育てるべきコンピテンシーを評価しようとしている。重要なのは、ここに特に難解な問いはないこと、そして、これらの問いが通常の授業における教育活動と密接に結びついているということである。すなわち十字軍の出題だけでなく、政党の選挙ポスターの分析も、政治教育の授業ではごく普通に行われているものであり、受験生は通常の学校の授業を受けていれば、少なくとも合格点を取ることはできるだろう。

こうしたオーソドックスな出題が可能となる背後に、マトゥーラ試験が必ずしも生徒に差をつけることを目的とするものではないという事情がある。これは狭い意味での政治教育だけでなく、歴史教育や他教科にもあてはまる。AHS《アーハーエス》後期課程において、教員は、自分が四年のあいだに行ってきた授業を前提に、最後に、その成果を評価するのである。こうした形式はコンピテンシーの考え方が導入される前から変わっていない。二〇一一年にガイドラインがまとめられたことは、内容的にも要求水準においても学校間の過度な差異を是正する必要性を教育省が認めたことを意味するが、生徒の側から見れば、基本的には普段の授業のなかで積極性をもって学ぶことが合格のための最善の方法であることに変わりはない。

これまで見てきたように、最終学年だけでなく「歴史・社会科と政治教育」という教科の全体で政治教育を行うという方針への転換が、コンピテンシーの考え方の全面実施とともになされたことは、前期中等教育と後期中等教育に対して異なるインパクトを与えた。

マトゥーラ試験を前提にしていた後期中等教育課程では、コンピテンシーの考え方は特に目新しいものではなく、新教育課程は、古代や中世などの古い時代を扱う際に従来以上に政治教育の観点を重視することが求められるという程度の変化をもたらすにすぎない。これは多くの教員にとって、従来の教育活動の延長線上で対応可能である。実際には、マトゥーラの口述試験で政治教育分野の出題が解答される割合は、全体の六・三%にすぎず[37]、ここには政治教育が敬遠されがちな様子が表れているが、それは少なくとも教育方法の転換によるものではない。

それに対して前期中等教育段階では、教員はこのたび、有効な政治教育は難しいと従来考えられていた年齢層の生徒たちに、これまで馴染みが薄かった、後期中等教育と同じコンピテンシーの観点からの教育活動を提供することが求められるという、二重の意味で難しい課題に直面することとなった。当然のことながら、そこでは後期中等教育と同じ難度の課題に取り組むことはできず、より簡単に取り組むことのできる平易な課題を開発する必要があるが、それは多くの教員にとって大きな挑戦を意味する。選挙権年齢の一六歳への引き下げは、前期中等教育段階の教員に対し、政治制度や愛国心を教えていれば良い時代の終わりを告げるものだった。

3　政治教育における教師の課題

教員の意識

二〇一四年二月から四月にかけてウィーン労働会議所とウィーン教育大学が中心となり、市内の小学校と前期中等教育学校（新中等学校、ハウプトシューレ、ＡＨＳ《アーハーエス》下級段階）の教員に対して政治教育に関する意識調査が行われた。その時点で市内には二六一校の小学校に五六五五人、二四校の新中等学校と一二三校のハウプトシューレ、そして八三校のＡＨＳ《アーハーエス》に、あわせて一万一一三人の教員が勤めていたが、そのうち調査への協力を申し出た学校に勤めるそれぞれ二〇一名、二七五名が回答を寄せている(38)。

そもそも調査対象から後期中等教育の教員が外されているところに、一六歳選挙導入後の政治教育をめぐる問題意識のありようをうかがうことができるが(39)、調査結果は、その問題意識の妥当性を証明したと言って良いだろう。小学校の教員に政治教育への戸惑いが見られるのは好ましくはないとはいえ仕方がない面もあるが、同じ問題は前期中等教育にも広がっていた。

その問題状況はグラフ４と５から読み取ることができる。グラフ４は前期中等教育教員二七五名の回答結果を、グラフ５はその中で「歴史・社会科と政治教育」を担当している教員の回答結果を示しているが、後者は、教育課程が過密で政治教育に十分な時間を取れないと考える教員が半数を越えていることのほか、自分が政治教育を行うための教育を受けていないとして自信が不足した教員が四分の一程度存在し、さらに政治的に偏っているとして親などから批判を受けるのではと心配している教員も二割ほどいることを示している。

特に政治的中立性の問題については、日本で一八歳選挙が導入された直後の調査で、高校で公民を教える教員の

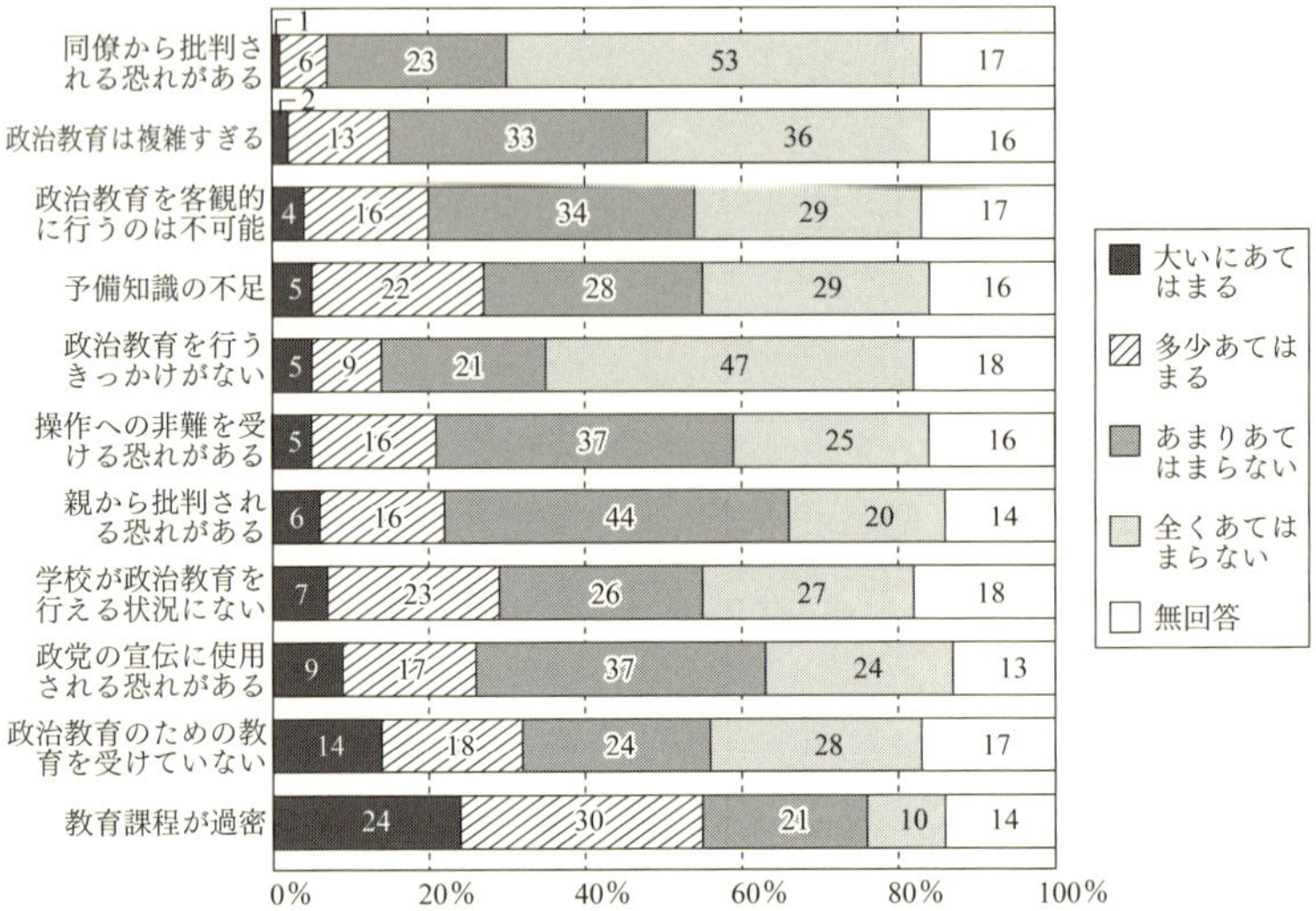

グラフ4　前期中等教育教員全体の政治教育への不安

出典）Abbildung 11, in : Lacher, E. u. M. Zandonella (Hrsg.), *Politische BildnerInnen 2014. Politische Bildung in Volksschulen und Schulen der Sekundarstufe 1 in Wien*, SORA, S. 21.

約三分の二が不安を感じていたことと比べれば、かなり少ないと言うことも可能であり(40)、そこに日本と比べた場合のオーストリアの政治教育の相対的な先進性を見ることもできるが、現状がなお満足すべき状態にないのは明らかである。特に知識の不足が、政治教育を行うことへの不安感をもたらし、またその意義について懐疑的な姿勢をもたらしていることは以前からわかっていた(41)。

もちろん教員の知識不足だけが問題なのではない。実際に二〇一七年春にも、リンツの実科ギムナジウムに対して、自由党の国民議会議員がその教育活動に圧力をかけるという事件が起きている。哲学を教えている教員が、授業の一部として外部の専門家に政治的急進主義についての講演を依頼したところ、講演を聞いていた生徒の一人がその場で、自由党所属の国会議員であると同時に州の教育委員会の委員でもある自分の父親に通報し、その議員が即座に学校に電話をして講演を途中でやめさせたのである。校長によれば、このまま講演を続けさせると、今後仕事に重大な影響が出

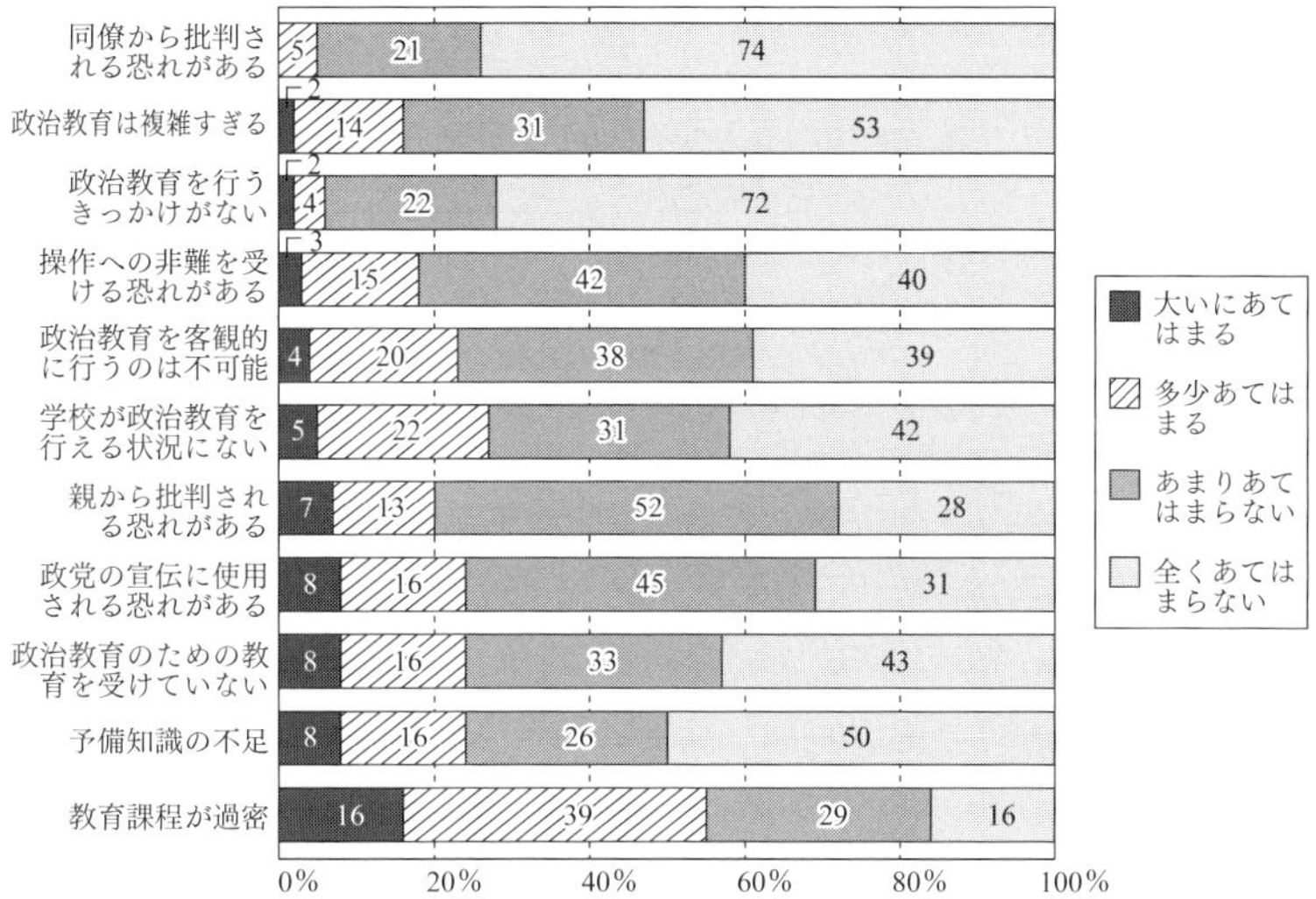

グラフ5　前期中等教育で「歴史・社会科と政治教育」を担当する教員の政治教育への不安

出典）Abbildung 12, in : Lacher u. Zandonella, S. 22.

ると脅されたということであり、他方、学校に電話をかけた国会議員はメディアに対し、その外部講師は緑の党に属しており、左翼急進主義の立場から生徒を煽動していたと述べている[42]。

その講演を聞いていた生徒の話では、その講師の話に特に党派的なところはなく、自由党と右翼急進主義の関係についてもその歴史に触れただけだったという。そもそも、その講師は緑の党の党員ではあっても、いわゆる政治家ではない。政治家の学校訪問についてはオーストリアでも議論があり、ウィーンでは議会議長と教育相以外の議員には単独での学校訪問を制限しているが[43]、ある分野の専門家が仮にいずれかの政党の党員であったとしても、自分の研究分野について話をする際に、それが制約を受けることはあり得ないのであり、今回の件は過剰反応と言うしかない。しかし、「政党から自由な学校（parteifreie《パルタイフライエ》 Schule《シューレ》）」を掲げる自由党は、この騒ぎのなか、支持者が「客観的でない」と考える授業についての情報をウェブサイト上で集めるなど[44]、事実上、学校から政治教育を締め出そうとし

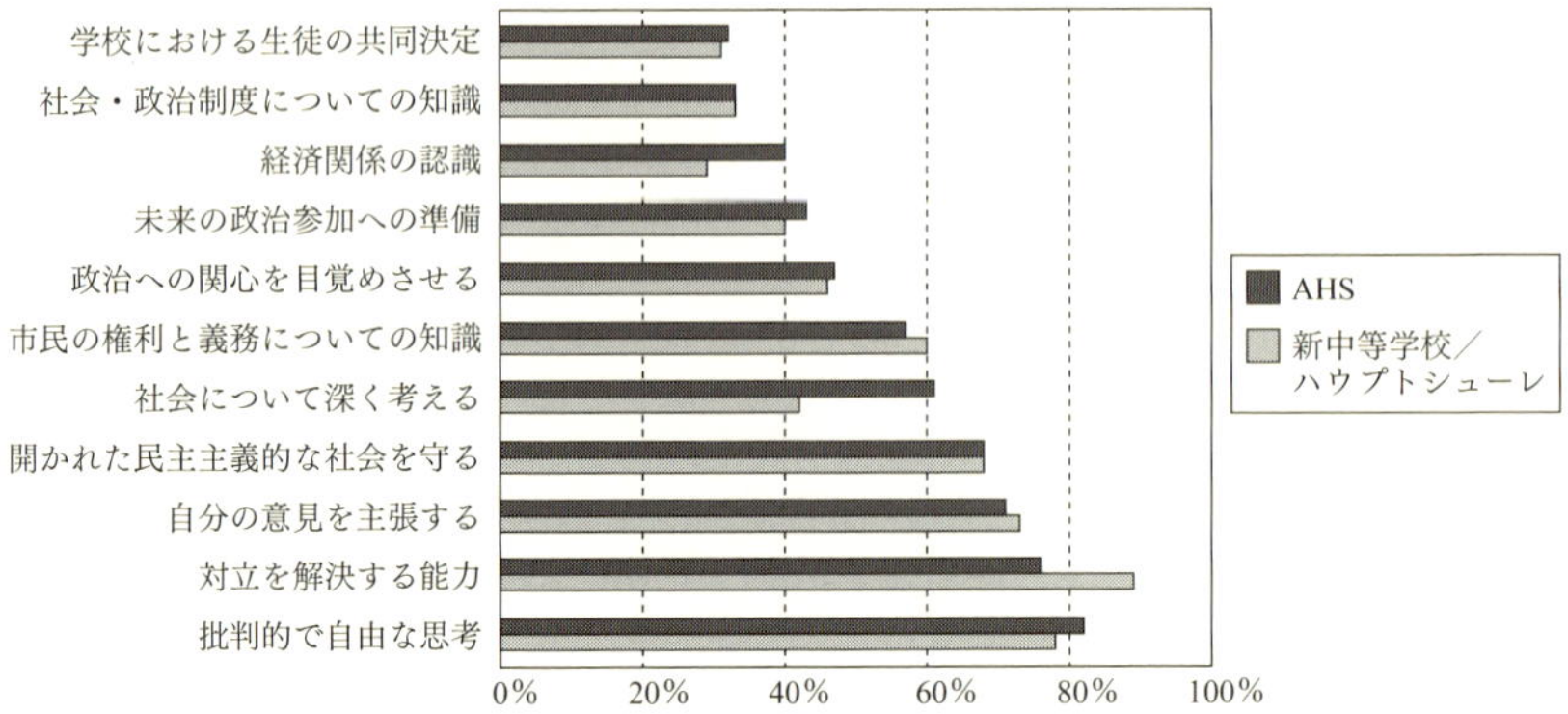

グラフ6　政治教育の目標に関する教員の理解

出典）Abbildung 9, in : Lacher u. Zandonella , S. 19.

ており、このような、ウィーンの政治教育関係者からは「考えられない」と言われる動きが実際に起きてしまう現状が、各地の少なくない教員を萎縮させる一因であるのは間違いないところである。

以上が、言わば学校教育システム外の社会の問題を示しているのに対し、グラフ4で「無回答」がいずれの項目でも一〇％以上にのぼっていることは、学校の側にも課題が残されている様子を示唆している。すなわち一定数の教員が政治教育を自分の職務として意識していないことが推測され、それは政治教育を学校種・教科を越える授業原則として定めた一九七八年ならびに二〇一五年の基本通知が教員のあいだで共有されていないことを意味する。しかし、問題はそれにとどまらない。

たしかにグラフ5が示すように、「歴史・社会科と政治教育」を担当している教員のあいだではそうした問題は見られない。とはいえ、彼らの多くも、自分が教える教科の内容に政治教育が明確に加えられるまでは、他教科の教員と同様の意識を持っていたであろう。彼らの授業がどの程度に政治教育の名前に相応しいものとなっているかどうかについては、疑問が残る。

教員の担当する教科ごとの、政治教育に対する関心を示すデータは存在しないが、グラフ6は、前期中等教育教員のあいだで、政治教育の目的としては生徒の「批判的で自由な思考」のほか、「対立を解決する能力」や「自分の意見を主張する」力の獲得といった一般的ないし社会的な能力が重視される一方で、現実の政治問題への関心や知識の形式のような政治的性格の強い教育目標への意識が低い傾向を示している。すでに、政治制度についての知識の伝達は主要な目標の地位から下りており、国家市民教育の時代が終わっているのは確かだが、それに代わる狭い意味での政治的なコンピテンシーの育成は、なお難航している様子が推察されるのである。さらに、AHS《アーハーエス》と新中等教育学校ないしハウプトシューレの教員のあいだに微妙な意識の差異が見られ、右の傾向は相対的に後者において強いと言えよう。

これらを総合すると、今日のオーストリアの前期中等教育教員は大きく以下の三つのグループに分けることができそうである。すなわち第一に、政治参加能力の育成を明確に目指している教員、第二に、政治教育において（政治的能力よりも）社会的能力の育成を主に考えている教員、そして第三に、政治教育を自分の仕事とは考えていない教員である。

このうち第二、第三のグループに対しては、良質な教材を提供することはもちろんだが、なにより政治教育学の教育ないし研修を受ける機会を用意することが重要と考えられ、また調査報告書では実際に、「歴史・社会科と政治教育」を担当するような政治に関する知識の比較的豊富な教員は、より良い教科書・教材を求める傾向が強いのに対し、言語科目や自然科学などを担当する（政治に関する知識が相対的に少ないと考えられる）教員は研修を求める傾向があることが確認されている。(45) もちろん以上は、必ずしも知識の豊富な教員が第一グループを、自分の知識に自信のない教員が第二ないし第三グループを形成しているという解釈をそのまま許すものではないが、教員の政治的知識の高低が政治教育の成功の鍵の一つである可能性は高いと言えよう。

教師教育の問題

政治教育の成否の鍵の一つが教師教育にあるのは明らかであるにもかかわらず、大学での教員養成課程と就職後の継続教育のいずれについても課題は多い。

前者については、オーストリアでは二〇一三年に決定され一六年に実施された改革により、ＡＨＳ《アーハーエス》教員は総合大学で、それ以外の教員は教育大学で養成する従来の制度から、ＡＨＳ《アーハーエス》（下級段階）か新中等学校かを問わず、すべての中等教育段階の教員を総合大学と教育大学が協力して養成する制度に変わった[46]。全国が四つの地域に分けられ、たとえばウィーンと隣接するニーダーエスタライヒ州から構成される北東オーストリア地域では、ウィーン大学とウィーン教育大学、ニーダーエスタライヒ教育大学のほか、地域の二大学[47]が共同で二八教科の教員養成を行っている。これはハウプトシューレの新中等学校への改編にあわせて前期中等教育教員の養成を高度化したことを意味し、政治教育にとっても、総合大学の政治学や社会学等の多くのスタッフの授業を活用することにより、水準の向上が図られることが期待された。しかし、その期待は必ずしも現実になっていない。

オーストリアではドイツと同様、いわゆる二教科教員が原則であり、新設の四年制学士課程では、教育学関連科目のほかに二教科の教科内容とその教育法を学ぶ。その結果、教科としての「歴史・社会科と政治教育」領域には全体の一二分の五の単位数（一〇〇単位（ＥＣＴＳ））が割り当てられ[48]、北東部連合（Verbund《フェアブント》 Nord《ノルト》-Ost《オスト》）ではウィーン大学を中心として、その領域に数多くの必修ないし選択科目が開講されているが、その大多数は歴史学ないし歴史教育学関連科目であり、政治教育の科目は数えるほどである。とりわけ、「歴史・社会科と政治教育」の教育資格取得を目指す学生に必修の政治教育関連科目は一〇単位分にすぎず、さらに教員になるために必要な同じく新設の二年制の修士課程ではそもそも（修士論文の研究指導以外に）必修科目が設けられていないことから、教科指導で政治教育を担当する教員でさえ、かなり限られた知識しか持っていない可能性がある。

他方、教員養成課程のすべての学生に必修の教育学関連科目も、教育史や教育思想、教育方法学や評価論、そして統合教育など一定の領域をカバーしてはいるが、それにもかかわらず政治教育に関する内容としては、人権教育を部分的に取り上げる科目が設定されているだけである。このように、政治教育は学校種と教科を超えた教育原則であるとされているにもかかわらず、教員養成課程はそれに対応していない。

このように、オーストリアの大学は、これまで政治教育（学）をあまり学んでいない教員を学校へと送り出してきただけでなく、今後もそうした状態を続けることになる。ここには、教員養成課程全体における政治教育の軽視という問題と、政治教育が歴史教育の枠組みの中で発展してきた経緯に起因する問題の二つを見ることができるだろう。とりわけ後者については、第3章で述べたように、そもそも政治教育が発展する契機の一つが歴史問題にあったこと、また歴史教育と結びつくことによりメリットもあることを考えれば、否定的にばかりは捉えられないが、いまだ独自の教科として確立されていないことが教員の専門性の開発の障害となっている可能性は否定できない。

以上のように大学での教員養成に課題が残されている以上、就職後の継続教育が重要な意味を持つことになる。しかし、これまでの経緯を見る限り、こちらも十分に機能しているとは言い難い。

オーストリアの高等教育に初めて政治教育学のコースが設けられたのは一九八三年のこと（学生の受け入れは翌八四年から）である。それは現役の教員を対象とする四学期制の修士課程として開始され、当初はクラーゲンフルト大学の遠隔教育コースの一つだったが、二〇〇六年からはクレムス・ドナウ大学（クレムス継続教育大学）が中心となって運営されてきた[49]。

時間とともに、そのカリキュラムには修正が加えられてきたが、二〇一七／一八年度には「政治教育の基礎」のほか、「急進主義の思想」、「移民と統合」、「若者と民主主義」、「政治とメディア」、「経済発展と労働関係」などの一五のモジュールが提供されており、政治教育学の修士コースに相応しい教育課程となっている。またスタッフも、これまでオーストリアの政治教育学の発展を支えてきた各大学の研究者が参加する形で、充実した陣容が実現しているといえよう[50]。

各モジュールの授業は、学校の休み期間や週末など、二年のあいだの約四五日間に分散して開講されるなど、勤務しながらの通学に便宜が図られている。この修士課程は高等教育ではなく継続教育に分類されることから一学期につき二四五〇ユーロ（約三四万円）の授業料に加えて諸経費として四四〇ユーロ（約六万円）が必要だが、参加する教員には教育省より授業料が全額支給されることから、個人負担はわずかである[51]。

このように学習の機会は提供されているのだが、それを利用する教員の数は決して多いとは言えない。初期のデータは存在しないが、八九年以降の登録学生数は一三〇人前後だった[52]。しかも、この数には修士号を目指さずに特定の科目だけを履修する学生の数も含まれ、さらに一九九九年からは学校教員のほかに、社会教育関係者など広く政治教育に関心を持つ人々に門戸が開かれてきた。それでも参加者数が増えることはなく、二〇〇七年以降、特定科目のみの履修が認められなくなると、登録学生数は二五人前後にまで減って現在に到っている[53]。

こうした低調な状況を余儀なくされた最大の原因は、政治教育学の修士号を取得しても、教員としてのキャリア上のメリットがないことにある。端的に言えば、歴史学の修士号を取得すれば、「歴史・社会科と政治教育」の教員免許取得につながるが、政治教育学で修士号を持っていても、その教科の免許取得にはほとんど役立たない。こうしてクレムス・ドナウ大学の政治教育学コースは、純粋に政治教育に関心のある教員を中心とする広範な市民に、高度な知識を授ける場として位置づけられることになるが、オーストリア全体の政治教育の水準を向上させるという点での貢献度が高いとは言えない。

そもそも国土の中で東部に位置するクレムスにある大学に、西部の州から通うのは負担が大きいという問題もあるが[54]、すぐ隣のウィーン市の前期中等教育の教員のあいだでも、先の二〇一四年の調査によれば、過去二年のあいだに三五時間以上の政治教育の継続教育を受けている割合は、「歴史・社会科と政治教育」の担当者でも六％ほどである。この数は必ずしも少ないとは言えないが、修士課程に在籍すれば二〇〇時間程度になるのであり、逆に三五時間というのは、ほぼ一つの講義やゼミに一学期間出席した程度の学習量にすぎない。また少なくない教員がそもそも学部での教員養成課程で政治教育についてあまり学んでいないことを合わせて考えると、やはり教員の力量は満足できる状況にはないと推測される。なお、すべての教科の教員に対象を広げると、その割合は三％にまで低下し、他方、過半数の教員の研修時間は六時間以下ということになる。[55]自分が教えない教科の研修を三五時間以上受けている教員がおよそ二％存在することは評価できるが、一九七八年と二〇一五年の通知で政治教育は教科を超えた教育原則であるとされていることを考えると、この数字からも、その趣旨はあまり実現されていないということになろう。

以上、本章では、コンピテンシーの考え方に基づく政治教育の導入と実施状況を見てきた。後期中等教育においては、マトゥーラ試験の形式とも関係しつつ、特に歴史教育分野における教育方法上の積み重ねもあり、いわゆる民主主義の能力を育てる政治教育をある程度実現できるだけの基礎が形成されていると考えられる一方、前期中等教育については不安が残ると言わなければならない。多くの教員に政治学ならびに社会学の知識が不足しており、またそのことは多くの場合、本人によっても自覚されている。短時間の研修ではコンピテンシーの考え方そのものについて学ぶのが精一杯であり、その一方で学校の外側からは対立する政治陣営の厳しい視線が感じ取られるとき、狭い意味での政治的コンピテンシーを育てようとするよりも、一般的あるいは汎用的なコンピテンシーの育成の範囲内に授業目標をとどめたくなるのも仕方がないかもしれない。

したがってコンピテンシー・ベースの政治教育を広げていくためには、大学における教員養成の改善と本格的な継続教育の拡大が不可欠だが、いずれにしても新しい教育課程基準が期待する教育の姿が実現するまでには、なお時間が必要である。政治教育は、その必要性について仮にある程度のコンセンサスができたとしても、ただちに質量ともに十分な活動を供給することはできない。それを実施する学校の教員も、その教員を養成する大学の教員も、クオリティを維持しながら必要な数を確保するには時間がかかるのであり、さらにそのコンセンサスが不確かなとき、準備時間はますます長いものとなる。

オーストリアの政治教育は、理論面また制度面では急速な深化を遂げたが、その安定的な実施という点からは、なお発展過程にあると言えよう。

第5章　学校の外から政治教育を支援する

1　補助教材の開発

教科書の限界

政治教育においては、教科書以外の補助教材が大きな意味を持っている。このことは程度の差こそあれ他教科にもあてはまるが、先に見た二〇一四年のウィーン教育大学による前期中等教育教員に対するアンケート調査は、グラフ7が示すように、授業では教員自身による自作教材あるいは新聞記事等のメディアが好んで使用されていることを明らかにしている(1)。オーストリアでは一九七二年以来、ドイツと違って教科書の無償給付が行われていることから、ここに現実の政治・社会問題を手がかりとすることにより学習意欲を喚起しようとする教員の意識が作用しているのは間違いない。教科書は、教育課程基準に具体的な形を与えることにより、その要求をわかりやすくしてくれるという意味で参照例としては貴重だが、一度刊行されると大規模な修正が難しく、その時々の現実の政治問題に取り組むことを通じて民主主義社会を運営する能力を育成するという政治教育の考え方に十分に対応しうるも

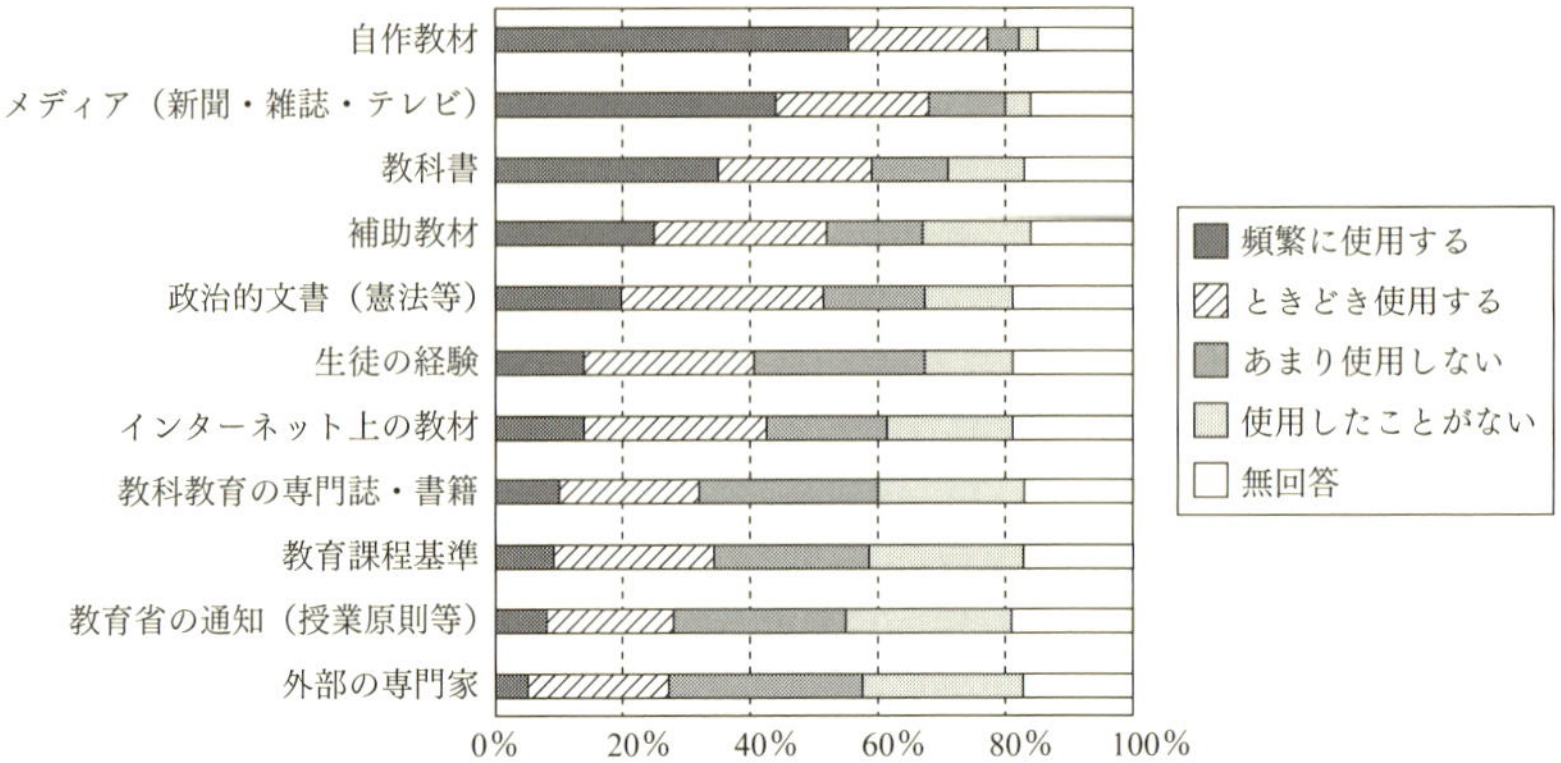

グラフ7　前期中等教育の政治教育で使用される教材の種類

出典）Abbildung 21, in : Larcher u. Zandonella, S. 32.

のではないのである。

とはいえ、多くの教員の政治教育における指導力不足が指摘されている状況において、自発的な教材・授業開発に多くを期待することは矛盾している。たしかに一定数の教員が教科書よりも新聞記事を使って授業をしているとしても、そもそも「歴史・社会科と政治教育」の授業時間全体のなかで、政治教育にはわずかな時間しか割かれておらず、またその授業の質も期待される水準に届いていない可能性が否定できない。オーストリアで外部試験が行われるのはマトゥーラ試験で筆記試験がなされる言語教科と数学のみであり、他教科については各学校ないし教員に教育内容の決定から評価まで広範な裁量が与えられている。マトゥーラ試験で解答される問題に政治教育関連の出題が顕著に少ないという既述の状況は特に驚くにはあたらず、それが示唆しているのは、多くの教員が、自分が重要であると考え、また教えた経験が豊富な歴史的内容を多く扱い、政治教育には期待に比べて少ない時間しか割いていないのではないかということである。

これは政治教育の観点からは大いに問題だが、その一方で、歴史教育と政治教育が同一教科とされているのには歴史的経緯が働いているだけでなく、そこには教育的なメリットもあり、また教育内容の決定において各学校・教員が高度な自由を持つことも、教科教育の目的を追求する上で有効と考えられる。したがって重要なのは、教師教育を通じた教員の力量形成と意識改革を別にすると、教員が使いやすく、またその教育的な意義を理解しやすい政治教育教材をふんだんに供給していくことにあると言わなければならない。

実際に、二〇一四年のアンケート調査では、前期中等教育教員の三割ほどが、外部の政治教育支援機関が作成する補助教材を、頻繁にあるいはときどき使用していることが明らかにされた(2)。そうした機関のなかにはドイツの連邦政治教育センターも含まれるが、やはりオーストリア国内の同様な機関が作成する教材の方が、相対的に見て好まれているようである。

国内の機関とは具体的にはウィーン民主主義センター（Demokratiezentrum《デモクラティーツェントルム》 Wien《ヴィーン》）とポリス（Zertrum《ツェントルム》 *Polis*《ポリス》）であり、ここでは、これらの活動について見ていきたい。

ウィーン民主主義センター——政治教育ＮＰＯ

まずウィーン民主主義センターは、インターネット上で活動する政治教育ＮＰＯとして、二〇〇〇年に設立された。当時オーストリアでは、前年の国民議会選挙の結果を受けて開始された国民党と社会民主党による連立交渉が失敗し、結局、前者と右翼急進主義勢力を代表する自由党による連立政権が作られたことで、内外に政治的緊張が高まっていた。自由党の政権入りに抗議するデモが連日続き、また外交面ではオーストリアはＥＵ諸国から関係を断たれるという、そうした政治状況のもとで、このセンターは活動を開始している。

センター長のＧ・ディーンドルファーによれば〔図12〕、センター設立の目的は、当時急速に拡大していたインターネット空間が右翼急進主義者に新たな活動の場を与えてしまい、特に若者のあいだでホロコースト否定論のような間違った歴史理解や社会理解が広まりつつある状況に対して、研究者のあいだのネットワークを作ることで、

図 12　ウィーン民主主義センターのG・ディーンドルファー氏

学問的に正しい認識を学校はじめ社会全体にアクセスしやすくすることにあったという。当初は教育省とウィーン市の支援で活動を開始したが、その後、欧州評議会など様々な機関からプロジェクトの依託を受ける形で、ヴァーチャルでない分野にも活動範囲を広げてきた[3]。

二〇一八年現在、同センターはその活動を、政治教育に関する研究プロジェクトのほか、教材作成、データベース作成、展示、講演会、出版活動、ワークショップの七領域に整理しているが、それぞれが扱う内容を個々に見ていくと、そのほとんどは①政治教育論（コンピテンシーやグローバル市民性教育といった考え方等）のほか、②政治制度と参加（選挙やデモ等）、③移民とマイノリティ、④宗教と政治、⑤ジェンダー、⑥ヨーロッパ、⑦オーストリア現代史、という七つほどのテーマのいずれかに分類することができる[4]。

各活動領域にこれらのテーマが均等に配置されているわけではなく、テキスト・音声・写真・動画からなるデータベースについては圧倒的にオーストリア現代史に関連するものが多い。他方、そのような授業のための未加工の素材ではなく、授業実践例に注目すると、表3が示すように、二〇一八年時点では「政治制度と参加」に関するテーマが相対的にやや多く見られると言えるかもしれない。

授業実践例に見られるテーマは、後述するポリスが主として取り組んでいるテーマ領域とほとんど重なるが、そうしたなか、記憶政策という現代史に関連する内容を相対的に重視しているところに、ウィーン民主主義センターの一つの特徴を見ることができる。これは、先に述べたようなセンター設立時の状況に加えて、歴史教育の延長線上で政治教育を行ってきたオーストリアの教科観を反映していると言えよう。

同センターのもう一つの特徴として、提供する授業実践例や教材が、コンピテンシーの考え方に基づく高度な学習活動を要求している点を指摘できる。先に紹介した現代史教育を念頭に置いて作成されたデータベースは、(歴史の)テキストの中に位置づけられていない、教材としての加工度の低い資料の活用能力を育てる授業を推奨していることを意味するが、こうした姿勢は授業実践例にも見られる。

たとえば近年最も注目を集めているテーマの一つである移民については、表3にあるように八つの授業実践例が紹介されているが、そのうちの「家族はどこから来たのか?」は、生徒たちに自分の親などがオーストリアに移住してきた経緯について聞き取り調査をさせ、結果を発表させるというコンセプトで作られた授業モデルである。(5) しかし、そこで生徒に期待されているのは、単に、親や祖父母に昔のことを聞いてきて結果を報告することだけではない。

そこでは学習目標として、①自分の家族の移民の歴史とその背景について知ること、②移民一般にはどのような動機が働いているのかを知ること、③自分はどういう条件があれば移民するかを説明できるようになること、④移民によって得られるチャンスとリスクを理解すること、そして⑤聞き取り調査を行い、その結果を分析・表現できるようになること、の五点が掲げられ、ここからは移民についての理解を深めるという意味での概念コンピテンシーの獲得に加えて、方法的コンピテンシーの習得が明確に意識されている様子がうかがわれる。

授業は三つの段階に分けられている。

導入では、生徒一人ひとりに、簡単な自己紹介文を書く作業が求

表3　ウィーン民主主義センターが提案する授業実践例

- 政治システム（7例）
- 政治と選挙（10例）
- 参加（6例）
- 規範と価値（5例）
- アイデンティティ（5例）
- 移民（8例）
- 記憶政策（5例）
- メディアと政治（9例）
- 経済と政治（4例）
- 女性政策（5例）

出典）http://www.demokratiezentrum.org/bildung/unterrichtsbeispiele.html（2018年1月18日閲覧）

められる。そこには、資料として生徒に示される例示により、名前、生年、出生地、国籍のほか、趣味などを記すよう期待されているが、クラスでの話し合いから、他に共通の項目を設定することも奨励されている。そして完成した紹介文を一人ひとり発表した上で、生徒に共通点と差異を指摘させるのである。

発展部、すなわち授業の中心に位置するのは、その後に続く自分の家族の移民の歴史と現在の意識についての聞き取り調査である。調査項目のリストは、まずグループごとで作成する。

その際、生徒には、良い質問とはどのような質問かを示した資料が示される。それによれば、①わかりやすい（外国語や専門用語を使わない）こと、②短いこと、③具体的なこと、④質問が特定の価値観を含まないこと、⑤回答を誘導しないこと、⑥回答を必要としないレトリカルな問いでないこと、⑦二重否定を使わないこと、⑧回答者の負担にならないこと、の八点に気をつける必要があるという。

同時に、生徒に対しては、質問にはどのような形式があるかを示す資料も示される。そこでは、質問には開かれた問いと閉じた問いがあり、後者にはさらに、いつ、どこで、誰が、何を、どのように、なぜ、を尋ねる質問と、賛成か反対かを問う質問、さらに多肢選択式の質問があることが解説されている。各グループは、自分たちが考えたそれぞれの質問が、その意図に合った形式となっているかどうかを確認するよう求められる。

こうして各グループで作られた質問は、次にクラス全体で一つひとつ検討され、取捨選択と修正を経てクラスの統一的な質問票にまとめられる。さらに、その質問票を使って試験的に聞き取り調査を行い、最終的な調整を経て、それは完成となる。

なお、授業実践例を記した教員用のガイドブックには質問票の模範例も示されており、必要に応じて、生徒にそれを使用させたり、あるいはそれを参考にして自分たちの質問票を作らせるという裁量の余地も考えられている。

次の段階は、生徒による親ないし祖父母への聞き取り調査の実施であり、その結果の分析と発表である。分析と発表に関しては、一人ひとりの回答者が移民した時期、場所（どこからどこへ移民したか）、その背景などにつき個別に説明して、それぞれ一枚の用紙にまとめる作業と、クラス全体で得られたデータを数量化して分析する作業に分けられ、どちらの結果についても、保護者会などの場で展示することが推奨されている。

最後に、クラスの調査の結果が世界全体の移民の趨勢と合致している点、反対に合っていない点を全員で確認し、さらに生徒一人ひとりについては、自分の家族の移民の歴史から何がわかったか、また今後どういう状況になれば自分もオーストリアから別の国に移民しようと思うかを文章にまとめることが、授業の締めくくりとして求められている。

この授業モデルが、いままで紹介してきた作業を通して生徒が「庇護権申請者」や「認定難民」、「経済難民」、あるいは「家族再結合」などの移民ないし難民に関する用語の意味を正確に理解し、適切に使えるようになることと同時に、簡単な社会調査の手法を習得することを意図しているのは明らかである。またグループ活動とクラス全体での共同作業を重視するところには、一般的なコミュニケーション能力の育成も意識的に目指されていると言って良いだろう。そうした意味で、この授業モデルがコンピテンシーの考え方に立脚しているのは確かだが、政治教育という観点からは、それらの方法的な側面に加えて、移民を例外的な社会現象としてではなく、（オーストリア系オーストリア人を含む）すべての市民に開かれた生活の選択肢と考えている点が重要であろう。そもそも移民を否定的に捉えていれば、自分の親や祖父母がどのような経緯でオーストリアにやってきたのかを生徒に調べて発表するよう求めることはできない。その意味で、この授業モデルは、移民排斥に象徴されるようなメンタリティを根本から拒絶する姿勢を示していると言えよう。

移民というテーマを扱った「家族はどこから来たのか？」は、ウィーン民主主義センターが開発した一つの授業実践例にすぎないが、コンピテンシー志向と現実の政治問題への関心という二つの特徴は、扱うテーマに応じて

図13　ポリスのＰ・フラドシク氏

様々な形で結びつきながら他の多くの実践例や教材にも見ることができる。それは今日の政治教育においては一見当たり前のようにも思われるが、実はそれほど自明なことではない。そのことはもう一つの政治教育ＮＰＯに注目することで明らかとなる。

ポリス――教育省と緊密に連携

ウィーンを所在地とするもう一つの団体ポリスは、二〇〇六年、特に学校の政治教育に対するサービス機関として教育省政治教育課の依託を受ける形で設立された。

正確には、その前に人権教育のための国連一〇年行動計画が実施されるなか、一九九六年に人権教育サービスセンター（Servicestelle《サーヴィスシュテレ》 Menschenrechtsbildung《メンシェンレヒツビルドゥング》）が、また二〇〇一年に政治教育サービスセンター（Servicestelle《サーヴィスシュテレ》 Politische《ポリーティッシェ》 Bildung《ビルドゥング》）が同じ建物の中に設置されており、ポリスは組織の面でも空間的にもその二つの機関を統合する形で設立されたのだった。所長のＰ・フラドシクによれば〔図13〕、この統合には予算削減という目的もあったとのことだが、二〇〇六年は欧州評議会加盟五〇周年にあたっており、またその上半期に、二〇〇〇年から続く国民党と（自由党から分裂した）未来同盟の保守・右翼連立政権のもとでオーストリアは欧州連合理事会議長国をつとめることにもなっていた[6]。こうしたタイミングで教育省は、ヨーロッパならびに民主主義についての教育を充実させることを目的として、現在の機関の設立を促したのである。

ウィーン民主主義センターと比較するとき、教育省を中心とする政府との関係がより深く、設立当初は、二〇〇三年に教育省政治教育課が開始し内外の注目を集めていた政治教育月間（Aktionstage《アクツィオンスターゲ》 Politische《ポリーティッシェ》 Bildung《ビルドゥング》）の企画・実施が主要な業務だった。[7] その後、様々な教材の作成や教員の継続教育に加え、ドイツの連邦政治教育センターと協力してオーストリアにおける政治教育コンクールの窓口を担当したり、EUの教育情報機関ユーリダイスと協力して国内の教育統計を作成するなど、活動範囲を広げて今日に到っている。

同センターが設立以来扱ってきた政治教育上のテーマは、その機関誌『ポリス・アクトゥエル』に表れている。二〇〇六年に強制結婚をテーマに第一号が刊行されて以来、毎年、五〜一二巻が発行され、全国の学校等に配布されてきた。近年はメールでの配信も行われている。そのテーマを見ると（表4参照）、明らかに人権に関係するテーマが目立ち、反対に現代史のテーマはほとんど見られない。これは同センターの設立経緯を反映すると同時に、先に設立されたウィーン政治教育センターとのあいだで実質的な役割分担が図られていることを意味する。[8]

なお、これまでの傾向として、いじめや暴力を含む子どもの権利の問題、移民と難民、ヨーロッパ、そして教育課程基準に関係するテーマを扱う号は多くの需要があるのに対し、憲法や政治の問題（腐敗や透明性など）を扱う号はあまり注目を引いてこなかったようである。[9]

フラドシクによれば、これは二つのことを意味している。第一に、教員は具体的なテーマやそのときどきで話題になっているテーマを中心に、生徒が理解しやすい教材を望んでいるということであり、第二に、その機関誌は、教員によって授業モデルないし補助教材として使用されるほかに、一つの読み物として生徒に配布される（だけに終わっている）ケースが少なくないのではないかということである。すなわち十数ページからなる『ポリス・アクトゥエル』は、多くの場合、各テーマに関する専門家による解説、授業で使用可能な教材、そして授業モデルの三部から構成されており、授業で使用するのであれば、教材の部分のみ複写をして配布すれば済む（著作権上の問題はない）。それにもかかわらず、クラス単位で購入するのは生徒に配布するためであり、[10] そのときに実際にそれを使用した授業が行われているとは限らないということである。もちろん、どのような形であれ、一定数の生徒がそ

表 4 『ポリス・アクトゥエル』が取り上げてきたテーマ

2017 年第 6 号	社会国家オーストリア	2011 年第 4 号	法律
2017 年第 5 号	教育課程基準第 8 学年	2011 年第 3 号	欧州アイデンティティへの道
2017 年第 4 号	人権	2011 年第 2 号	都市と政治
2017 年第 3 号	国際政治のアクター	2011 年第 1 号	小学校における人権・政治・メディア
2017 年第 2 号	政治教育の方法	2010 年第 9 号	自発的政治参画
2017 年第 1 号	男女関係の再伝統化	2010 年第 8 号	女性と平和
2016 年第 6 号	法と政治	2010 年第 7 号	人身売買
2016 年第 5 号	政治的ファナティズム	2010 年第 6 号	女性と子どもへの暴力
2016 年第 4 号	教育課程基準第 7 学年	2010 年第 5 号	オーストリアにおけるロマ
2016 年第 3 号	税金	2010 年第 4 号	故郷
2016 年第 2 号	異文化間学習	2010 年第 3 号	消費と生活様式
2016 年第 1 号	強制結婚	2010 年第 2 号	女性器切除
2016 年第 6 号	法と政治	2010 年第 1 号	小学校におけるヨーロッパ
2015 年第 5 号	難民と庇護権	2009 年第 9 号	言葉と政治
2015 年第 4 号	教育課程基準第 6 学年	2009 年第 8 号	女性の権利と人権
2015 年第 3 号	民主主義の質	2009 年第 7 号	子どもの権利と人権
2015 年第 2 号	ポピュラー音楽と政治	2009 年第 6 号	学校でのいじめ
2015 年第 1 号	言葉と政治	2009 年第 5 号	若者と高齢者
2014 年第 12 号	土地収奪	2009 年第 4 号	ヨーロッパ
2014 年第 11 号	子どもの権利	2009 年第 3 号	労働
2014 年第 10 号	ドラッグ政策	2009 年第 2 号	食料と水への権利
2014 年第 9 号	障害児への暴力	2009 年第 1 号	欧州議会選挙への政治教育
2014 年第 8 号	児童労働	2008 年第 9 号	若者と消費
2014 年第 7 号	政治教育とクリエイティブライティング	2008 年第 8 号	政治教育の第一歩
2014 年第 6 号	メディアと戦争	2008 年第 7 号	ポップと政治
2014 年第 5 号	スポーツと政治	2008 年第 6 号	2008・09 年の政治教育
2014 年第 4 号	ヨーロッパにおける共同決定	2008 年第 5 号	空間と身体
2014 年第 3 号	女性の権利と人権	2008 年第 4 号	スポーツと政治
2014 年第 2 号	アウトドアでの政治教育	2008 年第 3 号	抗議活動
2014 年第 1 号	少年法	2008 年第 2 号	お金が世界を支配する
2013 年第 9 号	オルタナティブな経済	2008 年第 1 号	8 の年1)
2013 年第 8 号	直接民主制	2007 年第 10 号	学校と人権
2013 年第 7 号	人身売買	2007 年第 9 号	政治教育の方法
2013 年第 6 号	法と政治	2007 年第 8 号	国家の終わり?
2013 年第 5 号	学校民主主義	2007 年第 7 号	2008・09 年の政治教育
2013 年第 4 号	難民と移民	2007 年第 6 号	性的志向と差別
2013 年第 3 号	問題解決学習	2007 年第 5 号	ともに話し，作り，決める
2013 年第 2 号	学校でのいじめ	2007 年第 4 号	ジェンダーの平等
2013 年第 1 号	政治腐敗	2007 年第 3 号	ジェンダーの平等
2012 年第 9 号	市場とお金	2007 年第 2 号	消費する，ゆえに我あり？
2012 年第 8 号	選挙	2007 年第 1 号	ヨーロッパにおける機会の平等
2012 年第 7 号	家族	2006 年第 10 号	持続可能な成長
2012 年第 6 号	経済危機	2006 年第 9 号	HIV/Aids
2012 年第 5 号	拷問	2006 年第 8 号	難民と移民
2012 年第 4 号	子どもと若者の社会参加	2006 年第 7 号	選挙
2012 年第 3 号	労働	2006 年第 6 号	2006・07 年の政治教育
2012 年第 2 号	障害者の社会統合	2006 年第 5 号	拷問
2012 年第 1 号	若者と高齢者	2006 年第 4 号	児童労働
2011 年第 8 号	デジタル時代の生活と学習	2006 年第 3 号	貧困
2011 年第 7 号	学級共同体	2006 年第 2 号	政治教育週間
2011 年第 6 号	HIV/Aids	2006 年第 1 号	強制結婚
2011 年第 5 号	原発への賛否		

注 1）8 の年とは，1848，1918，1938，1968 年など，下一桁に 8 がつく大きな歴史的出来事があった年を指す。
出典）著者作成。

れを読んでくれれば政治教育としての意味は大きいことから、こうした使用の仕方も歓迎すべきものであり、そのため機関誌はできるだけ平易な表現を使用するなど、とりわけ中等教育段階の生徒が理解できるよう工夫がなされている。

ポリスの教材や授業実践例は、一般に平易であるところにその特徴を指摘できるが、ここでは一例として「自分の移民の歴史を探求する」[11]という授業プランに注目したい。

これは、先に見たウィーン民主主義センターの「家族はどこから来たのか」とほぼ同じ内容の学習活動を提案している。授業形態としては個人の作業とグループでの作業、そしてクラス全体での討論の三つが併用されており、関連するコンピテンシーも同じである。教育目標としては、①自らの移民の歴史を調査する、②移民をすることとしないことが家族に与える影響を文章で説明する、③移民を価値あることとして理解する、④クラスのなかの多様性を指摘する、の四点が掲げられており、これらも表現の仕方こそ違うものの、内容的にはほぼ共通していると考えて良いだろう。

授業の展開も、当然のことながらそれほど違わない。

導入では、移民という言葉から生徒がなにを連想するかを尋ね、ブレインストーミングを行ったのち、教員が、移民には長い歴史があり、様々な移民が世界の発展に大きな役割を果たしてきたことを説明する。

続いて展開部では、生徒は家族の歴史を尋ねるワークシートにそれぞれ記入し[12]、あわせて持参した家族の古い写真についての簡単な説明文を書く。その後、三人ずつのグループに分かれて、自分の家族の移民の歴史を説明しあう。その後、クラス全体で、教員が用意した大きな世界地図に、両親や祖父母、叔父叔母などが生まれた場所に印をつけていく。

まとめの段階では、完成した地図から自分たちが世界とつながっていることを理解し、多様性が大切であることを確認して授業は終わりとなる。

ポリスによると、以上の授業プランは前期・後期を問わず中等教育段階の生徒を想定して作成されているということだが[13]、ウィーン民主主義センターの授業実践例に比べ、明らかに取り組みやすいものとなっており、実質的には前期中等教育の生徒が主な対象と推測される。興味深いのは、生徒が移民によって象徴される多様性を肯定的に評価できるようになることを共通の目標としていても、その学習プロセスを平易なものにしていくと、主として社会調査の技法の学習のような方法的コンピテンシーに関連する活動が削減の対象になるということである。ウィーン民主主義センターの例が、（概念コンピテンシーと）方法的コンピテンシーの育成を目指すなかで、移民ないし移住という人間の行動が持つ意味に気づくことを期待しているのに対し、ポリスのプランは、たしかに生徒が自分の家族について説明するというプロセスを設けることにより方法的コンピテンシーにも配慮しているが、それよりも移民をポジティブに捉えるという価値観の形成の方を直接的に追求していると言えよう。

こうした差異は、二一世紀初頭にウィーンに設立された二つの政治教育ＮＰＯの基本的な性格の違いに対応するものでもあるが、それはより一般的に政治教育の考え方についてのバリエーションを示している。すなわち、歴史教育と人権教育のどちらとより大きな接点を持とうとするのかは、単に政治教育のなかでどの領域に重点を置くかという判断を越えて、計画・実施される学習の性格に差異をもたらすと考えられる。

コンピテンシーの育成という観点に立てば、一定の研究方法論を持つ歴史学に接近するとき、そのディシプリンと結びついた方法的コンピテンシーの育成自体が一つの教育・学習目標として成立する。そして、そのコンピテンシーの獲得を追求する過程で政治的な価値の気づきも促すという授業の形が可能になる。それに対して人権教育を重視するとき、様々な場面における人権意識の形成という目標は明確なのに比べ、そこで育むべき方法的コンピテンシーは定まりにくく、人前で自分の考えを述べるといったような一般的な能力の育成にとどまりがちである。また概念コンピテンシーはそれ以上に一義的には定まらない。その結果、そうしたコンピテンシーの育成よりも、価値観の形成、敢えて言えば判断コンピテンシーの基礎の育成という目標が優先されることになる。

以上は、政治教育としてどちらかが優れているという話ではない。政治教育には一定の知的な能力を前提にした活動と、年齢が低いなどの理由でそれがあまり期待できない場合でも実施すべき活動とがあるということである。ポリスが作成した教材のなかでは、先に記したように、いじめや暴力を扱うものへの需要が大きいが、そうした問題が顕在化しやすい低学年にふさわしい政治教育において、それらの教材は重要な役割を果たしていると考えられる。その意味で、ポリスは単に人権教育にウェイトを置いているというだけでなく、そうした特徴によって、教育課程が要求する歴史教育とのその結びつきから困難が生じがちな前期中等教育や初等教育における政治教育に携わる教員の支援を重視していると言うことができよう。[14]

2　民主主義工房の成功

政治参加を楽しむことを学ぶ

選挙権年齢が一六歳に引き下げられた二〇〇七年の一〇月二五日、国民議会は、オーストリア初の女性閣僚にちなんで名付けられたグレーテ・レホール公園をはさんですぐ南側のエプシュタイン館という、かつてグレッケルがウィーン市教育長として働いていた歴史的な建物で、民主主義工房という政治教育プロジェクトを開始した。二〇一七年九月一八日、このプロジェクトは、新王宮前に広がる、今では民主主義広場（Demokratieplatz《デモクラティープラッツ》）とも呼ばれる英雄広場に建てられたパビリオン・リンク〔図14〕に移転して現在に到っているが、これがオーストリアにおける

図 14　民主主義広場のパビリオン・リンク。左手遠方に見えるのが国民議会。

様々な政治教育関連事業のなかで最も成功した事例であるのは間違いない。

同年一〇月二五日に行われた一〇周年記念式典の挨拶で、国民議会議長D・ブゼクは次のように語った。「様々な調査が示しているのは、政治についてよく知っているほど投票に足を運ぶようになるということです。だからこそ民主主義工房で子どもや青少年が民主主義に参加する基礎を獲得することは、大きな意味を持っています。民主主義工房を政治教育の歴史的な成功例とするために尽力されてきたすべてのみなさまに感謝を申し上げます。(15)」

後述するように、この政治教育プロジェクトの中心を占めるプログラムは必ずしも政治についての知識の伝達にはウェイトを置いていないのだが、二〇〇七年以来の参加者が約一〇万人にのぼり、また元はと言えばそれはドイツの連邦政治教育センターの協力を得て開発されたとはいえ、いまではモンテネグロにも輸出されるなど、オーストリアの政治教育プログラムとして国際的にも高く評価されているのは確かである。(16) その意味で、ブゼクの言葉は根拠のないお世辞ではない。

そもそもの始まりは、当時の事務局長によれば、国民議会の前を歩いている親子連れの会話をある議員が偶然耳にしたところにあった。小学校にあがる前ぐらいの男の子が父親に、国民議会の建物を指さして「この建物はなに?」と尋ねたところ、その父親は「悪い人が集まっておしゃべりをしているところだよ」と答えたのだという。この話が果たしてどこまで真実なのかはわからないが、それは二一世紀初頭のオーストリアにおいて、選挙権年齢

表5　民主主義工房の曜日別テーマ（2017年）

月曜日 8時30分〜12時30分	火曜日 8時30分〜12時30分	水曜日 8時30分〜12時30分	木曜日 8時30分〜12時30分	金曜日 8時30分〜12時30分
政治工房 「法律ができるまで」	**工房・国会議員とともに** 「法律はみんなのためにある？」	**メディア工房** 「情報はどのようにして届く？」	**工房・国会議員とともに** 「法律はみんなのためにある？」	**ヨーロッパ工房** 「EUを知る」
政治工房 「法律ができるまで」	**現代史工房** 「共和国の歴史への旅」	**ヨーロッパ工房** 「EUを知る」	**参加工房** 「私の意見も意味がある！」	**参加工房** 「私の意見も意味がある！」
13時30分〜17時30分	13時30分〜17時30分	13時30分〜17時30分	13時30分〜17時30分	
政治工房 「法律ができるまで」	**工房・国会議員とともに** 「法律はみんなのためにある？」 または **現代史工房** 「共和国の歴史への旅」	**メディア工房** 「情報はどのようにして届く？」 または **ヨーロッパ工房** 「EUを知る」	**現代史工房** 「共和国の歴史への旅」 または **メディア工房** 「情報はどのようにして届く？」	

の引き下げに加え、市民のあいだに広がる政治（家）への不信が政治教育の重要な促進要因であったことを示唆している。政治に対する批判能力を高める政治教育は政治家から疎まれる活動と考えられがちだが、必ずしもそうではなく、代議制民主主義において、それは代議士にとって自分の仕事を正当に評価してもらうため、言い換えれば政治家と市民をつなぐための活動としても期待されていると言えよう。

国民議会の政治教育プロジェクトとしての民主主義工房の活動は、青少年を対象とする模擬議会から学校向け教材の開発まで多岐にわたっているが、右に記した一〇万人の参加者を得た狭い意味での民主主義工房とは、民主主義を学ぶワークショップのことである。当初は、「連邦法の制定」、「議会」、「メディア」、「参加と基本権」の四つのテーマで開始されたが、二〇〇八年に「共和国の歴史」、二〇〇九年に「ヨーロッパ」が加わり、それ以来、個々の名称は若干変更しつつも、六つのテーマについて、八～一〇歳向け、一一～一二歳向け、一三～一五歳向けのそれぞれ三種類のプログラムが提供されている。

表5に示すように、午前の部（八時半～一二時半）は月曜日から金曜日に二クラス、午後の部（一三時半～一七時半）は月曜日

から木曜日に同じく二クラスのためにプログラムが実施されており[17]、これら六つのテーマのワークショップは、当然のことながら、それぞれに異なる教育内容をもっている。たとえば政治工房であれば、「法律はどのように作られるのか」、「そのプロセスには誰が参加するのか？」、「どのくらいの過程が必要なのか？」などについて、実際に何らかの法律を作る過程をシミュレーションすることで学んでいくことになる。メディア工房であれば、メディアによって情報がどのように作られていくのかを同じく模擬的・体験的に学ぶことになる[18]。

もちろん、こうした教育内容も重要だが、実は民主主義工房で最も重視されているのは、参加した児童・生徒が楽しい時間を過ごすことである。プログラムは年齢段階に応じて参加者が興味を持ちやすいよう活動内容に工夫が施されており、またインストラクターのほかにウィーン教育大学などの数名の学生がアシスタントとして参加者を支援する体制が整えられている。そのほか部屋の一角では、常に飲み物と果物が無料で提供されており、参加者はいつでも、つまり何らかの作業の途中でも自由に食べに行くことが認められている。

また、参加した児童・生徒には『民主主義工房パス』というパスポートの形をした参加記録証明が手渡される。そこには、いつどのテーマのプログラムに参加したかを記すスタンプが押されるが、四つ以上の異なるプログラムに参加した児童・生徒には「民主主義工房プロフェショナル（Demokratiewerkstatt《デモクラティーヴェルクシュタット》-Profi《プロフィ》）」の称号が与えられ、国民議会本会議場で議長から記念のバッジとメダルを授与されるといった、モチベーションを高める仕組みも設けられている[19]。

このように、学校とは異なる楽しい空間で政治というジャンルに接する経験を提供し、児童・生徒を政治に近づけることが目標なのであり、言うまでもなくそこには、難解でつまらないものと思われがちな政治に対するイメージの転換をはかろうとする意図がある。

ワークショップで参加者はインストラクターとアシスタントの支援のもと、自分たちで書籍やインターネットを使って調査を行い、その結果を新聞記事やラジオ番組、あるいは動画ニュースの形でまとめることになるが、その成果は民主主義工房のウェブサイトで一般に公開されている。これは児童・生徒の参加意欲を高めるためだが、そこからどのような活動が行われているのかをうかがうことができる。

一例として、二〇一七年五月二三日に、ウィーン近郊の町シュヴェヒャートのAHS《アーハーエス》四年生のクラスが「工房・国会議員とともに」に参加したときの様子に注目してみよう。

会場を訪れた二七人の生徒は、まず五つのグループ（「オーストリアの国会」、「議員の仕事」、「投票と決定」、「私たちは民主主義のためになにができるか」、「法律とはなにか」）に分けられ、それぞれ二分半程度で番組のコーナーを制作するという課題を与えられた。

その課題のもとで、具体的になにをどのように調べ、その結果をどのような演出でそれぞれのコーナーを作っていくかについては各グループでの議論に委ねられている。しかし最終的には、その二分半のあいだに、待機している二人の国会議員へのインタヴューのシーンを入れなければならない。そのため、どのグループのコーナーも最初に問題の設定と調べたことを発表し、それに関連するインタヴューをした後、簡単にまとめるというスタイルに落ち着くことになる。こうした形に参加者の学習活動を誘導することで成果に導いていく枠組みが、民主主義工房とりわけ「工房・国会議員とともに」というプログラムの発明と言って良いだろう〔図15〕。

なお、生徒たちが発表している内容は、それほど高度とは言えない。これは他のクラスが参加しているワークショップも同じである。作業時間が四時間しかないことから、理解面での深化は最初からあまり期待されていないと言って良いだろう。

たとえば「オーストリアの国会」のグループであれば、議事堂を設計したのは誰で[20]、そのデザインにはどのような意味が込められているか、また国民議会と連邦議会の二院制でそれぞれはどういう意味を持っているかというよ

図 15　「工房・国会議員とともに」の様子（©Parlamentsdirektion/Bildagentur Zolles KG/Mike Ranz）

うな素朴な問いに関する情報を羅列的に報告するにとどまり、さらに他のグループには課題から離れた内容の報告をしている例も見られる。生徒たちの関心は、課題に関連する重要な知識を獲得することよりも、むしろプレゼンテーション面での工夫の方に向かいがちである。

これは学校における政治教育の授業を考えれば改善すべき点が多いということになりがちだが、それでも良いというのが民主主義工房の考え方である。

このように、政治というジャンルに親しむことを主目的にしていることから、その参加者には一つの傾向が見られる。

二〇一七年の一年間のあいだに行われたワークショップは三七六回にのぼるが、参加者別に見ると、そのうち小学校のクラスが八四件、新中等学校（とハウプトシューレ）が一九四件、ＡＨＳ《アーハーエス》が六六件、その他三二件（うち六件が特別支援学校）となっており、[21]小学校からの参加が意外に多いほか、前期中等教育では新中等学校（とハウプトシューレ）からの参加がＡＨＳ《アーハーエス》の約三倍にのぼっていることが目立つ。実際の両者の生徒数では前者は後者の二倍に満たないことから、[22]やはり民主主義工房は、長らく政治教育が難しいと考えられてきた児童・生徒に焦点を当てるプロジェクトとして実際に機能していると言えよう。厳密には、少数ながら先に記した想定年齢を越える一五歳以上の生徒が通う学校・学級の参加も見られるが、その中でＡＨＳ《アーハーエス》上級段階は二クラスにすぎず、残りのほぼすべてが職業教育系の学校である。

なお参加クラスを学年別に見てみると、前期中等教育では一年生のクラスが一四、二年生が三四、三年生が四六なのに対し、四年生が一六一と飛び抜けている。ここには、政治（教育）は一定の年齢を前提とするという昔ながらのイメージが作用しているだけでなく、オーストリアの前期中等教育における政治教育の一つの側面を見ないわけにはいかない。すなわち二〇一七年の時点では六月以前については第一学年のみ、また九月以降も第一～二学年しか新教育課程のもとにないのであり、こうした学年ごとの参加クラス数の差異は、第四学年にのみ政治教育を導入している旧教育課程（二〇〇八年改正）の影響を反映していると考えられるのである。そして、このことは同時に、二〇一六年九月からは第二学年の教育課程に政治教育の内容が導入されたにもかかわらず、民主主義工房への参加を見る限り、まだその効果はあまり出ていないことを示唆している。今後の推移を見守る必要があろう。

最低限の政治教育を越えて

本章では、ウィーン民主主義センター、ポリス、そして民主主義工房という、学校の政治教育を学校の外から支援するために二〇〇〇年代に設立された機関の活動について、特にそれらが念頭に置いている主要なターゲットに焦点を当てつつ、それぞれの特徴を確認してきた。三つの機関の活動には重複する部分も多いが、一六歳選挙の導入の前に設立されたウィーン民主主義センターと、それ以降に活動を開始したポリスならびに民主主義工房とのあいだには、前者が教科との結びつきを重視した比較的高度な学習の支援を重視しているのに対し、後者はむしろ前期中等教育に中心をおき、小学校や職業学校にまで視野を広げているという、かなり明確な差異が認められる。またポリスと民主主義工房のあいだでも、前者はやはり想定されている学習内容の習得を重視しているのに対し、後者は政治に親しむというところまでハードルを下げている点に、それぞれの特徴が表れている。

こうした対象者とそれに応じた教育活動のスペクトラムは、後期中等教育の最終学年から始まったオーストリアの政治教育の発展、すなわち低年齢層への拡大の過程を示している。実際には、いまも様々な障壁や抵抗が存在しており、現状に満足することはできないが、この間、政府や欧州機関の支援のもとで少しずつ条件整備が進められてきたのは間違いない。政治教育は、もはや最低限の要求に応える段階を脱して、民主主義社会を支えるために積極的に推進されるべき存在としての地位を確立したと考えて良いだろう。

政治の世紀に備えるという意味では遅きに失したが、その遅れはたしかに認識されたのである。

おわりに——政治教育を備えた民主主義へ

オーストリアの政治教育とその背後にある政治文化については、やはりそれらはドイツとは異質であると言うこともできれば、いつかドイツに追いつくときが来るだろうと考えることもできる。

二〇〇〇年に続いて二〇一七年に国民党と自由党の連立政権が再び樹立されたことは、前者の見方にとって有利な事実であろう。先立つ一〇月の国民議会選挙で難民受け入れの厳格化を唱える自由党が支持を伸ばしたこと自体は、一五年にシリア等からの難民で文字通り街が溢れたことを考えれば特に驚くにはあたらない。その前の九月にドイツで行われた連邦議会選挙でも、近隣諸国では自由党とともに極右政党と呼ばれることの多い「ドイツのための選択肢（ＡｆＤ）」が一二・六％の得票率で初めて議席を獲得した。しかし、難民の受け入れを進めたメルケルのキリスト教民主同盟は、連立パートナーの社会民主党以上に得票率を減らしたにもかかわらず、当初の自由民主党と緑の党との連立政権構想が挫折した後もＡｆＤとの交渉の可能性を排除し続けたのに対し、オーストリアの国民党はむしろ難民受け入れの厳格化を掲げて社会民主党との連立政権から離脱し、任期終了前の繰り上げ選挙で得票率を伸ばした上で自由党と連立する選択を行った。具体的なプロセスこそ違うが、言わば国民党党首が首相の座に着くために社会民主党との協力を拒否して自由党をパートナーに選ぶという構図は、基本的に二〇〇〇年と同じである。

以上は政治の世界の話だが、そこでドイツにはあってオーストリアにはない思考と行動の制約こそが政治教育の基礎であると同時に目標でもあることは明らかであろう。

なお、オーストリアでも二〇〇〇年に国民党と自由党の連立政権が作られるときには、国民党出身のT・クレスティル大統領が新閣僚の認証を渋る形で反対の意思を示し、実際にその後オーストリアはEU諸国からの外交的な制裁を受けることとなったのだが、二〇一七年は違う。前年に決選投票で自由党の候補に僅差で勝利して大統領に就任した緑の党のA・ファン・デア・ベレンは、形式的に慎重な姿勢を見せただけで速やかに新政権を認証した。認証式が行われた日には、大統領府と首相府に面した広場に警察発表で五五〇〇人ほどのデモ参加者が集結し、また翌一八年一月一三日には雨のなか警察発表二万人のデモが行われたが、近隣諸国の対応は緊張感を持ちつつもむしろ穏やかと言って良いものであり、ここには、この十数年の間にヨーロッパで生じた右翼政党への慣れ、あるいは民主主義に関する要求水準の低下を見ることができよう。

もっとも、保守勢力と右翼勢力による政権というのは、日本ではこの十数年に限らず、むしろ遥か以前から見慣れた光景である。もちろんオーストリアの保守や右翼といった区分を日本の政治にそのまま当てはめて考えることはできないが、日本から見るとき、オーストリアがドイツよりも相対的に身近に感じられるのは否定できないところであろう。これは政治教育をめぐる状況も同じである。第4章で紹介したように、二〇一七年の時点でも自由党の一部には生徒と保護者に向けて学校での（彼らの目から見て）「偏向した政治教育」を通報するよう促すウェブサイトを設置する動きが見られるなど、教員を萎縮させる試みが続けられており、そうしたなかで教員養成ならびに継続教育がその不安を跳ね返すだけの力を育てられていない現実は、まさに日本と相似形をなしていると言わなければならない。

とはいえ本書で述べてきたのは、そうしたオーストリアにおいても、一九世紀に見られた社会秩序を維持するためには宗教教育で十分とする考え方から、オーストリア共和国を確立する過程で求められた政治制度に関する客観的な知識と愛国心を教える国家市民教育を経て、二〇世紀末以降ようやく本格的な政治教育、すなわち現実の政治状況を正確に把握した上で、そこに参画する能力を育てる教育への転換が、少なくとも政策的には進められてきたということである。こうした事実からは、オーストリアはむしろ比較的忠実にドイツの後を追ってきたのであり、まだ解決すべき問題が多いとはいえ、近年その差は多少なりとも縮まったと言えるのかもしれない。

この本格的な政治教育については、まだ戦後の二党体制が続いていた一九七〇年代には、社会民主党がそれを支持する姿勢を示したのに対して国民党がむしろ危険視したために手詰まり状態が続いたが、自由党が勢力を増して三党体制へと変化する過程で国民党が基本的な支持へと姿勢を転換したことが決定的だった。社会民主党とともにオーストリア第二共和国を支え、とりわけ学校教育に大きな影響力を持つ国民党のこの方針転換により、政治教育がようやく始動するに到ったのである。

なお、普通教育に関する限り、政治教育は一九九二年以降の二度に及ぶ選挙権年齢の引き下げに連動する形で後期中等教育の最終学年から始まり、前期中等教育へと広がっていった。ここで確認すべきは、選挙権年齢の引き下げには国民党よりも自由党の方が積極的であり、その一方で、自由党に見られる右翼急進主義が、それに対する処方箋あるいは対抗策として政治教育への期待を高めたことである。オーストリアにおける民主主義の拡張は、選挙権年齢の引き下げによる若い有権者の増加という形でだけ進んだのではないかもしれない。そこには、二大政党がその声を適切にすくいあげることができなかった層が自由党のもとで政治的発言権を持つに到ったという側面も見られる。そして、このような動きが国民党に方針転換を迫ったのである。

また第3章で指摘したように、政治教育が本格的に動き出す前に、ヴァルトハイム事件やEU加盟といった国際関係に起因する政治教育への要請があったことも間違いない。こうしたオーストリアを取り巻く国際関係も、歴史問題や共通通貨ユーロを中心とするヨーロッパ政策をめぐる自由党の急進的な主張と対立する視点から教育の貢献を求めており、自由党の少なくとも一部から、政治教育に対して批判的な声が生じるのはやむを得ないところである。

むしろ重要なのは、一九七〇年代までは、既存の体制に抗議し、社会のさらなる民主化を要求する側が政治教育を掲げていたのに対し、二一世紀初頭には体制側が政治教育の重要性を唱える一方、敢えてポレミカルな言い方をすれば、民主主義の拡張を要求して体制に抗議をする側がそれに否定的な姿勢を示していることである。この立場の入れ代わりは、オーストリアにいわゆる「政治教育を備えた民主主義（Demokratie《デモクラティー》 mit《ミット》 politischer《ポリーティッシャー》 Bildung《ビルドゥング》）」が形成されつつあることの結果であり、この点で、選挙権年齢を一八歳に引き下げておきながら政治教育という宿題を事実上放置し、いまだに道徳教育に社会秩序の維持を期待し続ける国とは政治構造が大きく異なっていると言わなければならない。

もちろん自由党の政権入りがこれからも頻繁に生じるようになれば、こうした構図は崩れる。そのときに政治教育が変わるのか、自由党が変わるのか、どちらも基本的には変わらず緊張した関係が続くのかについては今後の推移を見極める必要がある。オーストリアはドイツとは異なるのか、それともいずれはドイツに追いつくのかという問いに対する答えは当然のことながら未来に属している。旧東ドイツ地域の状況を考えると、ドイツがどう変わるかもわからない。

いまの時点で確かなのは、政治教育を備えた民主主義が作られつつあるが、まだうまく機能してはいないということである。政治が先か政治教育が先かを問うことに意味はないが、両者が相互に支え合う循環的な構造ができないと、どちらも安定しない。政治経済的な環境が良好なあいだはともかく、環境が悪化したときに、民主主義もその教育もそれに耐えられない可能性が高いのである。

もちろん実際には、政治教育を推進するにはそれに相応しい政治的条件が必要であるのは確実なのに対して、政治教育がどの程度に現実の政治に影響を与えるかは不明である。仮にオーストリアの現状の政治に問題が多いと考えるとき、そこにどれだけ政治教育の不足が作用しているのかについて根拠をもって説明することは不可能だろう。

しかし、影響力を数値化できないことは影響力がないことを意味しない。本書が行ってきたように、学校における政治教育に焦点を当てる一方で政治については選挙や議会・政府の動きを主に想定すると、政治と政治教育が相互に支え合う構造がイメージされるが、現実には政治教育は学校の外に広がっており、また私たちの日常の一挙手一投足が政治である。つまり政治教育の集合と政治の集合は大部分が重なり合う。したがって、狭い意味での（学校での）政治教育と、狭い意味での政治とのあいだに影響関係がないということはあり得ない。影響があると考えるからこそ、政治教育に批判的な政治勢力が存在するのであり、また、そうした批判がすでに政治教育が政治に影響を及ぼしていることを証明しているのである。

なお、このことは本書がオーストリアの政治と政治教育の歴史について、ごく一部を切り取って論じたにすぎないことを意味している。政治教育についてだけでも、社会教育や生涯学習の領域における歴史のある活動を抜きに理解しようとするのは、本当は無理があろう。さらに、メディア環境の変化なども視野に入れなければならない。そして将来的には、政治教育を教育の一部としてよりも、より積極的に政治の一部として捉えることが必要になると筆者は考えている。

また、歴史教育と政治教育の関係についても、より深く追究する価値がある。オーストリアの政治教育がこれまで抱えてきた問題、すなわち、歴史教育の中に位置づけられていることにより、教育課程とその実践、そして教員養成等において政治教育が軽視されがちな状況を考慮すると、歴史教育からの独立が期待されることになる。事実、そのように考える関係者は多い。

とはいえ、近年の諸外国の政治状況と歴史教育に目を向けると、歴史教育において自国史を讃える傾向が以前から強い諸国で、いわゆるナショナル・ポピュリズムによる民主主義の劣化が早く進行しているようにも思われ、そこからは歴史教育と政治教育のより緊密な協力が求められているとも考えられる。ここでも政治が先か教育が先かという問題が生じるが、過去の理解と現在の政治的意思決定は切り離せない関係にあり、そうであるとすれば、政治（学）と歴史（学）の両方の観点から現在と過去の政治を扱いやすい歴史教育と政治教育を統合した形は、両者を別教科とし、別の養成課程を経た教員によって独立して教えられるよりも好ましいかもしれない。残念ながら、こうした考え方は、政治教育のための条件整備に努めてきたウィーンの政治教育関係者を説得できるところにまで到ってはいないが、さらに検討する価値があるのは間違いないだろう。

このように本書に記した内容に足りない点が多いことは承知しているが、そうした根本的な要求に果たして筆者が応えられるか、仮に部分的にできるとしても、どれだけの時間を要するかを考えると、二〇一八年のいま、オーストリアの政治教育についての暫定的な理解を提示することは妥当であると思われる。政治教育の重要性の認識がある程度広まりながらも、多くの障害に直面しているいまの日本において、オーストリアに関する知識は、身の回りの現実を認識ならびに評価し、さらには直面する問題の解決を探るうえで助けとなるはずである。もちろん、ドイツに多くを学んできたオーストリアの政治教育が必ずしもすべてうまくいっているわけではないように、オーストリアから学ぶことが良い結果を保障するとは限らない。しかしながら、良くない結果を正確に理解するためにも、やはり参照軸は必要である。

あとがき

本書は、この一〇年あまりのあいだの調査結果をまとめたものである。

筆者は『自国史の行方――オーストリアの歴史政策』（名古屋大学出版会、二〇〇一年）で戦後オーストリアの歴史政策の展開を追う過程で政治教育という視点を得て、まずドイツを対象に『ドイツの政治教育――成熟した民主社会への課題』（岩波書店、二〇〇五年）を上梓したが、それ以来ずっと戦後オーストリアについても、その政治教育の視点からあらためて捉え直す必要を感じていた。

これは単に筆者がオーストリアに関心があるからではなく、また（日独の）二国間比較は差異の過大評価を招きがちであるといった研究上の問題に対処するためだけでもない。

日本で選挙権年齢が一八歳に引き下げられて以来、ドイツの政治教育にかなりの注目が集まったが、そこに見出される多くのお手本的な事例や考え方は、残念ながら日本の聴衆や読者にとってリアリティをもって受け止めにくいもののようである。そこでは根本的には歴史認識の違いが作用していようが、その点で日本と同様の問題を指摘されることの多いオーストリアに目を向けることで、ドイツの政治教育が持つ普遍性と特殊性の両方をより良く理解できるようになると同時に、それとは少し違う形で政治教育を進める可能性もあることが明らかになると思われた。これまで述べてきたように、オーストリアの政治教育は多くの課題を抱えているとはいえ、近年急速な進捗を遂げているのは確かである。

《著者略歴》

近藤《こんどう》 孝弘《たかひろ》

1963年　栃木県に生まれる
1992年　東京大学大学院教育学研究科博士課程単位取得退学
1993年　東京大学大学院教育学研究科より博士（教育学）取得
　　　　名古屋大学大学院教育発達科学研究科教授などを経て
現　在　早稲田大学教育・総合科学学術院教授
著　書　『ドイツ現代史と国際教科書改善――ポスト国民国家の歴史意識』（名古屋大学出版会，1993年，日本比較教育学会平塚賞）
　　　　『国際歴史教科書対話――ヨーロッパにおける「過去」の再編』（中公新書，1998年，NIRA政策研究・東畑記念賞）
　　　　『自国史の行方――オーストリアの歴史政策』（名古屋大学出版会，2001年）
　　　　『ドイツの政治教育――成熟した民主社会への課題』（岩波書店，2005年）
　　　　『統合ヨーロッパの市民性教育』（編著，名古屋大学出版会，2013年）他

政治教育の模索

2018年 7月10日　初版第1刷発行

定価はカバーに
表示しています

著　者　近　藤　孝　弘

発行者　金　山　弥　平

発行所　一般財団法人　名古屋大学出版会

〒464-0814　名古屋市千種区不老町1 名古屋大学構内
電話(052)781-5027/FAX(052)781-0697

Printed in Japan

印刷・製本 ㈱太洋社

ISBN978-4-8158-0913-3

乱丁・落丁はお取替えいたします。

索　引

ア　行

カ　行

サ　行

タ　行

ナ　行

ハ　行

マ　行

ヤ・ラ行

図表一覧

参考文献

1. 通知・法令等

AHS-Lehrplan "Geschichte und Sozialkunde/Politische Bildung" (von 2004). 〔https://www.bmb.gv.at〕

Allgemeine Richtlinien für Erziehung und Unterricht an den österreichischen Schulen, verlautbart mit Erlaß des Staatsamtes für Volksaufklärung für Unterricht und Erziehung und für Kultusangelegenheiten vom 3. 9. 1945, Zl. 4690/IV/45, in : *Verordnungsblatt des Stadtschulrates für Wien*, Jg. 1945, Stück V, 1945, S. 15-16. 〔http://www.didactics.eu〕

Änderung der Verordnung über die Lehrpläne der allgemein bildenden höheren Schulen; Änderung der Bekanntmachung der Lehrpläne für den Religionsunterricht an diesen Schulen, in : *Bundesgesetzblatt für die Republik Österreich*, Jg. 2016, Teil II, 2016, S. 1-278. 〔https://www.ris.bka.gv.at〕

Änderung der Verordnung über die Lehrpläne der Hauptschulen, der Verordnung über die Lehrpläne der Neuen Mittelschulen sowie der Verordnung über die Lehrpläne der allgemein bildenden höheren Schulen, in : *Bundesgesetzblatt für die Republik Österreich*, Jg. 2016, Teil II, 2016, S. 1-25. 〔https://www.ris.bka.gv.at〕

Änderung des Bundes-Verfassungsgesetzes (NR : GP XXIII RV 94 AB 129 S. 24. BR : 7685 AB 7696 S. 746), in : *Bundesgesetzblatt für die Republik Österreich*, Jg. 2007, Teil I, 2007, S. 1-3. 〔https://www.ris.bka.gv.at〕

Auszug aus der Verhandlungsschrift über die erste Tagung der Lehrerkammern am 1. und 2. Februar 1920, in : *Volkserziehung. Nachrichten des Österreichischen Unterrichtsamtes*, Jg. 1920, 1921, S. 137-156. 〔http://digital.onb.ac.at〕

Bundesgesetz über die Vaterländische Erziehung der Jugend außerhalb der Schule, in : *Bundesgesetzblatt für den Bundesstaat Österreich*, Jg. 1936, 72. Stück, 1936, S. 755-756. 〔http://alex.onb.ac.at〕

Bundesgesetz über die Wahl des Nationalrates (Nationalrats-Wahlordnung 1992 - NRWO), in : *Bundesgesetzblatt für die Republik Österreich*, Jg. 1992, 164. Stück, 1992, S. 1884-1927. 〔https://www.ris.bka.gv.at〕

Bundesgesetz vom 25. Juli 1962 über die Schulorganisation (Schulorganisationsgesetz), in : *Bundesgesetzblatt für die Republik Österreich*, Jg. 1962, 61. Stück, 1962, S. 1178-1200. 〔https://www.ris.bka.gv.at〕

Bundesgesetz vom 25. Oktober 1965 über den österreichischen Nationalfeiertag, in : *Bundesgesetzblatt für die Republik Österreich*, Jg. 1965, 81. Stück, 1965, S. 157. 〔https://www.ris.bka.gv.at〕

Bundesministerium für Bildung und Frauen (Hrsg.), *Die kompetenzorientierte Reifeprüfung. Geschichte und Sozialkunde, Politische Bildung. Richtlinien und Beispiele für Themenpool und Prüfungsaufgaben*, 2011.

Bundesministerium für Bildung und Frauen, Mündliche Reifeprüfung AHS. Handreichung, 2014. 〔https://www.bmb.gv.at/schulen/unterricht/ba/reifepruefung_ahs_mrp.pdf?61ebwp〕

Bundesministerium für Inneres, EU-Volksabstimmung. Volksabstimmung über den Beitritt Österreichs zur Europäischen Union am 12. Juni 1994, Druck und Kommissionsverlag der Österreichischen Staatsdruckerei, 1994, S. 13. 〔http://www.bmi.gv.at/410/VA_1994/Eu_Volksabstimmung.pdf〕

Bundesministerium für Unterricht und Kunst, Der Erlaß "Politische Bildung in den Schulen", Zl. 33. 464/6-19a/1978, 1978. 〔http://www.didactics.eu/fileadmin/pdf/1731.pdf〕

Bundesverfassungsgesetz vom 18. Juli 1962, mit dem das Bundes-Verfassungsgesetz in der Fassung von 1929 hinsichtlich des Schulwesens abgeändert wird, in : *Bundesgesetzblatt für die Republik Österreich*, Jg. 1962, 52. Stück, 1962, S. 1053-1058. 〔https://www.ris.bka.gv.at〕

Bundesverfassungsgesetz vom 26. Oktober 1955 über die Neutralität Österreichs, in : *Bundesgesetzblatt für die Republik Österreich*, Jg. 1955, 57. Stück, 1955, S. 115. 〔https://www.ris.bka.gv.at〕

Festsetzung der Lehrpläne für die Mittelschulen, in : *Volkserziehung. Nachrichten des Bundesministeriums für Unterricht. Amtlicher Teil*, Jg. 1928, Stück XII, 1928, S. 103. 〔http://digital.onb.ac.at〕

Gassner, Heinrich u. Viktor Fadrus, Grundlinien eines Erziehungsplans für die österreichischen Schulen, in : *Pädagogische Mitteilungen. Beilage zum Verordnungsblatt des Bundesministeriums für Unterricht,* Jg. 1947, 11. Stück, 1947, S. 1-8. 〔http://alex.onb.ac.at〕

Hellmuth, Thomas u. Christoph Kühberger, *Kommentar zum Lehrplan der Neuen Mittelschule und der AHS-Unterstufe "Geschichte und Sozialkunde/Politische Bildung" (2016)*, Bundesministerium für Bildung, 2016. 〔https://www.bmb.gv.at/schulen/unterricht/lp/GSKPB_Sek_I_2016_-_Kommentar_zum_Lehrplan_Stand_26-09-2016.pdf?5te882〕

Instructionen für den Unterricht an den Realschulen in Österreich im Anschlusse an einen Normallehrplan, Pichler, 1885. 〔http://curricula-depot.gei.de/handle/11163/3381〕

児童の権利に関する条約〔http://www.mofa.go.jp/mofaj/gaiko/jido/pdfs/je_pamph.pdf〕

Krammer, Reinhard u. a. (Hrsg.), *Die durch politische Bildung zu erwerbenden Kompetenzen. Ein Kompetenz-Strukturmodell. Short Summary*, Bundesministerium für Unterricht, Kunst und Kultur, o. J.

Die Lehraufgaben der Oberstufe fünf- bis achtklassigen Volksschulen, in : *Lehrpläne für die allgemeinen Volksschulen : Sonderabdruck aus dem Verordnungsblatt für den Dienstgebrauch des Bundesministeriums für Unterricht, Stück XIII, vom Jahre 1930, mit Abänderungen auf Grund des Erlasses des Staatsamtes für Volksaufklärung, für Unterricht und Erziehung und für Kultusangelegenheiten vom 27. Oktober 1945, Z. 9879-K/45, und des Erlasses des Bundesministeriums für Unterricht vom 18. Oktober 1946, Z. 35. 998-IV/1946*, Österreichischer Bundesverlag für Unterricht, Wissenschaft und Kunst, 1946, S. 72-87.

Lehrbücher der Geschichte und Deutsche Lesebücher, Verwendung (Erlaß vom 28. Okt. 1933, Zl. 30. 181-II/7), in : *Verordnungsblatt für den Dienstbereich des Bundesministeriums für Unterricht*, Jg. 1933, Stück XX, 1933, S. 135f. 〔http://alex.onb.ac.at〕

Lehrpläne für die Mittelschulen. Anlage zur Verordnung des Bundesministers für Unterricht vom 1. Juni 1928, B. G. Bl 137 ("Volkserziehung" Nr. 46), Österreichischer Bundesverlag, 1928, S.

19-31.

Mittnik, Philipp (Hrsg.), *Die Kompetenzorientierte Reifeprüfung im Fach Geschichte und Sozialkunde/Politische Bildung. Richtlinien und Beispiele für Themenpool und Prüfungsaufgaben*, Bundesministerium für Unterricht, Kunst und Kultur, o. J.

Moskauer Erklärung über Österreich, 1. November 1943 ("Moskauer Deklaration"). [http://www.ibiblio.org/pha/policy/1943/431000a.html]

"Mündliche Reifeprüfung". Eine Handreichung zur 3. Säule. Standardisierte kompetenzorientierte Reifeprüfung an AHS. Schuljahr 2013/14, Bundesministeriums für Unterricht, Kunst und Kultur, 2011.

Normallehrpläne für die Volksschulen des Herzogtumes Salzburg (Verlautbart mit Erlaß des k. k. Landesschulrates vom 3. November 1906. Z. 3815 V.=Vl. Nr. 8 ex 1907), in : Behacker, Anton (Hrsg.), *Die wichtigsten Landesgesetze für das Volksschulwesen des Herzogtums Salzburg : nebst den vom k. k. Landesschulrate in Salzburg erlassenen Durchführungsvorschriften zur definitiven Schul- und Unterrichtsordnung samt den Lehrplänen der allgemeinen Volksschulen und einem Sachregister*, Kaiserlich-Königlicher Schulbücher-Verlag, 1907, S. 226-230. [http://curricula-depot.gei.de/handle/11163/3380]

Politische Bildung in den Schulen. [http://www.didactics.eu/fileadmin/pdf/1731.pdf]

Politische Bildung in den Schulen. Grundsatzerlaß zum Unterrichtsprinzip (GZ 33.464/6-19a/78 - Wiederverlautbarung mit GZ 33.466/103-V/4a/94). [https://www.bmb.gv.at/schulen/unterricht/uek/pb_grundsatzerlass_15683.pdf?4dzgm2]

Sluymer, Johann Friedrich, *Lehrplan für Volks-Schulen mit vorzüglicher Berücksichtigung der Provinz Preußen*, Gräfe und Unzer, 1842.

Staatsbürgerliche Erziehung (Erlaß vom 6. Juli 1949, Z. 25. 575-1V112/49), in : *Verordnungsblatt für den Dienstbereich des Bundesministeriums für Unterricht*, Jg. 1949, 8. Stück, 1949, S. 149-153. [http://www.politik-lernen.at]

Teilnahme der Schuljugend an den religiösen Übungen (Erl. v. 10. April 1933, Z. 10098), in : *Verordnungsblatt für den Dienstbereich des Bundesministeriums für Unterricht*, Jg. 1933, Stück VIII, 1933, S. 40. [http://alex.onb.ac.at]

Unterrichtsprinzip Politische Bildung Grundsatzerlass 2015, Bundesministerium für Bildung und Frauen, 2015. [https://www.bmb.gv.at/ministerium/rs/2015_12.pdf?61edq7]

Vaterländische Erziehung in der Schule (Erlaß vom 7. Juli 1934, Z. 21638), in : *Verordnungsblatt für den Dienstbereich des Bundesministeriums für Unterricht*, Jg. 1934, Stück XIV, 1934, S. 152-153. [http://www.didactics.eu]

Vaterländische und sittlich-religiöse Jugenderziehung (Erl. v. 12. Mai 1933, Z. 13288-II/9), in : *Verordnungsblatt für den Dienstbereich des Bundesministeriums für Unterricht*, Jg. 1933, Stück 1, 1933, S. 52f. [http://alex.onb.ac.at]

Verfassungsgerichtshof, WI-6/94, 13839, 30. 08. 1994. [https://www.ris.bka.gv.at]

Verordnung der Bundesministerin für Bildung, mit der die Prüfungsordnung AHS und die Verordnung über die Lehrpläne der allgemein bildenden höheren Schulen geändert werden, in : *Bundesgesetzblatt für die Republik Österreich*, Jg. 2017, Teil II, 2017, S. 1-5. [http://alex.onb.ac.at]

Verordnung der Bundesministerin für Bildung und Frauen, mit der die Verordnung über die

Lehrpläne der Hauptschulen, die Verordnung über die Lehrpläne der Neuen Mittelschulen sowie die Verordnung über die Lehrpläne der allgemein bildenden höheren Schulen geändert werden, in : *Bundesgesetzblatt für die Republik Österreich*, Jg. 2016, Teil II, 2016, S. 1–25. 〔http://alex.onb.ac.at〕

Verordnung der Bundesministerin für Bildung, Wissenschaft und Kultur, mit der die Verordnung über die Lehrpläne der allgemein bildenden höheren Schulen geändert wird, in : *Bundesgesetzblatt für die Republik Österreich*, Jg. 2002, Teil II, 2002, S. 1887–1892. 〔https://www.ris.bka.gv.at〕

Verordnung der Bundesregierung vom 24. April 1934 über die Verfassung des Bundesstaates Österreich B. G. Bl. 1934 I. Nr. 239. 〔http://www.verfassungen.de/at/at34-38/index34.htm〕

Verordnung des Bundeskanzlers vom 1. Jänner 1930, betreffend die Wiederlautbarung des Bundes-Verfassungsgesetzes, in : *Bundesgesetzblatt für die Republik Österreich,* Jg. 1930, 1. Stück, 1930, S. 1–27. 〔http://alex.onb.ac.at〕

Verordnung des Bundesministers für Unterricht, Kunst und Sport vom 3. Juli 1986, mit der die Lehrpläne der allgemeinbildenden höheren Schulen geändert werden ; Bekanntmachung der Lehrpläne für den Religionsunterricht an diesen Schulen, in : *Bundesgesetzblatt für die Republik Österreich*, Jg. 1986, 239. Stück, 1986, S. 3781–3924. 〔https://www.ris.bka.gv.at〕

Verordnung des Bundesministers für Unterricht, Kunst und Sport vom 12. Dezember 1988, mit der die Lehrpläne der allgemeinbildenden höheren Schulen geändert werden, in : *Bundesgesetzblatt für die Republik Österreich*, Jg. 1989, 26. Stück, 1989, S. 623–968. 〔https://www.ris.bka.gv.at〕

Verordnung des Bundesministers für Unterricht und Kunst vom 13. August 1970 über eine Änderung der Lehrpläne für die allgemeinbildenden höheren Schulen in den Schuljahren 1970/71 bis 1974/75, in : *Bundesgesetzblatt für die Republik Österreich*, Jg. 1970, 66. Stück, 1970, S. 1455–1570. 〔https://www.ris.bka.gv.at〕

Verordnung des Bundesministers für Unterricht und Kunst vom 14. November 1984 über die Lehrpläne der allgemeinbildenden höheren Schulen ; Bekanntmachung der Lehrpläne für den Religionsunterricht an diesen Schulen, in : *Bundesgesetzblatt für die Republik Österreich*, Jg. 1985, 40. Stück, 1985, S. 791–928. 〔https://www.ris.bka.gv.at〕

Verordnung des Bundesministers für Unterricht vom 4. Dezember 1969 über eine Änderung der Lehrpläne für die allgemeinbildenden höheren Schulen in den Schuljahren 1969/70 und 1970/71, in : *Bundesgesetzblatt für die Republik Österreich*, Jg. 1970, 14. Stück, 1970, S. 661–708. 〔https://www.ris.bka.gv.at〕

Verordnung des Ministers für Kultus und Unterricht vom 15. Juli 1907, Z. 2368, womit neue Normallehrpläne für die Bürgerschulen vorgeschrieben werden, in : *Verordnungsblatt für den Dienstbereich des k. k. Ministeriums für Kultus und Unterricht*, Jg. 1907, Stück XVI, 1907, S. 368–389. 〔http://alex.onb.ac.at〕

Verordnung des Ministers für Kultus und Unterricht vom 8. August 1908, Z. 34180, betreffend die Errichtung von achtklassigen Realgymnasien und Reform-Realgymnasien, in : *Verordnungsblatt für den Dienstbereich des k. k. Ministeriums für Kultus und Unterricht*, Jg. 1908, Stück XVI, 1908, S. 571–605. 〔http://alex.onb.ac.at〕

Vertrag zwischen dem Heiligen Stuhl und der Republik Österreich zur Regelung von mit dem Schulwesen zusammenhängenden Fragen samt Schlußprotokoll, in : *Bundesgesetzblatt für die*

Republik Österreich, Jg. 1962, 72. Stück, 1962, S. 1735–1741. 〔https://www.ris.bka.gv.at〕

2. 教科書・教材等

Demokratiezentrum Wien, Wahlrechtsentwicklung in Österreich 1848 bis heute. 〔http: //www. demokratiezentrum.org/wissen/timelines/wahlrechtsentwicklung-in-oesterreich-1848-bis-heute. html〕

Eigene Migrationsgeschichte erforschen, in : *aktuell polis*, 2013/4, 2013, S. 11f.

Forum Politische Bildung (Hrsg.), *Wendepunkte und Kontinuitäten. Zäsuren der demokratischen Entwicklung in der österreichischen Geschichte*, Studien-Verlag, 1998.

Forum Politische Bildung (Hrsg.), *Frei - Souverän - Neutral - Europäisch. 1945 1955 1995 2005*, Studien Verlag, 2004.

Forum Politische Bildung (Hrsg.), *Von Wahl zu Wahl. Informationen zur Politischen Bildung*, Nr. 21, 2004.

Forum Politische Bildung (Hrsg.), *Der WählerInnenwille. Informationen zur Politischen Bildung*, Nr. 27, 2007.

Forum Politische Bildung (Hrsg.), *Kompetenzorientierte Politische Bildung. Informationen zur Politischen Bildung*, Nr. 29, 2008.

Forum Politische Bildung (Hrsg.), *Herrschaft und Macht. Informationen zur Politischen Bildung*, Nr. 31, 2009.

Forum Politische Bildung (Hrsg.), *Erinnerungskulturen. Informationen zur Politischen Bildung*, Nr. 32, 2010.

Forum Politische Bildung (Hrsg.), *Politisches Handeln im demokratischen System Österreichs. Informationen zur Politischen Bildung*, Nr. 38, 2016.

Forum Politische Bildung (Hrsg.), *Wahlen und wählen. Informationen zur Politischen Bildung*, Nr. 41, 2017.

Mittnik, Philipp (Hrsg.), *Politische Bildung in der Volksschule. Unterrichtsmaterial zu frühen politischen Lernen*, Zentrum für Politische Bildung u. AK Wien, 2017.

Scheipl, Josef, Alois Scheucher u. Ulrike Ebenhoch, *Zeitbilder OS SB 5. Von der Antike bis zum Ende des Mittelalters*, Österreichischer Bundesverlag, 2017.

Scheucher, Alois, Anton Wald, Joseph Scheipl u. Ulrike Ebenhoch, *Zeitbilder 5. Geschichte und Sozialkunde Politische Bildung. Von den Anfängen der Geschichte der Menschen bis zum Ende des Mittelalters*, Österreichischer Bundesverlag, 2003.

Scheucher, Alois, Anton Wald u. Ulrike Ebenhoch, *Zeitbilder 3. Vom Beginn der Neuzeit bis zum Ende des Ersten Weltkrieges. Geschichte, Sozialkunde und Politische Bildung*, Österreichischer Bundesverlag, 2013.

Wald, Anton, Alois Scheucher, Josef Scheipl u. Ulrike Ebenhoch, *Zeitbilder 2. Von der Urgeschichte bis zum Mittelalter. Geschichte, Sozialkunde und Politische Bildung*, Österreichischer Bundesverlag, 2012.

Wald, Anton, Alois Scheucher, Josef Scheipl u. Ulrike Ebenhoch, *Zeitbilder 2. Von der Urgeschichte bis zum Mittelalter. Geschichte, Sozialkunde und Politische Bildung*, Österreichischer Bundesverlag, 2017.

Zentrale Arbeitsgruppe Politische Bildung beim Bundesministerium für Unterricht und Kunst,

Unterrichtsbeispiele zur Politischen Bildung. Hauptschule Unterstufe der AHS Allgemeine Sonderschule 1. Lieferung, Jugend und Volk, 1978.

Zentrale Arbeitsgruppe Politische Bildung beim Bundesministerium für Unterricht und Kunst, *Unterrichtsbeispiele zur Politischen Bildung. Oberstufe der AHS 1. Lieferung*, Jugend und Volk, 1978.

Zentrale Arbeitsgruppe Politische Bildung beim Bundesministerium für Unterricht und Kunst, *Unterrichtsbeispiele zur Politischen Bildung. Volksschule Vorklassen Allgemeine Sonderschule 1. Lieferung*, Jugend und Volk, 1978.

Zentrale Arbeitsgruppe Politische Bildung beim Bundesministerium für Unterricht und Kunst, *Unterrichtsbeispiele zur Politischen Bildung. Hauptschule Unterstufe der AHS Allgemeine Sonderschule 2. Lieferung*, Jugend und Volk, 1979.

Zentrum polis - Politik Lernen in der Schule (Hrsg.), *Europäische Integration. Texte und Unterrichtsbeispiele*, Edition polis, 2014.

3. 新聞・一般誌掲載記事等

Analyse : Warum die jungen Österreicher Van der Bellen und Hofer wählen, in : *profil*, 18. April 2016.〔https://www.profil.at〕

Bergmann, Andrea, Die Erstwähler zeigten wenig Bock auf die Politik, in : *Kleine Zeitung Kärnten*, 13. März 2003.

Bundeskanzler sein lernt man nicht im Kurs, in : *derStandard.at*, 4. Juli 2011.〔http://derstandard.at〕

Gaul, Bernhard u. Ute Brühl, Der lange Arm der Parteien : Politik Bastion Schule, in : *kurier.at*, 17. April 2016.〔https://kurier.at〕

「18 歳選挙権・主権者教育，自負と不安，『政治的中立』確保に苦慮」『毎日新聞ニュースサイト』2016 年 6 月 9 日。〔https://mainichi.jp〕

Keine Pflicht zu religiösen Übungen, in : *Reichspost*, Nr. 173, 12. April 1919.〔http://anno.onb.ac.at〕

Lackner, Herbert, Fischer, Lacina, Bronner und die “Affäre Borodajkewycz”, in : *profil*, 21. März 2015.〔https://www.profil.at〕

Lackner, Herbert, Interview : Fischer, Lacina und Bronner zur “Borodajkewycz-Affäre”, in : *profil*, 1. April 2015.〔https://www.profil.at〕

Lehrer haben keine Zeit für Politische Bildung, in : *derStandard. at*, 23. Oktober 2014.〔http://derstandard.at〕

Marchart, Jan Michael, Die Angst vor Politik in der Schule, in : *Wiener Zeitung Online*, 20. September 2017.〔http://www.wienerzeitung.at〕

Neue Stichtagsregelung bei Wahlen beschlossen, in : *derStandard.at*, 24. September 2003〔http://derstandard.at〕

Neuhauser, Julia, Ergebnisse : Fast alle schafften die Zentralmatura, in : *DiePresse.com*, 26. Juni 2017.〔http://diepresse.com〕

NR-Präsidentin Doris Bures : Demokratiewerkstatt ist seit zehn Jahren eine Erfolgsgeschichte, in : *APA-OTS*, 25. Oktober 2017.〔https://www.ots.at/〕

Politische Bildung heiß umkämpft VP : “Mißbrauch und Manipulation”, in : *Die Presse*, 16./17. September 1978.

Schüler wählen weniger extrem, in : *Spiegel Online*, 9. Mai 2017.〔http://www.spiegel.de〕

SJÖ für bundesweite Wahlaltersenkung, in : *derStandard.at*, 24. September 2003.〔http://derstandard.at〕

“Spitzelwesen” : Empörung über blaue Meldestelle für “politische Manipulation”, in : *nachrichten.at*, 30. März 2017.〔http://www.nachrichten.at〕

Sterkl, Maria, Antisemitische Anspielungen aus den Reihen der FPÖ, in : *derStandard.at*, 19. Juli 2017.〔http://derstandard.at〕

津坂直樹「欧州でのヘイトスピーチ対策，IT 大手が急速に強化」『朝日新聞デジタル』2017 年 6 月 2 日。〔http://www.asahi.com〕

Vaterländische Erziehung. Ansprache der hochwürdigen Schweizer Bischöfe an die Gläubigen ihrer Diözesen auf den Eidgenössischen Bettag 1918, in : *Schweizer=Schule*, 4. Jg., Nr. 38, 19. September 1918.〔https://www.e-periodica.ch〕

Vereinbarkeit von Neutralität und EU-Sicherheitspolitik heikel, in : *DiePresse.com*, 22. Juli 2015.〔http://diepresse.com〕

Vortrag abgebrochen : Direktor wirft FPÖ “massive” Drohungen vor, in : *nachrichten.at*, 14. März 2017.〔http://www.nachrichten.at〕

Vortrag an Linzer Schule nach FPÖ-Intervention abgebrochen, in : *DiePresse.com*, 10. März 2017.〔http://diepresse.com〕

Wien : Politikerverbot in der Schule, in : *derStandard.at*, 30. September 2012.〔http://derstandard.at〕

Wirbel um Abbruch von Vortrag an Linzer Schule nach FPÖ-Intervention, in : *derStandard.at*, 10. März 2017.〔http://derstandard.at〕

4. 諸機関の活動等に関するウェブサイト

Alpen-Adria Universität. Universitätslehrgang. Global Citizenship Education (MA).〔https://www.aau.at/universitaetslehrgaenge/global-citizenship-education〕

Beiträge aus der Werkstatt.〔https://www.demokratiewebstatt.at/demokratiewerkstatt/beitraege-aus-der-werkstatt/〕

Bundesministerium für Bildung, Wissenschaft und Kultur, Aktionstage Politische Bildung. 16. April bis 5. Mai 2006.〔http: //www. politik-lernen. at/dl/oslMJKJKomlmNJqx4KJK/AT06gesamt_web.pdf〕

Geistige Landesverteidigung.〔https://www.bmb.gv.at/schulen/unterricht/ba/glv.html〕

Grundsatzprogramm der Grünen. Beschlossen beim 20. Bundeskongress der Grünen am 7. und 8. Juli 2001 in Linz.〔https://www.gruene.at/partei/programm/parteiprogramm〕

Juniorwahl-Archiv-Vergangene Juniorwahlen.〔www.juniorwahl.de/vergangene-wahlen.html〕

MSc Politische Bildung. Master of Science – 4 Semester. Berufsbegleitend. Schwerpunkt : Radikalismus, Extremismus, Prävention, 2017.〔https://www.donau-uni.ac.at/imperia/md/content/netpol/folder_politische_bildung_2017-18.pdf〕

Parteifreie Schule. Meldestelle für parteipolitische Beeinflussung an Schulen.〔http://www.fpoe-ooe.at/parteifreie-schule/〕

Sozialdemokratische Errungenschaften nach 1945, in : 125 Jahre - Geschichte der österreichischen Sozialdemokratie.〔https://rotbewegt.at/#/epoche/1945-1955/artikel/sozialdemokratische-errungenschaften-nach-1945〕

Was ist ein Demokratiewerkstatt-Profi und wie kannst du das auch werden?〔https: //www.

demokratiewebstatt.at/demokratiewerkstatt/werkstattprofis/〕
Die Werkstätten.〔https://www.demokratiewebstatt.at/demokratiewerkstatt/die-werkstaetten/〕
Wie ist das Studium aufgebaut？〔http: //www. lehramt-ost. at/lehramt-studieren/studienaufbau-inhalte/〕

5. 論文・書籍等（日本語）

井関正久『戦後ドイツの抗議運動——「成熟した市民社会」への模索』岩波書店，2016 年。

井関正久『ドイツを変えた 68 年運動』白水社，2005 年。

伊藤実歩子『戦間期オーストリアの学校改革——労作教育の理論と実践』東信堂，2010 年。

大西健夫・酒井晨史編『オーストリア——永世中立国際国家』早稲田大学出版部，1996 年。

小沢弘明「抑圧された記憶——新右翼のオーストリアをめぐって」三宅明正・山田賢編著『歴史の中の差別——「三国人」問題とは何か』日本経済評論社，2001 年，224–234 頁。

近藤孝弘『自国史の行方——オーストリアの歴史政策』名古屋大学出版会，2001 年。

近藤孝弘『ドイツの政治教育』岩波書店，2005 年。

近藤孝弘編著『統合ヨーロッパの市民性教育』名古屋大学出版会，2013 年。

近藤孝弘「民主主義の持続可能性と市民性教育」田中治彦・杉村美紀編著『多文化共生社会における ESD・市民教育』上智大学出版，2014 年，205–221 頁。

近藤孝弘「政治教育を通した市民の育成」北村友人他編『岩波講座・教育・変革への展望 7・グローバル時代の市民形成』岩波書店，2016 年，73–96 頁。

近藤孝弘「オーストリアにおける政治教育の実践とその目指すもの」地域生活研究所『まちと暮らし研究』No. 23，2016 年，43–48 頁。

近藤孝弘「政治教育への期待をめぐる考察——ドイツとオーストリアの比較から」日本ドイツ学会『ドイツ研究』第 51 号，2017 年，43–55 頁。

近藤孝弘「オーストリアにおける主権者教育——発展の背景と目的」明るい選挙推進協会『Voters』No. 40，2017 年，10–11 頁。

佐藤令他『主要国の各種法定年齢——選挙権年齢・成人年齢引下げの経緯を中心に』国立国会図書館調査及び立法考査局，2008 年。〔http://www.ndl.go.jp/jp/diet/publication/document/2008/200806.pdf〕

高橋進「大連合体制とデモクラシー——オーストリアの経験」篠原一編『連合政治 II』岩波現代選書，1984 年，67–155 頁。

田口晃「赤いウィーンと精神分析」長谷川晃編著『市民的秩序のゆくえ』北海道大学出版会，1999 年，70–111 頁。

田中達也「オーストリアの教員養成——総合大学と教育大学との比較を中心に」『佛教大学教育学部学会紀要』第 10 号，2011 年，101–117 頁。

タロシュ，エンマリヒ，ヴォルフガング・ノイゲバウァー（田中浩・村松惠二訳）『オーストリア・ファシズム——1934 年から 1938 年までの支配体制』未來社，1996 年。

手塚甫「オットー・グレッケル，オーストリアにおける教育改革の試み」朝日ジャーナル編集部『光芒の 1920 年代』朝日新聞出版，1983 年，358–368 頁。

寺田佳孝『ドイツの外交・安全保障政策の教育——平和研究に基づく新たな批判的観点の探求』風間書房，2014 年。

東海大学平和戦略国際研究所編『オーストリア——統合 その夢と現実』東海大学出版会，

2001年。

鳥越泰彦『新しい世界史教育へ』飯田共同印刷，2015年。

中井亜弓「オーストリアにおける国民投票の3つの実施例と問題点」『レファレンス』国立国会図書館，795号，2007年，81-102頁。〔http://dl.ndl.go.jp/view/download/digidepo_10337841_po_079504.pdf?contentNo=1〕

ハーニッシュ，エルンスト（岡田浩平訳）『ウィーン／オーストリア20世紀社会史 1890-1990』三元社，2016年。

ベルクマン，ヴェルナー，ライナー・エルプ，アルベルト・リヒトブラウ（岡田浩平訳）『「負の遺産」との取り組み――オーストリア・東西ドイツの戦後比較』三元社，1999年。

増谷英樹『歴史のなかのウィーン――都市とユダヤと女たち』日本エディタースクール出版部，1993年。

松下佳代編著『〈新しい能力〉は教育を変えるか――学力・リテラシー・コンピテンシー』ミネルヴァ書房，2010年。

水島治郎『ポピュリズムとは何か――民主主義の敵か，改革の希望か』中央公論新社，2016年。

水野博子「オーストリア国民の記憶文化――反ファシズムから戦争の犠牲者へ」石田勇治・福永美和子編著『想起の文化とグローバル市民社会』勉誠出版，2016年，85-119頁。

ミュラー，ヤン＝ヴェルナー（板橋拓己訳）『ポピュリズムとは何か』岩波書店，2017年。

矢田俊隆『オーストリア現代史の教訓』刀水書房，1995年。

6. 論文・書籍・報告書等（ドイツ語）

Absenger, Albert G.（Hrsg.）, *Die Studentenbewegung der sechziger Jahre : Schwerpunkt Österreich. Teil 1*, Pädagogisches Institut des Bundes in Wien, 1993.
Absenger, Albert G.（Hrsg.）, *Die Studentenbewegung der sechziger Jahre : Schwerpunkt Österreich. Teil 2*, Pädagogisches Institut des Bundes in Wien, 1993.
Bevölkerungsgeschichte, in : *Wien Geschichte Wiki.*〔https://www.wien.gv.at/wiki/index.php?title=Bev%C3%B6lkerungsgeschichte〕
Bodenhofer, Hans-Joschim, Bildungspolitik, in : Dachs, Herbert u. a.（Hrsg.）, *Handbuch des politischen Systems Österreichs. Die zweite Republik*, Manzsche Verlags- und Universitätsbuchhandlung, 1997[3].
Böhm, Peter u. Gertrude Edlinger, Politische Bildung in der Volksschule – ein Stoffkatalog, in : *Freie Lehrerstimme*, Nr. 1, 1978, S. 15–17.
Böhm, Peter u. Gertrude Edlinger, Politische Bildung in der Volksschule – ein Stoffkatalog（2. Teil）, in : *Freie Lehrerstimme*, Nr. 2, 1978, S. 12–15.
Bregenzer, Marianne, Anforderungen und Möglichkeiten der politischen Bildung in höheren Schulen. Diplomarbeit zur Erlangung des akademischen Grades “Magister der Sozial- und Wirtschaftswissenschaften”, Johannes Kepler Universität Linz, 1992.
Bruckmüller, Ernst, *Sozialgeschichte Österreichs*, Herold-Verlag, 1985.
Bruckmüller, Ernst, *Nation Österreich. Kulturelles Bewußtsein und gesellschaftlich-politische Prozesse*, Böhlau Verlag, 1996.

Dachs, Herbert, Unterwegs zur politischen Bildung. Über Bemühungen zur politischen Bildung an Österreichischen Schulen nach 1945, in : *Jahrbuch der Universität Salzburg*, Salzburg, 1975/77, S. 9–26.

Dachs, Herbert, Ein gefesselter Prometheus ? Über die Genese des Erlasses "Politische Bildung in den Schulen", in : *Österreichische Zeitschrift für Politikwissenschaft*, 8. Jg., H. 1, 1979, S. 5–19.

Dachs, Herbert, *Schule und Politik. Die politische Erziehung an den österreichischen Schulen 1918 bis 1938*, Jugend und Volk, 1982.

Dachs, Herbert, Der sieche Prometheus. Österreichs Politische Bildung in den Mühen der Ebene, in : *Österreichische Zeitschrift für Politikwissenschaft*, 25. Jg., H. 1, 1996, S. 5–18.

Dachs, Herbert, Wählen mit 16 – Die Bundesländer als "Probierfeld", in : Krammer, Reinhard, Christoph Kühberger u. Franz Schausberger (Hrsg.), *Der forschende Blick : Beiträge zur Geschichte Österreichs im 20. Jahrhundert. Festschrift für Ernst Hanisch zum 70. Geburtstag*, Böhlau Verlag, 2010, S. 139–158.

Dachs, Hebert, Gertraud Diendorfer u. Heinz Fassmann, *Politische Bildung 8*, Österreichischer Bundesverlag, 2005.

Dachs, Herbert u. Heinz Fassmann (Hrsg.), *Politische Bildung. Grundlagen-Zugänge-Materialien*, öbv et hpt, 2003.

Definition and Selection of Competencies : Theoretical and Conceptual Foundations (DeSeCo), Summary of the final report "Key Competencies for a Successful Life and a Well-Functioning Society", OECD, 2003. 〔https: //www. netuni. nl/courses/hre/uploads/File/deseco_finalreport_summary.pdf〕

The definition and selection of key competencies : Executive summary, OECD, 2005. 〔https://www.oecd.org/pisa/35070367.pdf〕

Demokratiezentrum Wien (Hrsg.), *Vermittlungsprogramm zur Wanderausstellung Migration on Tour*, Demokratiezentrum Wien, 2011.

Detjen, Joachim, *Politische Bildung. Geschichte und Gegenwart in Deutschland*, Oldenbourg Verlag, 2013^2.

Diendorfer, Gertraud, Irene Ecker, Herbert Pichler u. Gerhard Tanzer (Hrsg.), *Migration – ein Thema im Unterricht*, Demokratiezentrum, 2010. 〔http: //www. demokratiezentrum. org/filead min/media/pdf/MoT/Materialien/05_Pichler_UB_WokommtFamilieher.pdf〕

Diendorfer, Gertraud, Margot Kapfer u. Johanna Urban (Hrsg.), *Virtuelle Agora und digitale Zivilcourage*, Demokratiezentrum Wien, 2017.

Diendorfer, Gertraud u. Sigrid Steininger (Hrsg.), *Demokratie-Bildung in Europa. Herausforderungen für Österreich*, Wochenschau Verlag, 2006.

Diendorfer, Gertraud, Thomas Hellmuth u. Patricia Hladschik (Hrsg.), *Politische Bildung als Beruf. Professionalisierung in Österreich*, WochenschauVerlag, 2012.

Diendorfer, Gertraud u. Ursula Maier-Rabler, *Partizipativer Unterricht mit PoliPedia*, Demokratiezentrum Wien, 2013.

Drimmel, Heinrich, Die Wendung zur Bildungsgesellschaft, in : Reichhold, Ludwig (Hrsg.), *Zwanzig Jahre Zweite Republik*, Herder, 1965, S. 289–297.

Ebner, Paulus u. Karl Vocelka, *Die zahme Revolution. '68 und was davon blieb*, Ueberreuter, 1998.

Europäische Gemeinschaften, Schlüsselkompetenzen für lebenslanges Lernen – ein Europäischer

Referenzrahmen, Amt für amtliche Veröffentlichungen der Europäischen Gemeinschaften, 2007. 〔http://www.kompetenzrahmen.de/files/europaeischekommission2007de.pdf〕

Europarats-Charta zur Politischen Bildung und Menschenrechtsbildung Empfehlung CM/Rec (2010) 7 des Ministerkomitees des Europarats an die Mitgliedstaaten (verabschiedet vom Ministerkomitee am 11. Mai 2010 anlässlich der 120. Versammlung). 〔https://www.bmb.gv.at/ministerium/rs/2012_15_23178.pdf?61ech1〕

Exner, Adolf, *Über politische Bildung. Rede gehalten bei Übernahme der Rektorswürde an der Wiener Universität*, Verlag von Duncker und Humblot, 1892[3]. 〔http://reader.digitalesammlungen.de/de/fs1/object/display/bsb11127069_00005.html〕

Filzmaier, Peter, Politische Bildung in Österreich, in : *Journal of Social Science Education*, Nr. 1, 2012. 〔http://www.jsse.org/index.php/jsse/article/view/450/366〕

Filzmaier, Peter u. Cornelia Klepp, Mehr als Wählen mit 16 : Empirische Befunde zum Thema Jugend und politische Bildung, in : *Österreichische Zeitschrift für Politikwissenschaft*, Nr. 3, 2009, S. 341-355.

Fischer, Heinz, Die Reform der Nationalratswahlordnung 1992, in : Khol, Andreas u. Alfred Stirnemann (Hrsg.), *Österreichisches Jahrbuch für Politik 1992*, Böhlau Verlag, 1993, S. 341-360.

Fleischner, Ludwig, *Der bürgerkundliche Unterricht in Österreich*, Teubner, 1916.

Halbritter, Ingrid, Politische Bildung in Südosteuropa - ein Entwicklungsprojekt, in : *Journal für politische Bildung*, Nr. 4, 2002, S. 56-65.

Haller, Max, *Identität und Nationalstolz der Österreicher : gesellschaftliche Ursachen und Funktionen ; Herausbildung und Transformation seit 1945 ; internationaler Vergleich*, Böhlau Verlag, 1996.

Hampel, Ernst, Vaterländische Erziehung an Mittelschulen und ihr Einfluß auf die Gestaltung des Turnunterrichts, in : *Österreichische Pädagogische Warte*, Jg. 29, Nr. 11, 1934, S. 253f.

Hänsel, Ludwig, *Vaterländische Erziehung*, Deutscher Verlag für Jugend und Volk, 1935.

Haubenwallner, Heinz, Der Grundsatzerlaß zur politischen Bildung in den Schulen und seine Auswirkungen in der schulischen Realität, in : *Politische Bildung. Dokumentation der Studientagung vom 8. November 1989 im Dr.-Karl-Renner-Institut*, 1989, S. 16-23.

Hellmuth, Thomas, *Historisch-politische Sinnbildung. Geschichte-Geschichtspolitik-politische Bildung*, Wochenschau Verlag, 2014.

Hellmuth, Thomas u. Cornelia Klepp, *Politische Bildung. Geschichte-Modelle-Praxisbeispiele*, Böhlau Verlag, 2010.

Hladschik, Patricia u. a., Vorwort. Ludwig Boltzmann Institut für Menschenrechte, in : *10 Jahre polis*, 2016.

Hurrelmann, Klaus, Die Jugendlichen verstehen die Spielregeln nicht, in : *Das Parlament*, Nr. 44, 2005, S. 3.

Hurrelmann, Klaus, Für eine Herabsetzung des Wahlalters, in : Palentien, Christian u. Klaus Hurrelmann (Hrsg.), *Jugend und Politik. Ein Handbuch für Forschung, Lehre und Praxis*, Luchterhand, 1998, S. 280-289.

Hüttel, Clemens, Fritz Plasser u. Dietmar Ecker, *Wahlen in Österreich*, Holzhausen Verlag, 2008.

Jochum, Manfred u. Ferdinand Olbort, *80 Jahre Republik Österreich. 1918 bis 1938 und 1945 bis*

1998 in Reden und Statements, Verlag Eugen Ketterl, 1998.

Kerschensteiner, Georg, *Der Begriff der staatsbürgerlichen Erziehung*, B. G. Teubner, 1961[9].

Klepp, Cornelia u. Daniela Rippitsch (Hrsg.), *25 Jahre Universitätslehrgang Politische Bildung in Österreich*, Facultas, 2008.

Komornyk, Franz, *Handbuch für Geistige Landesverteidigung, IV Englisch*, Bundesministerium für Unterricht und Kunst, 1969.

Kühberger, Christoph, *Kompetenzorientiertes historisches und politisches Lernen. Methodische und didaktische Annährungen für Geschichte, Sozialkunde und Politische Bildung*, Studienverlag, 2015[3].

Kühberger, Christoph u. Elfriede Windischbauer, *Individualisierung und Differenzierung im Politikunterricht*, Wochenschau Verlag, 2013.

Larcher, Elke u. Martina Zandonella, *Politische BildnerInnen 2014. Politische Bildung in Volksschulen und Schulen der Sekundarstufe 1 in Wien*, SORA, 2014.

Mittnik, Philipp, Zentrale Themen des Geschichtsunterrichts in Österreich. Analyse der Reifeprüfungsaufgaben an Wiener AHS, in : *Historische Sozialkunde*, Nr. 4, 2014, S. 26-37.

Mittnik, Philipp, Zentrale Themen des Geschichtsunterrichts in Österreich. Evaluation der Reifeprüfungsaufgaben aus dem Unterrichtsgegend Geschichte und Sozialkunde/Politische Bildung an Wiener AHS, in : Fridrich, Christian u. a. (Hrsg.), *Forschungsperspektiven 6*, Lit Verlag, 2014, S. 49-65.

Mittnik, Philipp (Hrsg.), *Politische Bildung in der Primarstufe - Eine internationale Perspektive*, Studienverlag, 2017.

Morawek, Elisabeth (Hrsg.), *Amoklauf gegen die Wirklichkeit : NS-Verbrechen und "revisionistische" Geschichtsschreibung*, Dokumentationsarchiv des Österreichischen Widerstandes, 1991.

Mueller, Wolfgang, Kalter Krieg, Neutralität und politische Kultur in Österreich, in : *Aus Politik und Zeitgeschichte*, 1-2/2009, 2009, S. 11-19. 〔http://www.bpb.de/shop/zeitschriften/apuz/32256/politische-kultur-im-kalten-krieg〕

Nick, Rainer u. Anton Pelinka, *Österreichs Politische Landschaft*, Haymon Verlag, 1993.

Pelinka, Anton, Zur Strategie der politischen Bildung in Österreich, in : *Österreichische Zeitschrift für Politikwissenschaft*, 8. Jg., H. 1, 1979, S. 41-50.

Pelinka, Anton, *Vom Glanz und Elend der Parteien. Struktur- und Funktionswandel des österreichischen Parteiensystems*, Studienverlag, 2005.

Perz, Bertrand, Die Rolle der KZ-Gedenkstätte Mauthausen in der österreichischen Gedächtnislandschaft seit 1945, in : *Historische Sozialkunde*, Nr. 3, 2003, S. 8-10.

Pleschberger, Werner, Politikwissenschaft als politische Bildung. Über fachinterne Probleme und Reformbemühungen, in : *Österreichische Zeitschrift für Politikwissenschaft*, 8. Jg., H. 1, 1979, S. 21-40.

Rada, Robert, Die Entstehung des Grundsatzerlasses Politische Bildung in den Schulen und ein Jahr danach : ein Beispiel politischer Willensbildung im Bereich der österreichischen Verwaltung, Dissertation zur Erlangung des Doktorgrades an der Grund- und Integrativwissenschaftlichen Fakultät der Universität Wien, 1980.

Rathkolb, Oliver, *Die paradoxe Republik. Österreich 1945 bis 2015*, Paul Zsolnay Verlag, 2015[15].

Reiter, Margit, Konstruktion(en) der Vergangenheit. Am Beispiel der Reden von Bundespräsident

Klestil und FPÖ-Obmann Haider zum 50. Geburtstag der Republik Österreich, in : Verein zur wissenschaftlichen Aufarbeitung der Zeitgeschichte (Hrsg.), *Zeitgeschichte*, 24. Jg., Nr. 11/12, 1997, S. 388-403.

Rettinger, Leopold, Die unverbindliche Übung "politische Bildung" im Schuljahr 1970/71, in : *Pädagogische Mitteilungen*, Jg. 1972, 2. Stück, 1972, S. 1-5.

Ringler, Verena, *Eurobarometer 62. Die öffentliche Meinung in der Europäischen Union. Herbst 2004. Nationaler Bericht Österreich*, 2004.

Rumerskirch, Udo, *Informationskonzept. Geistige Landesverteidigung. Möglichkeiten und Maßnahmen*, Bundesministerium für Unterricht, Kunst und Sport, 1988.

Sander, Wolfgang, Kompetenzen in der Politischen Bildung - eine Zwischenbilanz, in : *Österreichische Zeitschrift für Politikwissenschaft*, Nr. 3, 2009, S. 293-307.

Sander, Wolfgang, *Über politische Bildung. Politik-Lernen nach dem "politischen Jahrhundert"*, Wochenschau Verlag, 2009.

Schausberger, Norbert, *Politische Bildung als Erziehung zur Demokratie*, Jugend und Volk, 1970.

Schwarzer, Steve u. a., *"Wählen mit 16" Eine Post Election Study zur Nationalratswahl 2008. Befragung - Fokusgruppen - Tiefeninterviews*, SORA, 2009.

Seiler, Dietmar, Im Labyrinth der Geschichtspolitik. Die Erinnerung an die Shoah im öffentlichen österreichischen Gedächtnis, in : Verein zur wissenschaftlichen Aufarbeitung der Zeitgeschichte (Hrsg.), *Zeitgeschichte*, 24. Jg., Nr. 9/10, 1997, S. 281-301.

Sinowatz, Fred, Schule und politische Bildung, in : *Freie Lehrerstimme*, Nr. 1, 1978, S. 5.

Statistik Austria, *Bildung in Zahlen 2014/15. Schlüsselindikatoren und Analysen*, 2016. 〔http://gemeindebund.at/images/uploads/downloads/2016/Statistik/bildung_in_zahlen_201415_schluesselindikatoren_und_analysen.pdf〕

Steininger, Rolf u. Michael Gehler (Hrsg.), *Österreich im 20. Jahrhundert. Vom zweiten Weltkrieg bis zur Gegenwart*, Bd. 2, Böhlau Verlag, 1997.

Tálos, Emmerich, Die "soziale Frage". Ein Beitrag zur politischen Bildung, in : *Österreichische Zeitschrift für Politikwissenschaft*, 8. Jg., H. 1, 1979, S. 67-90.

Tenorth, Heinz-Elmar, *Zur deutschen Bildungsgeschichte 1918-1945. Probleme, Analysen und politisch-pädagogische Perspektive*, Böhlau Verlag, 1985.

Unfried, Berthold, Versionen der Erinnerung an Nationalsozialismus und Krieg in Österreich und ihre Veränderungen in der Waldheim-Debatte, in : Verein zur wissenschaftlichen Aufarbeitung der Zeitgeschichte (Hrsg.), *Zeitgeschichte*, 24. Jg., Nr. 9/10, 1997, S. 302-316.

Vaterländische Erziehung, in : *Schweizer Schule*, Bd. 4, Nr. 38, 1918, S. 465-468. 〔https://www.e-periodica.ch〕

Verein Schulheft, *Jugend ohne Politik*, Jugend und Volk, 1982.

Wicha, Barbara, Schule und Politische Bildung, in : *Österreichische Zeitschrift für Politikwissenschaft*, Nr. 2, 1972, S. 51-70.

Wimmer, Rudolf, Lehrerfortbildung und politische Bildung oder : Über die Widerstände der Schule gegenüber dem Anspruch politischer Aufklärung, in : *Österreichische Zeitschrift für Politikwissenschaft*, 8. Jg., H. 1, 1979, S. 91-104.

Wimmer, Rudolf, *Schule und politische Bildung 1. Die historische Entwicklung der Politischen Bildung*, Kärntner Druck- und Verlag Gesellschaft, 1979.

Wintersteiner, Werner u. a., *Global Citizenship Education. Politische Bildung für die Weltgesellschaft*, Zentrum für Friedensforschung und Friedenspädagogik, 2015.

Wolf, Andrea (Hrsg.), *Der lange Anfang. 20 Jahre "Politische Bildung in den Schulen"*, Sonderzahl, 1998.

Wolf, Andrea u. Sigrid Steininger, Politische Bildung in den Schulen – 20 Jahre Grundsatzerlass, in : Zentrum Polis, *Politik Lernen in der Schule*.〔http://www.politik-lernen.at/dl/nKMKJKJKoMlKOJqx4KJK/bas_pb_Kurzfassung_lange_anfang.pdf#search=%27Politische+Bildung+in+den+Schulen++20+Jahre+Grundsatzerlass%27〕

Wolfrum, Herwig u. Walter Pohl, *Probleme der Geschichte Österreichs und ihrer Darstellung*, Verlag der Österreichischen Akademie der Wissenschaften, 1991.

Zentrum polis – Politik Lernen in der Schule (Hrsg.), *Jahresbericht 2016*, 2017.

注

ウェブサイトでアクセス可能なデータベース中の文書は，トップページのURLのみ表示する。URLの最終確認日はすべて2018年1月4日である。

第1章　国家市民教育の始まり

（1）Sander, Wolfgang, *Über politische Bildung. Politik-Lernen nach dem "politischen Jahrhundert"*, Wochenschau Verlag, 2009, S. 11f.

（2）Exner, Adolf, *Über politische Bildung. Rede gehalten bei Übernahme der Rektorswürde an der Wiener Universität*, Verlag von Duncker und Humblot, 1892^3, S. 31f.

（3）Bevölkerungsgeschichte, in : *Wien Geschichte Wiki.*〔https://www.wien.gv.at/wiki/index.php?title=Bevölkerungsgeschichte〕

（4）Exner, S. 9f.

（5）Demokratiefähigkeit。近年は後述するコンピテンシーの観点から Demokratiekompetenz とも呼ばれる。

（6）staatsbürgerliche Erziehung については，従来「公民教育」という訳語があてられることが多かった。そのドイツ語が持つ，現実の政治から市民を遠ざけ，民主化を押しとどめることを目指す教育という意味は，その訳語の一定の妥当性を示している。他方，日本語の公民教育という言葉は，いまも否定的ではない意味で使用されがちでもあることから，今日の政治教育との違いを強調するため，本書では敢えて「国家市民教育」という，必ずしも一般的ではない訳語を用いることとする。

（7）Bildung は陶冶と訳される場合もある。

（8）Kerschensteiner, Georg, *Der Begriff der staatsbürgerlichen Erziehung*, B. G. Teubner, 1961^9, S. 25.

（9）Detjen, Joachim, *Politische Bildung. Geschichte und Gegenwart in Deutschland*, Oldenbourg Verlag, 2013^2, S. 51ff.

（10）Fleischner, Ludwig, *Der bürgerkundliche Unterricht in Österreich*, Teubner, 1916, S. 14.

（11）Dachs, Herbert, *Schule und Politik. Die politische Erziehung an den österreichischen Schulen 1918 bis 1938*, Jugend und Volk, 1982, S. 22. ならびに Wolf, Andrea, Zur Geschichte der politischen Bildung an Österreichs Schulen, in : Wolf, Andrea (Hrsg.), *Der lange Anfang. 20 Jahre "Politische Bildung in den Schulen"*, Sonderzahl, 1998, S. 15.

（12）Verordnung des Ministers für Kultus und Unterricht vom 15. Juli 1907, Z. 2368, womit neue Normallehrpläne für die Bürgerschulen vorgeschrieben werden, in : *Verordnungsblatt für den Dienstbereich des k. k. Ministeriums für Kultus und Unterricht*, Jg. 1907, Stück XVI, S. 384.〔http://alex.onb.ac.at〕

（13）Verordnung des Ministers für Kultus und Unterricht vom 8. August 1908, Z. 34180, betreffend die Errichtung von achtklassigen Realgymnasien und Reform-Realgymnasien, in : *Verordnungsblatt für den Dienstbereich des k. k. Ministeriums für Kultus und Unterricht*, Jg. 1908, Stück XVI, S. 582f.〔http://alex.onb.ac.at〕

（14）Normallehrpläne für die Volksschulen des Herzogtumes Salzburg (Verlautbart mit Erlaß des k. k. Landesschulrates vom 3. November 1906. Z. 3815 V.=Vl. Nr. 8 ex 1907), in : Behacker,

Anton (Hrsg.), *Die wichtigsten Landesgesetze für das Volksschulwesen des Herzogtums Salzburg : nebst den vom k. k. Landesschulrate in Salzburg erlassenen Durchführungsvorschriften zur definitiven Schul- und Unterrichtsordnung samt den Lehrplänen der allgemeinen Volksschulen und einem Sachregister*, Kaiserlich-Königlicher Schulbücher-Verlag, 1907, S. 229.〔http://curricula-depot.gei.de/handle/11163/3380〕

(15) *Instructionen für den Unterricht an den Realschulen in Österreich im Anschlusse an einen Normallehrplan*, Pichler, 1885, S. 7.〔http://curricula-depot.gei.de/handle/11163/3381〕

(16) Wimmer, Rudolf, *Schule und politische Bildung 1. Die historische Entwicklung der Politischen Bildung in Österreich*, Kärntner Druck- und Verlagsgesellschaft, 1979, S. 40ff.

(17) レナーは，社会民主党をともに率いたバウアー（Otto Bauer）と比べてドイツとの合併に消極的であったとされているが（矢田俊隆『オーストリア現代史の教訓』刀水書房，1995年，142頁），そのレナーがこうした作詞をしていることは，それだけドイツとの合併という考え方が当時のオーストリアで広く普及していたことを示している。

(18) グレッケルならびに彼の協力者であるブルガーの労作教育論を研究した伊藤実歩子によれば，少なくともブルガーはケルシェンシュタイナーと目的論において「全く対立する立場にあった」（伊藤実歩子『戦間期オーストリアの学校改革』東信堂，2010年，76頁）。彼は，国家にとって有益な公民の育成というケルシェンシュタイナーの目的理解を疑問視したという。グレッケルがケルシェンシュタイナーをどう評価していたかについてはさらに検討が必要だが，政治から距離を置こうとしたブルガーとは異なり，その主張が結果的にケルシェンシュタイナーに近いものとなったことは間違いない。

(19) ケルシェンシュタイナーはリベラル派の進歩人民党に属していた。

(20) Keine Pflicht zu religiösen Übungen, in : *Reichspost*, Nr. 173, 12. April 1919.〔http://anno.onb.ac.at〕

(21) 以下の記述は Dachs, S. 58ff. による。

(22) Auszug aus der Verhandlungsschrift über die erste Tagung der Lehrerkammern am 1. und 2. Februar 1920, in : *Volkserziehung. Nachrichten des Österreichischen Unterrichtsamtes*, Jg. 1920, 1921, S. 138f.〔http://digital.onb.ac.at〕

(23) 矢田俊隆『オーストリア現代史の教訓』刀水書房，1995年，116頁。

(24) Graphik 14. Arbeitslosigkeit in der Ersten Republik, in : Bruckmüller, Ernst, *Sozialgeschichte Österreichs*, Herold-Verlag, 1985, S. 501.

(25) Verordnung der Bundesregierung vom 24. April 1934 über die Verfassung des Bundesstaates Österreich B. G. Bl. 1934 I. Nr. 239.〔http://www.verfassungen.de/at/at34-38/index34.htm〕

(26) Jochum, Manfred u. Ferdinand Olbort, *80 Jahre Republik Österreich. 1918 bis 1938 und 1945 bis 1998 in Reden und Statements*, Verlag Eugen Ketterl, 1998, S. 53.

(27) Teilnahme der Schuljugend an den religiösen Übungen（Erl. v. 10. April 1933, Z. 10098）, in : *Verordnungsblatt für den Dienstbereich des Bundesministeriums für Unterricht*, Jg. 1933, Stück VIII, 1933, S. 40.〔http://alex.onb.ac.at〕

(28) Vaterländische und sittlich-religiöse Jugenderziehung（Erl. v. 12. Mai 1933, Z. 13288-II/9）, in : *Verordnungsblatt für den Dienstbereich des Bundesministeriums für Unterricht*, Jg. 1933, Stück 1, 1933, S. 52.〔http://alex.onb.ac.at〕

(29) たとえば Sluymer, Johann Friedrich, *Lehrplan für Volks-Schulen mit vorzüglicher Berücksichtigung der Provinz Preußen*, Gräfe und Unzer, 1842, S. 52 など。

（30）Vaterländische Erziehung. Ansprache der hochwürdigen Schweizer Bischöfe an die Gläubigen ihrer Diözesen auf den Eidgenössischen Bettag 1918, in : *Schweizer = Schule*, 4. Jg., Nr. 38, 19. September 1918, S. 466.〔https://www.e-periodica.ch〕

（31）Vaterländische Erziehung in der Schule（Erlaß vom 7. Juli 1934, Z. 21638）, in : *Verordnungsblatt für den Dienstbereich des Bundesministeriums für Unterricht*, Jg. 1934, Stück XIV, 1934, S. 152.〔http://www.didactics.eu〕

（32）その数は1340人にのぼるという。Wimmer, S. 111.

（33）Bundesgesetz über die Vaterländische Erziehung der Jugend außerhalb der Schule, in : *Bundesgesetzblatt für den Bundesstaat Österreich*, Jg. 1936, 72. Stück, 1936, S. 755.〔http://alex.onb.ac.at〕

（34）Hänsel, Ludwig, *Vaterländische Erziehung*, Deutscher Verlag für Jugend und Volk, 1935, S. 11f.

（35）Ebenda, S. 18.

（36）1934年7月25日にドルフスを暗殺したオーストリア・ナチスによるクーデターでは，リンテレンが代わって首相に就任したとのラジオ放送がなされた。クーデター失敗後に関与を否定したリンテレンには無期懲役の判決が下されたが，ナチス・ドイツによる併合直前のベルヒテスガーデン協定により恩赦が与えられた。

（37）Wimmer, S. 112.

（38）当時の学校教員の政党支持の割合は不明である。なお，今日のオーストリアについて言えば，左派すなわち社会民主党支持者が多いとは言えない。2016年のデータからは，義務教育学校の教員についてこそ社会民主党が優位な州も見られる（ブルゲンラント，ケルンテン，フォラールベルク）が，AHSと職業学校では基本的に国民党の影響力が強い様子がうかがわれる。特にAHSの教員については，その養成機関である大学（Universität）の保守的性格も関係していよう。〔Der lange Arm der Parteien : Politik-Bastion Schule, in : *kurier.at*, 17. April 2016.（https://kurier.at/)〕

（39）Dahas, S. 280ff.

（40）Hampel, Ernst, Vaterländische Erziehung an Mittelschulen und ihr Einfluß auf die Gestaltung des Turnunterrichts, in : *Österreichische Pädagogische Warte*, Jg. 29, Nr. 11, 1934, S. 253.

（41）Dahas, S. 453ff.

（42）Tenorth, Heinz-Elmar, *Zur deutschen Bildungsgeschichte 1918–1945. Probleme, Analysen und politisch-pädagogische Perspektive*, BöhlauVerlag, 1985, S. 135.

（43）Wolf, S. 20f.

第2章　オーストリア共和国の再建

（1）Wimmer, S. 126.

（2）ヴォルフも同様の見解を述べている（Wolf, S. 25）。

（3）Allgemeine Richtlinien für Erziehung und Unterricht an den österreichischen Schulen, verlautbart mit Erlaß des Staatsamtes für Volksaufklärung, für Unterricht und Erziehung und für Kultusangelegenheiten vom 3. 9. 1945, Zl. 4690/IV/45, in : *Verordungsblatt des Stadtschulrates für Wien*, Jg. 1945, Stück V, Nr. 15, S. 15f.〔http://www.didactics.eu〕

（4）Die Lehraufgaben der Oberstufe fünf- bis achtklassigen Volksschulen, in : *Lehrpläne für die allgemeinen Volksschulen : Sonderabdruck aus dem Verordnungsblatt für den Dienstgebrauch*

des Bundesministeriums für Unterricht, Stück XIII, vom Jahre 1930, mit Abänderungen auf Grund des Erlasses des Staatsamtes für Volksaufklärung, für Unterricht und Erziehung und für Kultusangelegenheiten vom 27. Oktober 1945, Z. 9879-K/45, und des Erlasses des Bundesministeriums für Unterricht vom 18. Oktober 1946, Z. 35.998-IV/1946, Österreichischer Bundesverlag für Unterricht, Wissenschaft und Kunst, 1946, S. 82.

（5）Festsetzung der Lehrpläne für die Mittelschulen, in : *Volkserziehung. Nachrichten des Bundesministeriums für Unterricht. Amtlicher Teil*, Jg. 1928, Stück XII, 1928, S. 103. ならびに *Lehrpläne für die Mittelschulen. Anlage zur Verordnung des Bundesministers für Unterricht vom 1. Juni 1928, B. G. Bl 137 ("Volkserziehung" Nr. 46)*, Österreichischer Bundesverlag, 1928, S. 19-31.

（6）ファドルスは1934年，ガスナーは1938年に，強制的に公職から退かされていたが，戦後まもなく復帰し，学校制度の再建に取り組んだ。

（7）Gassner, Heinrich u. Viktor Fadrus, Grundlinien eines Erziehungsplans für die österreichischen Schulen, in : *Pädagogische Mitteilungen. Beilage zum Verordnungsblatt des Bundesministeriums für Unterricht*, Jg. 1947, Stück 11, S. 1f.〔http://alex.onb.ac.at〕

（8）この点に関連して，東ドイツでは国家市民科（Staatsbürgerkunde）という教科が残ったことも認識しておく価値があろう。

（9）ここではpolitische Erziehungという言葉が使用されている。

（10）Staatsbürgerliche Erziehung（Erlaß vom 6. Juli 1949, Z. 25. 575-1V112/49）, in : *Verordnungsblatt für den Dienstbereich des Bundesministeriums für Unterricht*, Jg. 1949, 8. Stück, S. 149.〔http://www.politik-lernen.at〕

（11）Ebenda, S. 150.

（12）Ebenda, S. 151.

（13）Wimmer, S. 130.

（14）そもそも1938年までウィーン市教育局に残ることができたガスナーと，34年に強制的に引退させられた社会民主党のファドルスのあいだにも政治的なスタンスの違いはあったはずである。

（15）田口晃「赤いウィーンと精神分析」長谷川晃編著『市民的秩序のゆくえ』北海道大学出版会，1999年，93-94頁。

（16）1956年よりオーストリア自由党。

（17）Pelinka, Anton, *Vom Glanz und Elend der Parteien. Struktur- und Funktionswandel des österreichischen Parteiensystems*, Studienverlag, 2005, S. 15.

（18）Moskauer Erklärung über Österreich, 1. November 1943（"Moskauer Deklaration"）.〔http://www.ibiblio.org/pha/policy/1943/431000a.html〕

（19）犠牲者神話については，近藤孝弘『自国史の行方——オーストリアの歴史政策』名古屋大学出版会，2001年，111-118頁参照。

（20）増谷英樹『歴史のなかのウィーン——都市とユダヤと女たち』日本エディタースクール出版部，1993年，9-12頁。

（21）近藤孝弘『ドイツの政治教育』岩波書店，2005年，25-37頁。

（22）いわゆる1962年学校関連法とは，連邦学校監督法（Bundes-Schulaufsichtsgesetz），義務教育法（Schulpflichtgesetz），学校組織法（Schulorganisationsgesetz），改正宗教教育法（Religionsunterrichtsgesetz-Novelle 1962），私立学校法（Privatschulgesetz）を指す。

(23) Vertrag zwischen dem Heiligen Stuhl und der Republik Österreich zur Regelung von mit dem Schulwesen zusammenhängenden Fragen samt Schlußprotokoll, in : *Bundesgesetzblatt für die Republik Österreich*, Jg. 1962, 72. Stück, 1962, S. 1735ff.〔https://www.ris.bka.gv.at〕

(24) Drimmel, Heinrich, Die Wendung zur Bildungsgesellschaft, in : Reichhold, Ludwig (Hrsg.), *Zwanzig Jahre Zweite Republik*, Herder, 1965, S. 292.

(25) Bodenhofer, Hans-Joschim, Bildungspolitik, in : Dachs, Herbert u. a. (Hrsg.), *Handbuch des politischen Systems Österreichs. Die zweite Republik*, Manzsche Verlags- und Universitätsbuchhandlung, 1997^3, S. 597.

(26) Verordnung des Bundeskanzlers vom 1. Jänner 1930, betreffend die Wiederlautbarung des Bundes-Verfassungsgesetzes, in : *Bundesgesetzblatt für die Republik Österreich*, Jg. 1930, 1. Stück, 1930, S. 4.〔http://alex.onb.ac.at〕

(27) Bundesverfassungsgesetz vom 18. Juli 1962, mit dem das Bundes-Verfassungsgesetz in der Fassung von 1929 hinsichtlich des Schulwesens abgeändert wird, in : *Bundesgesetzblatt für die Republik Österreich*, Jg. 1962, 52. Stück, 1962, S. 1053f.〔https://www.ris.bka.gv.at〕

(28) Bundesgesetz vom 25. Juli 1962 über die Schulorganisation (Schulorganisationsgesetz), in : *Bundesgesetzblatt für die Republik Österreich*, Jg. 1962, 61. Stück, 1962, S. 1178.〔https://www.ris.bka.gv.at〕

(29) Wolf, S. 26.

(30) Ebner, Paulus u. Karl Vocelka, *Die zahme Revolution. '68 und was davon blieb*, Ueberreuter, 1998.

(31) Pelinka, Anton, Die Studentenbewegung der 60er Jahre in Österreich., in : Forum Politische Bildung (Hrsg.), *Wendepunkte und Kontinuitäten. Zäsuren der demokratischen Entwicklung in der österreichischen Geschichte*, Studien-Verlag, 1989, S. 148.

(32) Dorninger, Christian, Die Affäre Borodajkewycz : Vorgeschichte und Verlauf, in : Absenger, Albert G. (Hrsg.), *Die Studentenbewegung der sechziger Jahre : Schwerpunkt Österreich. Teil 1*, Pädagogisches Institut des Bundes in Wien, 1993, S. 9f. ならびに Ebner u. Vocelka, S. 60f.

(33) 2017年7月19日，オーストリアを代表する新聞の一つである *Der Standard* が，前年6月にテュービンゲンで開かれた右翼急進主義者の会合（Gesellschaft für freie Publizistik）で，自由党の国民議会議員ヒューブナー（Johannes Hübner）がハンス・ケルゼンをハンス・コーン（Hans Kohn）と呼んで会場を沸かせていたことを報じた。コーンはユダヤ系市民に多い名字であり，カール・シュミットが30年代にケルゼンをこのように嘲笑的に呼んだところから，こうした侮蔑表現が反ユダヤ主義者のあいだで伝えられてきた。ボロダイケヴィチは，こうした右翼急進主義の潮流の中心にいた人物の一人と考えられる。なお，批判を受けたヒューブナーは，7月25日に10月に行われる国民議会選挙に出ないことを表明した。〔Sterkl, Maria, Antisemitische Anspielungen aus den Reihen der FPÖ, in : *derStandard.at*, 19. Juli 2017. (http://derstandard.at)〕

(34) 戦後初期のオーストリアの学生のあいだでは約5割強が保守陣営，約3割が自由主義陣営に属していたと言われる。〔Ebner u. Vocelka, S. 59.〕

(35) Dorninger, S. 11f.

(36) 中等学校の生徒が抗議の声をあげなかったということではない。たとえばザルツブルクでは，政府が提示した授業時間の削減案に対して生徒が抗議し，それに対して教育省が，授業時間を削る代わりにクラスあたりの生徒数を増やすという新たな選択肢を提示

するに到った。〔Ebner u. Vocelka, S. 165.〕

（37）Ebner u. Vocelka, S. 160f.

（38）Dorninger, Christian, Studentenprotest in Österreich 1966–1972 : Einzelaktionen und reformistische Sublimierung, in : Absenger, S. 30.

（39）たとえば Wolf, S. 29 ならびに Dachs, Herbert, Politische Bildung in Österreich – ein historischer Rückblick, in : Klepp, Cornelia u. Daniela Rippitsch（Hrsg.）, *25 Jahre Universitätslehrgang Politische Bildung in Österreich*, Facultas, 2008, S. 27 など。

（40）Wolf, S. 29. ただし，政治教育という言葉が係の名前に最初に使用されたのは，1972 年の政治教育・国家市民教育係の設置時である。なお，オーストリアの教育省の組織を違和感のない日本語に翻訳することは難しい。本書では形式的に Referat を係，その上位組織である Abteilung を課，また通常，課の下に置かれる Angelegenheiten を担当と訳している。

（41）Geistige Landesverteidigung.〔https://www.bmb.gv.at/schulen/unterricht/ba/glv.html〕

（42）Komornyk, Franz, *Handbuch für Geistige Landesverteidigung, IV English*, Bundesministerium für Unterricht und Kunst, 1969, S. 8f.

（43）Ebenda, S. 12f.

（44）コモルニクは別のところで，次のように記している。「今日，ドイツ語におけるアメリカ的表現の辞典が，若いノンコーフォミストにとって，またジャーナリスト，政治家，聖職者，財界人，教員，そして特に大学教員にとって欠かせないものとなった。少なくない彼らが借り物の言葉で借り物の思想を語っている。こうした新しい言葉でメイキャップすることなしには，講義も政治演説も教会での話もできないのである。」〔Ebenda, S. 8.〕

（45）Rumerskirch, Udo, *Informationskonzept. Geistige Landesverteidigung. Möglichkeiten und Maßnahmen*, Bundesministerium für Unterricht, Kunst und Sport, 1988, S. 2.

（46）Verordnung des Bundesministers für Unterricht vom 4. Dezember 1969 über eine Änderung der Lehrpläne für die allgemeinbildenden höheren Schulen in den Schuljahren 1969/70 und 1970/71, in : *Bundesgesetzblatt für die Republik Österreich*, Jg. 1970, 14. Stück, 1970, S. 681.〔https://www.ris.bka.gv.at〕

（47）Ebenda.

（48）Wicha, Barabara, Schule und Politische Bildung, in : *Österreichische Zeitschrift für Politikwissenschaft*, Nr. 2, 1972, S. 61.

（49）Verordnung des Bundesministers für Unterricht vom 4. Dezember 1969, S. 670.

（50）Rettinger, Leopold, Die unverbindliche Übung “politische Bildung” im Schuljahr 1970/71, in : *Pädagogische Mitteilungen*, Jg. 1972, 2. Stück, 1972, S. 1f. なお，翌 70/71 年度は 10.2 % に上昇しており，70 年代半ばには参加生徒数は 3 倍程度にまで増えたが，その後は減少したようである。少し後のデータになるが，1990/91 年度にリンツ市ならびに州都である同市が位置するオーバーエスタライヒ州では，リンツ市内で全 13 校中 3 校，リンツを除くオーバーエスタライヒ州内のギムナジウムでは全 29 校中 3 校でしか，この活動は提供されておらず，参加した高校生もリンツ市内で 61 名，リンツ以外では 73 名にすぎなかった。〔Bregenzer, Marianne, Anforderungen und Möglichkeiten der politischen Bildung in höheren Schulen. Diplomarbeit zur Erlangung des akademischen Grades “Magister der Sozial- und Wirtschaftswissenschaften”, Johannes Kepler Universität Linz, 1992, S. 16f.〕なお，70/71

年度にはオーバーエスタライヒ州では 7 校で 310 名が履修していた。

(51) オーストリアの教育大学等の 11 の教育系図書館のコンソーシアムである Verbund für Bildung und Kultur（VBK）のウェブサイトで，1945～1970 年の期間に刊行された「政治教育」を書名に含む書籍を検索すると，ドイツで出版された本が 24 冊見出せるのに対し，オーストリアで出版された本は 4 冊にとどまる。シャウスベルガーの『民主主義のための教育としての政治教育』が刊行される前にリンツとライプニッツ（シュタイアーマルク）でそれぞれ 65 年と 67 年に関連する書籍が出版されているが，それらは，いずれも小規模な出版にとどまったことが各地の図書館の所蔵状況から推測される。

(52) Schausberger, Norbert, *Politische Bildung als Erziehung zur Demokratie*, Jugend und Volk, 1970, S. 137.

(53) Ebenda, S. 42.

(54) Rada, Robert, Die Entstehung des Grundsatzerlasses Politische Bildung in den Schulen und ein Jahr danach : ein Beispiel politischer Willensbildung im Bereich der österreichischen Verwaltung, Dissertation zur Erlangung des Doktorgrades an der Grund- und Integrationswissenschaftlichen Fakultät der Universität Wien, 1980, S. 16.

(55) Arbeitspapier Unterrichtsgegenstand politische Bildung. 以下の論文より再引。Dachs, Herbert, Ein gefesselter Prometheus ? Über die Genese des Erlasses “Politische Bildung” in den Schulen, in : *Österreichische Zeitschrift für Politikwissenschaft*, 8. Jg., H. 1, 1979, S. 6.

(56) Dachs (1979), S. 6.

(57) Wolf, S. 30. ヴォルフは，レティンガーへのインタヴューに基づき，このように記している。

(58) 巻末資料 1 参照。

(59) Entwurf zu einem Grundsatzerlaß (1975), in : Wolf, S. 199.

(60) そのほかに教授学的な問いとして，政治教育が民主主義への貢献を目指すとき，それは学校や授業における民主主義をどの程度に必要とするか，また「なにかを知っていること」と「なにかをできること」の関係を，それほど対立的に捉えて良いのかという意見も出されたという。〔Wolf, S. 35f.〕

(61) Wolf, S. 6.

(62) 巻末資料 2 参照。

(63) Resumee-Protokoll, in : Rada, S. 5f.

(64) Rada, S. 89.

(65) 巻末資料 3 参照。

(66) Aufgrund der Anregung der Schulreformkommission überarbeitete Fassung (1976), in : Wolf, S. 215.

(67) Bundeskammer der gewerblichen Wirtschaft。1993 年よりオーストリア連邦産業院（Wirtschaftskammer Österreich, WKO）。

(68) Vereinigung österreichischer Industrieller。1996 年よりオーストリア産業連盟（Vereinigung der Österreichischen Industrie, IV）。

(69) Bundeskammer der gewerblichen Wirtschaft (Bundeswirtschaftskammer) 23. Dezember 1976, in : Wolf, S. 226f.

(70) Vereinigung österreichischer Industrieller, 30. Dezember 1976, in : Wolf, S. 221.

(71) Präsidentenkonferenz der Landwirtschaftskammern Österreichs, 16. Juni 1977, in : Wolf, S.

231.

（72）Ebenda, S. 233f.

（73）Wolf, S. 44.

（74）巻末資料4参照。

（75）ボイテルスバッハ・コンセンサスは，①生徒が自分の意見を持つのを教員は妨げてはならない，②学問と政治の世界において議論のあることは授業のなかでも議論のあることとして扱わなければならない，③生徒は自分の関心・利害に基づいて政治に参画できるようになるべきである，という三つの原則からなる。詳しくは近藤（2005），46–47頁を参照。

（76）Sinowatz, Fred, Vorwort zum Erlaß „Politische Bildung in den Schulen“, 〔http://www.didactics.eu/fileadmin/pdf/1731.pdf〕

（77）Böhm, Peter u. Gertrude Edlinger, Politische Bildung in der Volksschule – ein Stoffkatalog, in : *Freie Lehrerstimme*, Nr. 1, 1978, S. 15–17. ならびに Böhm, Peter u. Gertrude Edlinger, Politische Bildung in der Volksschule – ein Stoffkatalog（2. Teil）, in : *Freie Lehrerstimme*, Nr. 2, 1978, S. 12–15.

（78）Politische Bildung heiß umkämpft VP : “Mißbrauch und Manipulation”, in : *Die Presse*, 16. /17. September 1978, S. 2.

（79）Wolf, S. 53.

（80）Zentrale Arbeitsgruppe Politische Bildung beim Bundesministerium für Unterricht und Kunst, *Unterrichtsbeispiele zur Politischen Bildung. Volksschule Vorklassen Allgemeine Sonderschule 1. Lieferung*, Jugend und Volk, 1978, S. 27–38.

（81）Sinowatz, Fred, Schule und politische Bildung, in : *Freie Lehrerstimme*, Nr. 1, 1978, S. 5.

（82）Rada, S. 111.

（83）Wolf, S. 54.

（84）Rada, S. 137ff.

（85）Haubenwallner, Heinz, Der Grundsatzerlaß zur politischen Bildung in den Schulen und seine Auswirkungen in der schulischen Realität, in : *Politische Bildung. Dokumentation der Studientagung vom 8. November 1989 im Dr.-Karl-Renner-Institut*, 1989, S. 16–23.

第3章　学校における政治教育の発展

（1）2015年の基本通知「政治教育の授業原則」については，巻末資料5を参照。

（2）1994年と2015年は社会民主党と国民党の連立政権だったが，教育相はいずれも社会民主党から出ている。

（3）ヴァルトハイム事件については，近藤（2001），132–143頁を参照。なお，ヴァルトハイムは国民党の支持を受けて立候補したが，国民党員ではない。

（4）国家を代表する政治的指導者の歴史理解が国際関係における重要なファクターであること，とりわけナチズムに関して世界の目が厳しく，そこでは慎重な対応が求められるということは，直前の1985年にドイツで起きたビットブルク論争と，その中で5月8日に連邦議会で行われたヴァイツゼッカー大統領の演説などから，当時のオーストリアの人々は十分に理解できる状況にあった。

（5）配布教材については，Morawek, Elisabeth（Hrsg.）, *Amoklauf gegen die Wirklichkeit : NS-Verbrechen und “revisionistische” Geschichtsschreibung*, Dokumentationsarchiv des Öster-

reichischen Widerstandes, 1991 を参照。

（6）近藤（2001），85-109頁。

（7）Bundesministerium für Inneres, EU-Volksabstimmung. Volksabstimmung über den Beitritt Österreichs zur Europäischen Union am 12. Juni 1994, Druck und Kommissionsverlag der Österreichischen Staatsdruckerei, 1994, S. 13.〔http://www.bmi.gv.at/410/VA_1994/Eu_Volksabstimmung.pdf〕

（8）表 Die ersten zehn Jahre in der EU, in : Ringler, Verena, *Eurobarometer 62. Die öffentliche Meinung in der Europäischen Union. Herbst 2004. Nationaler Bericht Österreich*, 2004, S. 32.

（9）1995年5月から97年5月までの期間，ユーロバロメーターによれば，EU加盟に肯定的な意見は39％→34％→31％→30％と減少し，否定的な意見は18％→24％→25％→27％と増加した。重要なのは，「どちらとも言えない」「わからない」の回答が常に40％を越えていることであり，投票率が82.3％だった国民投票では，この層もほぼ全体の肯定・否定の比率に従って投票したことが推測される。

（10）正確には「独立した民主主義的なオーストリアの再建に関する国家条約（Staatsvertrag betreffend die Wiederherstellung eines unabhängigen und demokratischen Österreich）」。

（11）Bundesverfassungsgesetz vom 26. Oktober 1955 über die Neutralität Österreichs, in : *Bundesgesetzblatt für die Republik Österreich*, Jg. 1955, 57. Stück, 1955, S. 115.〔https://www.ris.bka.gv.at〕

（12）Bundesgesetz vom 25. Oktober 1965 über den österreichischen Nationalfeiertag, in : *Bundesgesetzblatt für die Republik Österreich*, Jg. 1965, 81. Stück, 1965, S. 157.〔https://www.ris.bka.gv.at〕

（13）タンツァー（Gerhard Tanzer）は教育省が支援するフォーラム政治教育が開発した教材集のなかで，「国旗の日」を提案する当時のドリメル教育相の言葉を生徒に読ませた上で，その歴史的背景を説明させ，その上で国家記念日を制定するにあたっては他に1955年5月15日（国家条約），1918年11月12日（第一共和国），1945年4月27日（第二共和国）という候補があったなかで10月26日が選ばれたことが示すところを考えさせるという課題を軸とした授業モデルを提案している。〔Tanzer, Gerhard, Verordnete Symbole, in : Forum Politische Bildung（Hrsg.），*Erinnerungskulturen. Informationen zur Politischen Bildung*, Nr. 32, 2010, S. 82.〕

（14）Rathkolb, Oliver, *Die paradoxe Republik. Österreich 1945 bis 2015*, Paul Zsolnay Verlag, 2015[15], S. 310.

（15）Gemeinsame Außen- und Sicherheitspolitik（GASP）。英語では Common Foreign and Security Policy（CFSP）。

（16）中立に関する連邦憲法律には，次のように記されている。第一条⑴国外に向けた持続的な独立維持のため，またその領域の不可侵のため，オーストリアは自らの自由な意志に基づき，永世中立を宣言する。オーストリアはあらゆる手段をもってこれ維持し，守る。⑵将来にわたってこの目的を達するため，オーストリアは軍事同盟に参加せず，領土内に外国の軍事基地を設置することを認めない。〔Bundesverfassungsgesetz vom 26. Oktober 1955 über die Neutralität Österreichs, S. 115.〕

（17）Verfassungsgerichtshof, WI-6/94, 13839, 30. 08. 1994.〔https://www.ris.bka.gv.at〕

（18）Vereinbarkeit von Neutralität und EU-Sicherheitspolitik heikel, in : *DiePresse.com*, 22. Juli 2015.〔http://diepresse〕

(19) Rathkolb, S. 306f.

(20) Bundesgesetz über die Wahl des Nationalrates (Nationalrats-Wahlordnung 1992 – NRWO), in : *Bundesgesetzblatt für die Republik Österreich*, Jg. 1992, 164. Stück, 1992, S. 1890.〔https://www.ris.bka.gv.at〕

(21) Fischer, Heinz, Die Reform der Nationalratswahlordnung 1992, in : Khol, Andreas u. Alfred Stirnemann (Hrsg.), *Österreichisches Jahrbuch für Politik 1992*, Böhlau Verlag, 1993, S. 354.

(22) Demokratiezentrum Wien, Wahlrechtsentwicklung in Österreich 1848 bis heute.〔http://www.demokratiezentrum.org/wissen/timelines/wahlrechtsentwicklung-in-oesterreich-1848-bis-heute.html〕

(23) Dachs, Herbert, Wählen mit 16 – Die Bundesländer als "Probierfeld", in : Krammer, Reinhard, Christoph Kühberger u. Franz Schausberger (Hrsg.), *Der forschende Blick. Beiträge zur Geschichte Österreichs im 20. Jahrhundert. Festschrift für Ernst Hanisch zum 70. Geburtstag*, Böhlau Verlag, 2010, S. 140.

(24) 児童の権利に関する条約〔http://www.mofa.go.jp/mofaj/gaiko/jido/pdfs/je_pamph.pdf〕。なお，日本は1990年9月21日に署名，1994年4月22日に批准した（同年5月22日発効）。

(25) ダハスによれば，社会民主党は連立交渉の最中から選挙権年齢の引き下げに前向きだったが，国民党は消極的だったところ，子どもの権利条約が国民党の方向転換を促したのだという。〔Dachs, 2010, S. 140.〕

(26) たとえば，政治教育関連の論考を比較的多く載せてきたオーストリア政治学会の機関誌 *Österreichische Zeitschrift für Politikwissenschaft* を見る限り，選挙権年齢引き下げの前後にそれをテーマとする論文は掲載されていない。ようやく96年第1号が政治教育を特集しているが，そこにも選挙権年齢の問題を扱う論文は見られない。これとは対象的に，初めて16歳選挙が行われた翌年には特集 Politische Bildung revisited が組まれ，そこには選挙権年齢の引き下げに直接関わる論考が掲載されている。〔*Österreichische Zeitschrift für Politikwissenschaft*, Nr. 3, 2009.〕

(27) Sozialdemokratische Errungenschaften nach 1945, in : 125 Jahre - Geschichte der österreichischen Sozialdemokratie.〔https://rotbewegt.at/#/epoche/1945–1955/artikel/sozialdemokratische-errungenschaften-nach-1945〕

(28) 表「主要国の選挙権年齢・成人年齢の変遷」佐藤令他『主要国の各種法定年齢——選挙権年齢・成人年齢引下げの経緯を中心に』国立国会図書館調査及び立法考査局，2008年，32頁参照。〔http://www.ndl.go.jp/jp/diet/publication/document/2008/200806.pdf〕

(29) 他にケルンテン，ニーダーエスタライヒ，オーバーエスタライヒで1993年，ザルツブルクとフォラールベルクで1994年，最後にウィーンとブルゲンラントで1996年に18歳への引き下げが行われた。

(30) Verordnung des Bundesministers für Unterricht, Kunst und Sport vom 12. Dezember 1988, mit der die Lehrpläne der allgemeinbildenden höheren Schulen geändert werden, in : *Bundesgesetzblatt für die Republik Österreich*, Jg. 1989, 26. Stück, 1989, S. 624.〔https://www.ris.bka.gv.at〕

(31) Verordnung des Bundesministers für Unterricht und Kunst vom 13. August 1970 über eine Änderung der Lehrpläne für die allgemeinbildenden höheren Schulen in den Schuljahren 1970/71 bis 1974/75, in : *Bundesgesetzblatt für die Republik Österreich*, Jg. 1970, 66. Stück, 1970, S.

1458.〔https://www.ris.bka.gv.at〕

(32) Verordnung der Bundesministerin für Bildung, Wissenschaft und Kultur, mit der die Verordnung über die Lehrpläne der allgemein bildenden höheren Schulen geändert wird, in : *Bundesgesetzblatt für die Republik Österreich*, Jg. 2002, Teil II, 2002, S. 1887.〔https://www.ris.bka.gv.at〕

(33) Änderung des Bundes-Verfassungsgesetzes (NR : GP XXIII RV 94 AB 129 S. 24. BR : 7685 AB 7696 S. 746), in : *Bundesgesetzblatt für die Republik Österreich*, Jg. 2007, Teil I, 2007, S. 1.〔https://www.ris.bka.gv.at〕

(34) Grundsatzprogramm der Grünen. Beschlossen beim 20. Bundeskongress der Grünen am 7. und 8. Juli 2001 in Linz, S. 53.〔https://www.gruene.at/partei/programm/parteiprogramm〕

(35) SJÖ für bundesweite Wahlaltersenkung, in : *derStandard. at*, 24. September 2003.〔http://derstandard.at/1429347/SJOe-fuer-bundesweite-Wahlaltersenkung〕

(36) Andreas Kollross. 2017年11月より国民議会議員。

(37) Hurrelmann, Klaus, Für eine Herabsetzung des Wahlalters, in : Palentien, Christian u. Klaus Hurrelmann (Hrsg.), *Jugend und Politik. Ein Handbuch für Forschung, Lehre und Praxis*, 2. Auflage, Luchterhand, 1998, S. 285. 彼によれば，1960年代半ば以降の30年間における社会の変化はとても大きく，家族，学校，消費生活，信仰，パートナーとの関係において，14歳時点で自分の責任で決定することが求められることが増えており，また14〜17歳の年齢層と18〜25歳の年齢層とのあいだで，政治的な利害の捉え方に違いは見られないという。なお，2005年に彼はドイツの政治教育紙『議会』で，「ほぼ12歳で基本的な社会的・道徳的判断力は備わっており（中略），選挙に参加することも可能」との判断を示した。他方で，彼は12歳の子どもが政治に関心があるわけではないとも述べており，そこまでの引き下げを望ましいとは考えていないが，選挙権年齢の引き下げを求める人々にとって，16歳はそれほど画期的なものとはみなされていなかったものと考えられる。〔Hurrelmann, Klaus, Die Jugendlichen verstehen die Spielregeln nicht, in : *Das Parlament*, Nr. 44, 2005, S. 3. (http: //webarchiv. bundestag. de/cgi/show. php? fileToLoad=1717&id=1149)〕

(38) Neue Stichtagsregelung bei Wahlen beschlossen, in : *derStandard.at*, 24. September 2003.〔http://derstandard.at/1429386/Neue-Stichtagsregelung-bei-Wahlen-beschlossen〕

(39) Bergmann, Andrea, Die Erstwähler zeigten wenig Bock auf die Politik, in : *Kleine Zeitung Kärnten*, 13. März 2003. ただし，この記事は，直前にケルンテンで行われた市町村議会選挙において全体の投票率が75.7％だったのに対し，16〜17歳の有権者の投票率は66.8％にとどまったことを指摘してもいる。この差は必ずしも深刻なものとは言えないが，そのケルンテンでの選挙でも地域により状況が大きく異なることから，若者の投票率を高める上では，地域における政党の活動が重要であることが示唆されている。

(40) Aigner, Dagmar, Wahlen auf Landes- und Kommunalebene, in : Forum Politische Bildung (Hrsg.), *Von Wahl zu Wahl. Informationen zur Politischen Bildung*, Nr. 21, 2004, S. 56.

(41) Karlhofer, Ferdinand, Wählen mit 16 : Erwartungen und Perspektiven, in : Forum Politische Bildung (Hrsg.), *Der WählerInnenwille. Informationen zur Politischen Bildung*, Nr. 27, 2007, S. 39.

(42) Ebenda, S. 37.

(43) Schwarzer, Steve, u. a., *“Wählen mit 16” Eine Post Election Study zur Nationalratswahl 2008.*

Befragung – Fokusgruppen – Tiefeninterviews, SORA, 2009, S. 42 u. 54.

(44) オーストリアの若者の政党支持については断片的な情報しかないが，隣国ドイツについては，1999 年から第 7 学年から 13 学年を対象に実施されてきたジュニア選挙（Juniorwahl）が興味深いデータを提供している。下の表は，各選挙についてジュニア選挙での各党の得票率（上段）と実際の選挙での得票率（下段）を示している（網かけ部分は各党を大きく保革に分けた場合の多数派を示す）。NPD（国家民主党）のような右翼急進主義政党については明らかに若者の支持率が有権者全体よりも高いが，それはなお一部の現象にとどまっており，反対に AfD（ドイツのための選択肢）のような新興の右翼ポピュリスト政党への支持は若者のあいだでは相対的に弱いことが注目される。反対に左のウィングでも Linke（左派党）への若者の支持は，旧西ドイツの州で有権者全体を上回る例が見られるが，旧東ドイツの州ではむしろ反対であり，その意味で，大半は緑の党からキリスト教民主・社会同盟まで，すなわちこれまで連邦政府を形成してきた中道左派から中道右派までのあいだにおさまっており，なかでも緑の党に対する高い支持が目立っている。データに時間的な幅が少ないことから，保守「化」や右傾「化」という評価の妥当性を論じることはできないが，21 世紀初頭の時点で，少なくともドイツの若者は中高年層ほど保守的でも右翼的でもないことが推測される。

表　2000 年から 2017 年のジュニア選挙と実際の選挙における主な政党の得票率

選挙／政党の得票率(%)	Linke	Grüne	SPD	FDP	CDU /CSU	AfD	NPD	Grüne ＋SPD	FDP ＋CDU/CSU
2000 ノルトライン・ヴェスト	3.4	17.5	28.1	8.0	22.3		3.9	45.6	30.3
トファーレン	1.1	7.1	42.8	9.8	37.0		0	49.9	46.8
2002 連邦議会	5.2	14.0	43.0	8.4	19.6		3	57.0	28.0
	4.0	8.6	38.5	7.4	38.5		0.2	47.1	45.9
2004 欧州議会	6.7	18.2	19.9	6.8	23.2		4.4	38.1	30.0
	6.1	11.9	21.5	6.1	44.5		0.9	43.4	50.6
2005 シュレスヴィヒ・ホル	2.3	17.2	25.3	12.0	28.1		3.8	42.5	40.1
シュタイン	0.8	6.2	38.7	6.6	40.2		1.9	44.9	46.8
2005 ノルトライン・ヴェスト	2.0	18.3	34.1	9.5	27.1		4.7	52.4	36.6
トファーレン	0.9	6.2	37.1	6.2	44.8		0.9	43.3	51.0
2005 連邦議会	9.3	14.6	41.0	6.6	19.3		4.0	55.6	25.9
	8.7	8.1	34.2	9.8	35.2		1.6	42.3	45.0
2006 ベルリン	10.9	19.2	34.1	5.2	12.0		3.8	53.3	17.2
	13.4	13.1	30.8	7.6	21.3		2.6	43.9	28.9
2007 ブレーメン	7.3	25.7	36.1	7.3	14.1			61.8	21.4
	8.4	16.5	36.7	6.0	25.6			53.2	31.6
2008 ヘッセン	3.4	14.7	42.0	6.1	17.4		5.4	56.7	23.5
	5.1	7.5	36.7	9.4	36.8		0.9	44.2	46.2
2008 ニーダーザクセン	5.9	18.9	30.0	9.2	23.7		5.4	48.9	32.9
	7.1	8.0	30.3	8.2	42.5		1.5	38.3	50.7
2008 ハンブルク	5.0	17.5	40.6	5.1	21.6			58.1	26.7
	6.4	9.6	34.1	4.8	42.6			43.7	47.4
2009 ザールラント	9.4	14.8	29.6	15.7	23.6		0.9	44.4	49.3
	21.3	5.9	24.5	9.2	34.5		1.5	30.4	43.7
2009 シュレスヴィヒ・ホル	6.1	24.8	18.4	10.8	17.2		2.2	43.2	28.0
シュタイン	6.0	12.4	25.4	14.9	31.5		0.9	37.8	46.4
2009 連邦議会	8.8	21.0	19.2	10.6	19.1		2.9	40.2	29.7
	11.9	10.7	23.0	14.6	33.8		1.5	33.7	48.4

2009 欧州議会	5.3	15.1	23.2	7.9	20.5			38.3	28.4
	7.5	12.1	20.8	11.0	37.9			32.9	48.9
2010 ノルトライン・ヴェス	4.6	20.3	22.4	8.3	20.7		2.6	42.7	29.0
トファーレン	5.6	12.1	34.5	6.7	34.6		0.9	46.6	41.3
2011 ベルリン	6.7	23.1	21.4	2.8	12.1		3.9	44.5	14.9
	11.7	17.6	28.3	1.8	23.3		2.1	45.9	25.1
2011 メクレンブルク・フォ	7.9	18.3	23.2	4.4	17.1		7.9	41.5	21.5
アポメルン＊	18.4	8.7	35.6	2.8	35.6		6.0	44.3	38.4
2011 ブレーメン	8.2	32.9	31.7	2.7	10.1		3.5	64.6	12.8
	5.6	22.5	38.6	2.4	20.4		1.6	61.1	22.8
2011 バーデン・ヴュルテン	2.8	35.6	21.1	5.5	16.1		4.3	56.7	21.6
ベルク	2.8	24.2	23.1	5.3	39.0		1.0	47.3	44.3
2011 ラインラント・プファ	3.6	29.8	25.0	4.9	16.7		6.3	54.8	21.6
ルツ	3.0	15.4	35.7	4.2	35.2		1.1	51.1	39.4
2011 ザクセン・アンハルト	10.9	14.9	17.0	5.3	18.8		11.4	31.9	24.1
＊	23.7	7.1	21.5	3.8	32.5		4.6	28.6	36.3
2011 ハンブルク	7.7	17.6	37.7	3.6	14.1		3.9	55.3	17.7
	6.4	11.2	48.4	6.7	21.9		0.9	59.6	28.6
2012 シュレスヴィヒ・ホル	3.7	23.4	21.0	4.8	15.6		2.9	44.4	20.4
シュタイン	2.3	13.2	30.4	8.2	30.8		0.7	43.6	39.0
2012 ノルトライン・ヴェス	4.4	22.8	20.3	5.1	15.8		1.7	43.1	20.9
トファーレン	5.6	12.1	39.1	8.6	26.3		0.5	51.2	34.9
2013 ニーダーザクセン	3.6	22.1	26.8	4.1	21.4		4.8	48.9	25.5
	3.1	13.7	32.6	9.9	36.0		0.8	46.3	45.9
2013 連邦議会	6.2	16.6	22.2	5.7	26.2	2.4	3.0	38.8	31.9
	8.6	8.4	25.7	4.8	41.5	4.7	1.3	34.1	46.3
2014 欧州議会	5.1	17.2	21.4	3.0	22.5	3.5	3.8	38.6	25.5
	7.4	10.7	27.3	3.4	30.0	7.1	1.0	38.0	33.4
2014 テューリンゲン＊	12.2	12.4	12.5	4.0	25.5	8.4	7.0	24.9	29.5
	28.2	5.7	12.4	2.5	33.5	2.5	3.6	18.1	36.0
2014 ブランデンブルク＊	11.4	17.2	18.8	3.2	24.3	8.0	6.2	36.0	27.5
	18.6	6.2	31.9	1.5	23.0	12.2	2.2	38.1	24.5
2015 ハンブルク	10.8	14.6	39.1	4.9	14.0	2.9	2.7	53.7	18.9
	8.5	12.3	45.6	7.4	15.9	6.1	0.3	57.9	23.3
2015 ブレーメン	9.8	19.0	30.4	4.0	17.2	2.6	0.4	49.4	21.2
	9.5	15.1	32.8	6.6	22.4	5.5	0.2	47.9	29.0
2016 ラインラント・プファ	4.2	15.9	32.9	5.2	22.6	7.5	2.4	48.8	27.8
ルツ	2.8	5.3	36.2	6.2	31.8	12.6	0.5	41.5	38.0
2016 ザクセン・アンハルト	10.6	13.3	13.9	4.4	20.5	14.4	5.8	27.2	24.9
＊	16.3	5.2	10.6	4.9	29.8	24.3	1.9	15.8	34.7
2016 メクレンブルク・フォ	9.4	15.8	20.2	3.0	21.9	5.4	4.4	36.0	24.9
アポメルン＊	13.2	4.8	30.6	3.0	19.0	20.8	3.0	35.4	22.0
2016 ベルリン	11.4	21.0	21.9	4.6	13.9	4.9	1.6	42.9	18.5
	15.6	15.2	21.6	6.7	17.6	14.2	0.6	36.8	24.2
2017 シュレスヴィヒ・ホル	6.4	20.5	27.1	7.9	19.5	6.1		47.6	27.4
シュタイン	3.8	12.9	27.3	11.5	32.0	5.9		40.2	43.5
2017 ノルトライン・ヴェス	5.4	15.2	25.6	8.5	22.7	4.9	1.4	50.8	31.2
トファーレン	4.9	6.4	31.2	12.6	33.0	7.4	0.3	37.6	45.6
2017 連邦議会	7.3	17.9	19.3	8.8	27.0	6	1.3	37.2	35.5
	9.2	8.9	20.5	10.7	32.9	12.6	0.4	29.4	43.6

注1）＊は旧東ドイツの州。またベルリンは旧東ベルリン地域を含んでいる。

注2）Linkeの名称は2005年の連邦議会から。それ以前はPDS（民主社会党）。

出典）ジュニア選挙のデータはJuniorwahl-Archiv-Vergangene Juniorwahlen〔www.juniorwahl.de/vergangene-wahlen.html〕による。

(45) こうしたプログラムは，2008 年の選挙の時点では必ずしも多くの若者の耳に届いていなかったようである。具体的には，「君が重要！」について聞いたことがあるという生徒は，AHS で 22％，BHS で 21％。さらに参加した生徒になると AHS で 3％，BHS で 2％にとどまった。〔Schwarzer, S. 41.〕

(46) Verordnung des Bundesministers für Unterricht und Kunst vom 14. November 1984 über die Lehrpläne der allgemeinbildenden höheren Schulen ; Bekanntmachung der Lehrpläne für den Religionsunterricht an diesen Schulen, in : *Bundesgesetzblatt für die Republik Österreich*, Jg. 1985, 40. Stück, 1985, S. 830–833.〔https://www.ris.bka.gv.at〕ならびに Verordnung des Bundesministers für Unterricht, Kunst und Sport vom 3. Juli 1986, mit der die Lehrpläne der allgemeinbildenden höheren Schulen geändert werden ; Bekanntmachung der Lehrpläne für den Religionsunterricht an diesen Schulen, in : *Bundesgesetzblatt für die Republik Österreich*, Jg. 1986, 239. Stück, 1986, S. 3821–3823.〔https://www.ris.bka.gv.at〕なお，第 4 学年における大項目は「現代における経済的・政治的危機」「1918～38 年のオーストリア」「独裁体制」「第二次世界大戦」「終戦から 1955 年のオーストリア」「冷戦下の世界」「脱植民地化と第三世界」「1955 年から今日までのオーストリア」「現代の経済・社会的問題」である。

第 4 章　民主主義の能力を育てる

(1) Zentrum polis – Politik Lernen in der Schule（Hrsg.）, *Jahresbericht 2016*, 2017, S. 6.

(2) Definition and Selection of Competencies : Theoretical and Conceptual Foundations（DeSeCo）, Summary of the final report “Key Competencies for a Successful Life and a Well-Functioning Society”, OECD, 2003, pp. 2f.〔http://www.netuni.nl/courses/hre/uploads/File/deseco_finalreport_summary.pdf〕

(3) Europarats-Charta zur Politischen Bildung und Menschenrechtsbildung Empfehlung CM/Rec (2010) 7 des Ministerkomitees des Europarats an die Mitgliedstaaten（verabschiedet vom Ministerkomitee am 11. Mai 2010 anlässlich der 120. Versammlung）.〔https://www.bmb.gv.at/ministerium/rs/2012_15_23178.pdf?61ech1〕

(4) Europäische Gemeinschaften, Schlüsselkompetenzen für lebenslanges Lernen – ein Europäischer Referenzrahmen, Amt für amtliche Veröffentlichungen der Europäischen Gemeinschaften, 2007.〔http://www.kompetenzrahmen.de/files/europaeischekommission2007de.pdf〕

(5) Unterrichtsprinzip Politische Bildung Grundsatzerlass 2015, Bundesministerium für Bildung und Frauen, 2015, S. 2.〔https://www.bmb.gv.at/ministerium/rs/2015_12.pdf?61edq7〕

(6) Krammer, Reinhard, Kompetenzen durch Politische Bildung. Ein Kompetenz-Strukturmodell, in : Forum Politische Bildung（Hrsg.）, *Kompetenzorientierte Politische Bildung. Informationen zur Politischen Bildung*, Nr. 29, 2008, S. 5–14.

(7) 歴史的コンピテンシーとしては，過去に対する様々な問いを理解し，また自ら問いをたてる力（問いのコンピテンシー），資料を批判的かつ有効に活用する力（方法的コンピテンシー），歴史の諸概念を正確に活用する力（概念コンピテンシー），現在のより良い理解と未来のために過去から学ぶ力（オリエンテーション・コンピテンシー）の四つが設定されている。すなわち，歴史的コンピテンシーとしては行為コンピテンシーの代わりにオリエンテーション・コンピテンシーが設けられ，また政治的コンピテンシーとしてはその逆となっていることになる。

（8）Änderung der Verordnung über die Lehrpläne der allgemein bildenden höheren Schulen; Änderung der Bekanntmachung der Lehrpläne für den Religionsunterricht an diesen Schulen, in: *Bundesgesetzblatt für die Republik Österreich*, Jg. 2016, 2016, Teil II, S. 54.〔https://www.ris.bka.gv.at/〕なお，前期中等教育の教育課程では，判断コンピテンシーの記述中の「価値観に裏付けられた」の部分が「上記の価値に裏付けられた」と書かれており，具体的には，「基本的人権の発展の基礎にある諸価値」が指示されている。また行為コンピテンシーについては，「自分の意見を言葉にし」の部分が「自分の意見をよく考えた上で（reflektieren und）言葉にし」とされており，また「学校民主主義の諸機関」について「法で定められた（gesetzlich vorgesehen）学校民主主義の諸機関」と書かれている。〔Änderung der Verordnung über die Lehrpläne der Hauptschulen, der Verordnung über die Lehrpläne der Neuen Mittelschulen sowie der Verordnung über die Lehrpläne der allgemein bildenden höheren Schulen, in: *Bundesgesetzblatt für die Republik Österreich*, Jg. 2016, Teil II, 2016, S. 16.（https://www.ris.bka.gv.at/）〕

（9）Änderung der Verordnung über die Lehrpläne der allgemein bildenden höheren Schulen; Änderung der Bekanntmachung der Lehrpläne für den Religionsunterricht an diesen Schulen, S. 55.

（10）Änderung der Verordnung über die Lehrpläne der Hauptschulen, der Verordnung über die Lehrpläne der Neuen Mittelschulen sowie der Verordnung über die Lehrpläne der allgemein bildenden höheren Schulen, S. 16.

（11）Ebenda.

（12）近藤孝弘「歴史学習離れにどう取り組むか」鳥越泰彦『新しい世界史教育へ』飯田共同印刷，2015年，153–154頁。

（13）Änderung der Verordnung über die Lehrpläne der Hauptschulen, der Verordnung über die Lehrpläne der Neuen Mittelschulen sowie der Verordnung über die Lehrpläne der allgemein bildenden höheren Schulen, S. 22–25.

（14）Hellmuth, Thomas u. Christoph Kühberger, *Kommentar zum Lehrplan der Neuen Mittelschule und der AHS-Unterstufe "Geschichte und Sozialkunde/Politische Bildung" (2016)*, Bundesministerium für Bildung, 2016, S. 3.〔https://www.bmb.gv.at/schulen/unterricht/lp/GSKPB_Sek_I_2016_-_Kommentar_zum_Lehrplan_Stand_26-09-2016.pdf?5te882〕

（15）Änderung der Verordnung über die Lehrpläne der allgemein bildenden höheren Schulen; Änderung der Bekanntmachung der Lehrpläne für den Religionsunterricht an diesen Schulen, S. 57f.

（16）Ebenda, S. 57.

（17）なお，この教育課程は，場合によってはデモを構想したり，さらには実行することも授業の一部となると言っているのであり，それを必ず構想・実行することを求めているわけではない。

（18）ギリシア・ローマから中世を扱う第一学年には政治のコンピテンシーは設定されておらず，歴史だけとなっている。

（19）なお，モジュール4については，そのなかの単元「近代初期における奴隷貿易」を扱う頁は，この教科書の旧シリーズの第3学年用の教科書中の「近代における奴隷貿易」の頁に改訂を加える形で作成され，他方モジュール7の単元「ギリシア——君主制から民主制へ」と「中世における社会秩序」の頁は，旧シリーズ第2学年用の同じ名前の

単元の頁を修正する形で作成されている。

（20）新教育課程の作成をキューベルガーとヘルムートに依頼したところに，教育省の政治教育を重視する姿勢を見ることができる。なお，教育課程作成時にはヘルムートはザルツブルク大学に籍を置いていた。

（21）Wald, Anton, Alois Scheucher, Josef Scheipl u. Ulrike Ebenhoch, *Zeitbilder 2. Von der Urgeschichte bis zum Mittelalter. Geschichte, Sozialkunde und Politische Bildung*, Österreichischer Bundesverlag, 2012, S. 56.

（22）Ebenda, S. 121. なお，トゥキュディデスの訳は久保正彰訳『戦史（上）』岩波文庫，2017 年，226–228 頁による。

（23）Ebenda.

（24）Ebenda, S. 158f.

（25）Scheipl, Josef, Alois Scheucher u. Ulrike Ebenhoch, *Zeitbilder OS SB 5. Von der Antike bis zum Ende des Mittelalters*, Österreichischer Bundesverlag, 2017, S. 114.

（26）Ebenda, S. 115.

（27）『時代の姿』第 5 巻の 2003 年版にも修道士ロベールの記述は引用されており，そこには「現代では，どのような理由で戦争が生じるか？」という問いが掲げられている。また，全体としては古代・中世を扱いつつも，奴隷制や法治といったテーマに基づく通史学習を各所に配置することで，現代における政治問題を取り上げている。〔Scheucher, Alois, Anton Wald, Joseph Scheipl u. Ulrike Ebenhoch, *Zeitbilder 5. Geschichte und Sozialkunde Politische Bildung. Von den Anfängen der Geschichte der Menschen bis zum Ende des Mittelalters*, Österreichischer Bundesverlag, 2003, S. 144.〕

（28）ほかにも古代ギリシア・ローマにおける女性の地位や，今日の映画における古代ギリシアの表象など，通史を扱うなかで今日の政治的課題と結びつけた学習を展開するための手がかりが，この教科書には数多く示されている。

（29）筆記試験はドイツ語（300 分），外国語（300 分），数学（270 分）の 3 教科であり，口述試験はここに含まれない任意の 3 教科で行われる。なお，筆記試験としてラテン語（270 分）等の第 4 の教科を受験する場合には，口述試験科目は 2 科目となる。〔Verordnung der Bundesministerin für Bildung, mit der die Prüfungsordnung AHS und die Verordnung über die Lehrpläne der allgemein bildenden höheren Schulen geändert werden, in : *Bundesgesetzblatt für die Republik Österreich*, Jg. 2017, Teil II, 2017, S. 1–5.（http://alex.onb.ac.at)〕

（30）Mittnik, Philipp, Zentrale Themen des Geschichtsunterrichts in Österreich. Evaluation der Reifeprüfungsaufgaben aus dem Unterrichtsgegend Geschichte und Sozialkunde/Politische Bildung an Wiener AHS, in : Fridrich, Christian u. a.（Hrsg.）, *Forschungsperspektiven 6*, Lit Verlag, 2014, S. 52.

（31）Bundesministerium für Bildung und Frauen, Mündliche Reifeprüfung AHS. Handreichung, 2014, S. 14.〔https://www.bmb.gv.at/schulen/unterricht/ba/reifepruefung_ahs_mrp.pdf?61ebwp〕

（32）各試験について 5 段階で評価されるが，すべての科目に合格することでマトゥーラを得ることができる。マトゥーラに合格すれば，国内のすべての大学のすべての学部に入学することができるというのが原則だが，医学部や心理学部など希望者が多い学部や芸術系の特殊な技能を求められる学部では，別に入学試験が行われる。こうした制度が，学校間の不公平を問題視しながらも，ある程度許容できる背景にあろう。なお，標準化

されたドイツ語と英語・数学について，2017年の不合格率（5段階評価の最低の成績を受けた者の割合）は，それぞれ4.6％，7.4％，11.8％である。〔Neuhauser, Julia, Ergebnisse : Fast alle schafften die Zentralmatura, in : *DiePresse.com*, 26. Juni 2017.（http://diepresse.com/)〕

(33) テーマによる分類は以下の通り。

1　政治体制の歴史的な比較
2　過去と現在の権力構造と支配形態
3　法と国家体制の歴史的変容
4　宗教のイメージとその社会への影響
5　移民
6　地域，地方，世界についての認識
7　歴史の中の女性と男性の地位
8　革命の原因と結果の比較
9　拡大戦略，占領，征服，帝国主義，植民地化
10　学問が社会に与える影響
11　個人の自由の余地
12　社会変革の基礎としての経済の変容
13　過去と現在におけるイデオロギーとプロパガンダの形態とその基礎
14　講和条約と安全保障（政策）ならびにその国家と社会への影響
15　特定の民族に対する政治的抑圧のメカニズムと排除
16　他者と我々
17　現実の政治問題に対する判断形成
18　政治的危機と急進化
19　民主主義（概念）の変容
20　政治的・歴史的文脈におけるメディアの役割
21　国家的・集団的アイデンティティとその形成
22　国家建設の原因，規範と影響
23　子どもと若者に与えられた役割の変遷
24　過去と現在における暴力とジェノサイド
25　人権の成立と発展，そしてその尊重
26　技術の発展と革新による社会の変容
27　自由と政治権力のあいだの芸術と文化
28　記憶文化

コンピテンシーによる分類は以下の通り。

1　（歴史的な）図像ないし文字資料を分析する。
2　様々な記述を社会的・政治的・経済的観点から分析する。
3　政治的・歴史的コミュニケーション形態としてのデジタル・メディアを評価する。
4　（政治演説や新聞記事から）特定テーマに対する賛否の意見を取り出し，分析する。
5　口述資料（オーラル・ヒストリー，インタヴュー，演説，歌曲）を分析し，解釈する。
6　歴史的ないし政治的情報（インターネット，テレビのドキュメンタリーの一部など）を評価する。

7　政治の領域における図像によるコミュニケーション（写真，カリカチュア，選挙ポスター，広告，マンガ）を解読する。
8　（支配形態，世界像，神話，イデオロギーなどの）様々な理論とモデルを比較する。
9　同一のテーマについての多様な（ナショナルな，またインターナショナルな）記述を比較する。
10　同一のテーマについての多様な資料（映画，新聞，伝記）を比較する。
11　多様な歴史学的視点（日常史，政治史，社会史）から過去の状況を叙述する。
12　各国の歴史像を比較する。
13　過去についての叙述の傾向を比較する。
14　学術的な文章のなかの歴史・政治記述を批判的に分析する。
15　歴史の利用と誤用について評価する。
16　私的な文字資料（ラブレターや日記等）を分析する。
17　歴史的・政治的資料としての地図を解釈する。
18　社会学的・政治学的資料としての統計を解釈する。

（34）Kühberger, Christoph, Aufgabensstellung “Kreuzzüge”, in : Bundesministerium für Bildung und Frauen（Hrsg.）, *Die kompetenzorientierte Reifeprüfung, Geschichte und Sozialkunde, Politische Bildung. Richtlinien und Beispiele für Themenpool und Prüfungsaufgaben*, 2011, S. 33.

（35）学生運動をテーマとする出題「1968 年前後のヨーロッパにおける社会と変革運動」は，映画『バーダー・マインホフ　理想の果てに』（ウルリヒ・エーデル監督）のトレーラーを YouTube で見せたあと，そこで見た内容を説明するよう求めている。Weninger, Bernhard, Aufgabensstellung “Gesellschaftliche und Umbruchbewegung in Europa um 1968”, in : Bundesministerium für Bildung und Frauen（2011）, S. 40.

（36）Vogel, Bernd, “Wahlplakate Wien 2010”, in : Bundesministerium für Bildung und Frauen（2011）, S. 36.

（37）Mittnik, 2014, S. 58.

（38）Larcher, Elke u. Martina Zandonella, *Politische BildnerInnen 2014. Politische Bildung in Volksschulen und Schulen der Sekundarstufe 1 in Wien*, SORA, 2014, S. 8f.

（39）反対に，この調査が初等教育教員をも対象にしているところに，政治教育学における近年の問題意識を見ることができる。ながらく小学生には抽象性の高い政治的な思考は難しいと考えられてきたが，そうした認識を否定する研究が次々と表れており，この報告書はそうした新しい政治教育学の状況に対応したものと言える。〔Hellmuth, Thomas, Ein Versuch, den “Elfenbeinturm” zu verlassen, in : Mittnik Philipp（Hrsg.）, *Politische Bildung in der Primarstufe – Eine internationale Perspektive*, Studienverlag, 2016, S. 81.〕

（40）「18 歳選挙権・主権者教育，自負と不安，『政治的中立』確保に苦慮」『毎日新聞ニュースサイト』2016 年 6 月 9 日。〔https://mainichi.jp〕

（41）Filzmaier, Peter u. Cornelia Klepp, Mehr als Wählen mit 16 : Empirische Befunde zum Thema Jugend und politicshe Bildung, in : *Österreichische Zeitschrift für Politikwissenschaft*, Nr. 3, 2009, S. 348.

（42）その国会議員は州の教育委員会のメンバーでもあり，問題が起きた学校の保護者会でも活発に活動していた。なお，講演を聞いていた生徒によれば，内容的には右翼だけでなく左翼の急進主義も取り上げられており，自由党についてはその歴史について簡単に触れられただけだったという。しかし，その講師が緑の党の党員であること，また，そ

の議員の親子が加入しているブルシェンシャフトについて，それが右翼急進主義に近く，自由党にはブルシェンシャフトとの接点があることを以前より指摘していたことが，その議員に過剰な行動を取らせることになったものと推測される。〔Vortrag an Linzer Schule nach FPÖ Intervention abgebrochen, in : *DiePresse. com*, 10. März 2017.（http: //diepresse. com）また，Wirbel um Abbruch von Vortrag an Linzer Schule nach FPÖ-Intervention, in : *derStandard.at*, 10. März 2017.（http://derstandard.at），Vortrag abgebrochen : Direktor wirft FPÖ “massive” Drohungen vor, in : *nachrichten.at*, 14. März 2017.（http://www. nachrichten.at）等〕

（43）Wien : Politikerverbot in der Schule, in : *derStandard. at*, 30. September 2012.〔http: //derstandard.at〕

（44）リンツが位置するオーバーエスタライヒ州の自由党のウェブサイトには，政治的な授業についての通報を受け付けるページ〔http://www.fpoe-ooe.at/parteifreie-schule〕が開設されている。なお，2018年1月18日の時点では，メンテナンスのためということで稼働していない。

（45）Abbildung 30 : Unterstützung nach Fachrichtung, in : Larcher u. Zandonella, 2014, S. 41より。

（46）初等教育教員養成は，従来どおり教育大学が担当するが，学士（BA）課程の年限が従来の3年から4年に延長され，さらに1年の修士（MA）課程の修了が求められることになった。なお，中等教育教員養成課程は，学部課程4年に修士課程2年の計6年である。

（47）ウィーン／クレムス・キリスト教教育大学とウィーン農業・環境教育大学。

（48）学士課程では，第一教科と第二教科にそれぞれ100単位（ECTS），教育学関連科目に40単位が割り当てられ，修士課程では，第一教科と第二教科にそれぞれ35単位，教育学関連科目に20単位，そして修士論文に30単位が割り当てられている。〔Wie ist das Studium aufgebaut ?（http://www.lehramt-ost.at/lehramt-studieren/studienaufbau-inhalte/）〕

（49）Klepp, Cornelia, Der Lehrgang im Wandel, in : Klepp u. Rippitsch, S. 104f. なお，クラーゲンフルト大学の政治教育学コースは2007/08年度より文化学部平和研究・平和教育センターに移管されたが，2010年に同コースの提供は終了し，代わりに2012/13年度よりグローバル・シティズンシップ教育コースが開始されている。ここでは4学期で履習証明書（Zertifikat）を，6学期で修士号（Master of Arts）を取得できる。〔Alpen-Adria Universität. Universitätslehrgang. Global Citizenship Education（MA）.（https: //www. aau. at/universitaetslehrgaenge/global-citizenship-education/）〕

（50）*MSc Politische Bildung. Master of Science – 4 Semester. Berufsbegleitend. Schwerpunkt : Radikalismus, Extremismus, Prävention*, 2017, S. 3.〔https://www.donau-uni.ac.at/imperia/md/content/netpol/folder_politische_bildung_2017-18.pdf〕

（51）4学期で90ECTS（日本の大学における単位数の考え方に換算すると約30単位程度）と小規模なコースであるにもかかわらず，学費の総額が約160万円におよぶことから，事実上，教育省等から支援を受けられる者を中心としたコースであると言える。

（52）Diem-Wille, Gertraud, Ein Praktisch-Werden der Politischen Bildung : Aufbau des Hochschullehrgangs Politische Bildung für LehrerInnen – eine Intervention im Schulsystem, in : Klepp u. Rippitsch, S. 67.

（53）政治教育学の修士課程をコーディネートしているハインツル（Christina Hainzl）によれば，連邦教育省から教員に授業料が支出される上限は例年30人だが，それを満たす

ことはないという。〔2017年11月30日のインタヴューより。〕

(54) オーストリアの最も西部に位置するフォラールベルク州では，継続教育施設（シュロス・ホーフェン）がザルツブルク大学の協力を得て，政治教育コースを提供している。このコースも4学期からなるが，クレムス・ドナウ大学のコースに比べて単位数が少なく，修了しても修士号ではなく履習証明書しか取得できない。教育内容の点では，クレムス・ドナウ大学のコースが，積極的に今日のオーストリアが抱える政治的諸問題に焦点を当てようとしているのに対し，シュロス・ホーフェンのコースは「歴史と社会科・政治教育」の教科内容をより強く意識しているという違いを認めることができる。そもそも1987年にフォラールベルク州が独自の施設を作るに際しては，同州の学校関係者のあいだに，クラーゲンフルト大学の政治教育コースは，参加する教員を政治的に教化しようとするものではないかとの不信感があったという。〔Diem-Wille, S. 79.〕

(55) Abbildung 34 : Besuchte Fort- und Weiterbildungen nach Fachrichtungen, in : Larcher u. Zandonella, S. 43 より。

第5章　学校の外から政治教育を支援する

(1) Larcher u. Zandonella, S. 32.

(2) Ebenda, S. 33.

(3) 2017年12月13日にウィーン民主主義センターで行ったディーンドルファー氏へのインタヴューによる。

(4)「ノーベル平和賞の分析」や「バイオ食品による給食」など，いずれにも分類しがたいトピックも存在するが，それらは例外と言ってよい。

(5) Diendorfer, Gertraud, Irene Ecker, Herbert Pichler u. Gerhard Tanzer (Hrsg.), *Migration – ein Thema im Unterricht*, Demokratiezentrum, 2010.〔http://www.demokratiezentrum.org/fileadmin/media/pdf/MoT/Materialien/05_Pichler_UB_WokommtFamilieher.pdf〕

(6) Hladschik, Patricia u. a., Vorwort. Ludwig Boltzmann Institut für Menschenrechte, in : *10 Jahre polis*, 2016, o. S.

(7) Bundesministerium für Bildung, Wissenschaft und Kultur, *Aktionstage Politische Bildung. 16. April bis 5. Mai 2006*, 2006, S. 2.〔http://www.politik-lernen.at/dl/oslMJKJKomlmNJqx4KJK/AT06gesamt_web.pdf〕

(8) 2017年11月28日にポリスで行ったフラドシク所長へのインタヴューによる。

(9) これは各号の改訂版ないし重版の発行状況から確認される。

(10) 2017年末の時点で1部3.5ユーロだが，クラスで購入する場合，15部以上の注文は1部2.5ユーロに割引される。

(11) Eigene Migrationsgeschichte erforschen, in : *aktuell polis*, 2013/4, 2013, S. 11.

(12) ワークシートには，以下の質問があらかじめ書かれている。「あなたの両親と祖父母はどこで生まれましたか？」「外国に住んでいる親戚がいますか？」「両親や祖父母が生まれた国について家族で話をすることがありますか？」「なぜ両親や祖父母がオーストリアにやってきたか知っていますか？」「家族のあいだでは何語で話をしていますか？」「あなたの家庭では，どういうお祝いをしますか？」。〔Ebenda, S. 12.〕

(13) 授業時数は1〜2時間が想定されている。

(14) 当然のことながら，ウィーン民主主義センターとポリスの活動を過度に対比的に理解すべきではない。特に前者が作成する比較的高度な教材・授業実践例は前期中等教育段

階では難しい場合が多いものと思われるが，反対に後期中等教育であれば，それを有意義に実施できるというものではない。この点については，本文で紹介したポリスの「自分の移民の歴史を探求する」が後期中等教育までを視野に入れて作成されていることの意味を考える必要がある。

（15）NR-Präsidentin Doris Bures : Demokratiewerkstatt ist seit zehn Jahren eine Erfolgsgeschichte, in : *APA-OTS*, 25. Oktober 2017.〔https://www.ots.at/〕

（16）そのほかコソボとアルバニアにも同様の施設を作ろうとする動きがある。

（17）月に一度，個人参加のワークショップも開催されるが，毎月実施されるわけではない。

（18）「参加工房」では，様々な現実の諸問題について自分の意見を述べることと，他の人の意見を聞くこと，そしてともに一つの決定をすることについて学び，「現代史工房」では，憲法とはなにか，権力分立とはなにか，オーストリア共和国はどのようにしてできたのかなどについて学び，「ヨーロッパ工房」では，なぜEUが存在するのか，オーストリアはその中でなにができるのか，また自分はEUの決定にどのように参画できるのかなどについて学ぶことが期待されている。なお「工房・国会議員とともに」では，実際の国会議員の支援を得ながら，どのように法律が作られ，改正されるのか，そのために議会ではなにが行われているのかについて学ぶこととなっている。〔Die Werkstätten. (https://www.demokratiewebstatt.at/demokratiewerkstatt/die-werkstaetten/)〕

（19）2017年4月時点でこの数は4840人にのぼり，このことは民主主義工房が児童・生徒はもちろん引率する教員からも評価されていることを意味している。〔Was ist ein Demokratiewerkstatt-Profi und wie kannst du das auch werden？(https://www.demokratiewebstatt.at/demokratiewerkstatt/werkstattprofis/)〕

（20）国会議事堂は，コペンハーゲン生まれでギリシア風建築を得意としたハンセン（Theophil Hansen）の設計。彼はエプシュタイン館の設計者でもある。

（21）Beiträge aus der Werkstatt〔https://www.demokratiewebstatt.at/demokratiewerkstatt/beitraege-aus-der-werkstatt/〕より著者算出。

（22）2014/15年度に新中等学校とハウプトシューレに通っていた生徒は計20万8136人。それに対して，AHSに通っていた生徒は11万2802人である。〔表6 Schülerinnen und Schüler nach Schultypen, in : Statistik Austria, *Bildung in Zahlen 2014/15. Schlüsselindikatoren und Analysen*, 2016, S. 25より。(http://gemeindebund.at/images/uploads/downloads/2016/Statistik/bildung_in_zahlen_201415_schluesselindikatoren_und_analysen.pdf)〕

資　料

資料１「学校における政治教育」の基本原則・草案（1975 年）

I　教授学的前提

民主主義への教育として理解される政治教育領域の授業のためには，提供される教育内容と授業方法が従来以上に密接に対応している必要がある。民主的な方法は，民主的な内容にとって唯一適切なものである（民主主義の経験による民主主義への教育）。

最も重要な授業原則は，民主主義の深い理解は単なる知識の伝達と情報の蓄積によっては達成されず，授業のなかで民主的な行動を直接経験することによってのみ可能となるということである。

したがって，授業の形態そのものによって，生徒に民主主義に対する基本的な信頼を与えることが重要である。これまで認知的な（すなわち知的な理解を中心とする）「国家市民科」で内容の伝達が主に行われてきたとすれば，政治教育の授業では，民主主義のルールを自分で経験するよう強調することで補われなければならない。そのためには，生徒に対し，自ら民主主義に参加する可能性をより強く示唆する必要がある。

これまで述べてきた前提から，政治教育の授業は，教員と生徒に対して非常に高度な要求をすることになる。授業のなかでは民主主義のルール（生じてくるコンフリクトを調停すること，困難であっても合意を追求すること）が有効でなければならない。

民主的な授業形態の一つの原則として，対話を通した多様な理解の調停がある。こうした授業は，討論と，その対話のなかで得られた合意に基づく行動が，様々な理解があるなかから一定のコンセンサスに到るための最善の前提であるという基本的な考え方に立ち，この対話から離れるときには，一つの例外状況として，また別の対話的なルールが必要になると考える。

> 対話を離れる場合とは，生徒が自分の理解を言葉で表現し，討論の中でそれを貫くことができないケースや，教員が対等な対話を離れ，権力の行使に後退するケースなどである（民主主義的授業モデルを守るためである場合を除く）。

したがって，この授業の原則は，初めから教員に対し，自分の権力を行使することを放棄して生徒と対等に対話をすることを要求するだけでなく，生徒も，民主的な形態の授業への無関心を証明されたくないのであれば，こうした授業を可能にするため積極的に参加しなければならない。

教員にもう一つ求められるのは，生徒に対して，教員の専門性が持つ権威を承認するのとは正反対の，こうした授業に慣れるため必要な時間を保障することである。

> 生徒の積極的な参加という原則を強調することにより，受動的な消費行動が民主主義の実現を困難にしていること，また民主主義への無関心はそれを無視することであるということが明らかになる。

政治教育における活動という授業原則について詳細に述べるなら，そこには次のような

基礎的な考え方がある。

a．ある集団（教員と生徒）のなかでの民主的な授業形態によって，より大きな団体（政党，国家など）における民主的なプロセスへの理解が高まる可能性がある。

b．集団内で浮かび上がった問題（民主的な意思決定や共同責任の問題，権威との関係の持ち方など）についての議論から，次の時間のテーマに関係する視点が生まれる。

ここで明確にされなければならないのは，政治教育の授業の教育学的基礎は「反権威主義」の授業モデルとして理解されてはならないということである。権威の存在しない状況と取り違えると，実際の社会に存在する権力関係への理解が曇ってしまいかねない。したがって政治教育の目標は権威の否定ではなく，その批判的な検討なのである。教員の専門性に基づく権威も生徒を「抑圧」するものであってはならない。

ここで政治教育の基礎に位置しているのは，まさに「上から」伝達された試験可能な知識よりも民主的に獲得された経験の方が優先されるという考え方である。知識とは常に，「なにかをできる」という形であるとすると，生徒には，自律的に行動し，その行動の結果について認識する可能性が提供されなければならない。

こうした授業形態は，教員に対して高度な能力（民主主義に対する強い確信，慣れない状況での不安への耐性，多元主義的価値観，高度な寛容，統合的な技能，高度な専門知識）を要求するだけでなく，生徒に対しても，慣れ親しんだ役割を放棄すること（嘘を言ったり，受動的な姿勢をとることで対立をなかったことにせず，対話によって問題の解決に取り組むこと，集団のなかで決められたことに対して実際に協力すること，自分の考えは変わりうると理解すること）を求めるのは言うまでもない。

II　教育方法上のアドバイス

以上の教授学的前提に基づき，次のような教育方法上のアドバイスがなされる。

a．民主主義の能力（発言する勇気，自分の意見，批判する能力，批判に耐える能力）の前提となるものを経験的に理解することのできる，民主主義的に組織された授業形態をとること。

b．クラスや学校のようなミクロな領域のなかに，慎重に抽象化した上でマクロな領域（国内政治や国際政治等）と比較可能な状況を作ること。

しかし確認されなければならないのは，こうした授業環境を作るのは決して教員だけの責任ではない（民主主義の理解だけでも，関係者全員の協力が期待される）ということである。生徒の積極的な参加が，こうした授業形態では本質的な重要性を持つ。場合によっては，民主的な内容を民主的に伝達することが不可能な状況もあろう。そういう場合には，それがうまくいかない理由（生徒の無関心や社会からの批判など）が説明されなければならない。

民主的な授業形態を創造する方法として，また問題の克服や意思形成における民主的な形を展望するものとして，以下のステップが考えられる。

——教員と生徒による自分たちの状況についての把握（たとえば一部の生徒は多くの授業内容を時代遅れだと考えていたり，様々な影響により学校をつまらないものと見ているなど。また教員の側では，たとえば社会的な常識にとらわれ，職務上のプラグマティズムに陥っているなど）。

——その状況を対話形式で叙述する。自分の立場を批判的に見る準備。

——「相手」の立場を知ることにより，段階的に偏見と先入観を取り除く。

——すべての参加者の希望と理解にできるだけ応える授業形態を組織する。また，そのような授業形態を促進するという原則を確認する。

・対話，すなわち議論とコミュニケーションによる相互理解の原則。
・一度決めたことには全員が義務を追う原則。合意された前提から離れる際には，そのことが明確に表明されなければならず，そこから生じる結果が明らかにされなければならない。
・授業は（これまでのように），（教員の）専門的な権威のみに基づいて行われるのではなく，そこには共同決定と協力がなければならない。

——授業では，自分の仕事が繰り返し検討されなければならず，必要に応じてそれを否定し，その否定すべき原因と授業モデルの限界が認識されなければならない。
——教育の目標として，扱っている内容（情報の獲得，誰かを訪問すること，報告者の招待，自分たちの様々な活動）を学習者が身近に感じることが，到達する知識のレベルと同様に重視される。

民主主義を独裁的権力の不在としてだけではなく，個人の意見形成や自発的な意見表明，そして責任感に基づく協力などへの義務として理解する授業モデルが開発されなければならない。

III　目指すべき能力と学習目標

目指すべき能力と学習目標は，教育目標を書き換えることになる。ここで言う能力とは，生徒が政治教育の授業に参加するなかで獲得すべき個人の力のことである。教育目標は，生徒がそれらの能力を獲得できるようにするための手がかりである。教育目標の選択は，先に記した民主的な授業モデルにおいて最も良く行われる。

そのような授業を提供するために，政治教育が独自の教科を持つことが最も望ましいのは疑う余地がない。しかしながら，その能力と学習目標は従来の教科にも組み込むことができる。そのための前提は，授業を行う教員に高度な情報を提供し，従来の授業を離れて——常に対等な関係で生徒と協力しながら——授業が自ら組織されていく教育的状況を作るための備えをすることである。

政治教育の教育課程においては，以下のような能力と目標が考えられる。

1．社会における権力関係と権力の分散について
——権力の目的と必要性を問う能力と姿勢
——権力の基礎にある利害，規範，価値観を分析する能力と姿勢

こうした能力については，様々な政治制度についての具体的な知識と，その政治的機能に関する知識が必要である。また政治的意思形成過程で作用する様々な要素についても示される必要がある。これが最も重視されるのは，この過程で，すでに内面化され，意識されずにある自らの価値観や意図を分析できるようになるからである。自己から出発して，様々な領域における通常意識されない規範（政治プロパガンダや広告など）を分析する力が獲得される。その結果，浮かび上がった規範に同意するか距離を取るかという問いが生じるのである。

以上の能力を獲得するための学習内容は以下の通り。
——様々な国家形態の歴史的発展ならびにその歴史的制約
——政治的秩序とその元にある思想
——国家の本質と課題，ならびにその構造についての知識

——オーストリアの国内政治の主要な問題
——憲法についての知識
——政党と利益団体
——オーストリアの民主的な意思決定過程（ケーススタディ）
——オーストリアの政治における経済的要因
——マスメディアの構造とメカニズム。メディアによる政治報道，あるいはメディア論
——オーストリアの政治システムにおける個人の役割。個人の価値観と国家の価値観の関係

2．政治的な意思決定過程に参加する機会についての知識と，政治的なオルタナティブについて考え，立場をとり，場合によっては制裁圧力のもとでも民主的な決定を実現させる能力ならびに準備。

参加の機会に関する知識は，民主主義の存続にとって決定的に重要である。ここでは「政治化」という意味ではなく，その重要性を知ることとして扱われる。政治的なオルタナティブを考える能力は，政治的に異なる意見を持つ者への寛容とバランスの取れた思考をする能力を高める。

政治的な立場をとる準備は，政治教育が単なる問題解決方法の分析に終わらないようにするために重要である。また実際に特定の立場をとることにより，意見の対立をよりよく認識することができる。

決定の実現を試みるよう促すことは，特定の問題の政治的理解にまつわる対立と困難を理解させる上で重要である。民主主義の原則を守ることは独裁主義的な要求に対抗するものであることから，厳しい言葉（「制裁圧力のもとでも」）が選ばれている。ここで，民主主義を守ろうとする際に経験しうる敵意や制裁について言及しないのは間違いであろう。

〈教育目標〉
——政党とそれが国家意思形成において持つ重要性
——政治倫理と政治的世界観，様々な政治思想の基礎についての知識
——国家市民の基本権，法治国家とオーストリアの法秩序の基本問題

3．自らの法的権利ないし利害について考え，自分の要求を（他者とともに，あるいは一人で）貫徹するか，社会の要求を自分のものとするか，あるいは自分の利益をその下位に置くかを決める準備。

ここでは——たとえば法律学の意味で——法に関する知識ないしそれを使用するということも可能であり，また国家的な必要性についての認識を強調し，促す可能性もある。

上記の文章は，民主的な社会においては合法的な利益の追求を貫徹するだけでなく，（批判的な検討に基づいて）より高度な利害のなかで，ある程度の調整も必要であるとする理解（たとえば国家防衛）に基づいている。社会全体の利益に貢献しようとする自発性も育成されるべきである。

〈学習目標〉
——法律学，基本権ならびに法制度の知識
——憲法，行政法，民法の重要な条項についての知識
——労働法，社会法，刑法についての基礎的な知識
——オーストリアの経済秩序と国家防衛についての知識

（マスメディアや個人の関心に基づいてよく知られている諸問題を考慮しつつ）広い領域を具体的に扱うことになるため，これは教授学的に非常に難しい。ここでは（青少年裁判

所の訪問，報告者を招待するなどの）追加的な情報により，様々な可能性が模索されることになる。(精神的・軍事的国家防衛に関する問い）

4．視野を拡大する可能性を獲得したり，原則的に他者を認め，他者の気持ちを楽にすることができる能力。また意思決定において自分が持っている自己イメージによる負担に耐える能力。

学び続ける力の重要性については言うまでもない。それに加えて，他者に対して包括的で多元的な情報を提供できるようになるための洞察が必要である。この「積極的な寛容」の姿勢は，個々の問題についてパートナーとのあいだで対立する見方をもたらす。そうした問題に取り組み，一つの決定を追求することは，多くの場合，自分にとって負担（自分の間違いの認識，自分の考え方の修正，要求の制限）を意味する。それは合意を追求する上での「正常な」結果として理解されるべきである。

〈教育目標〉

——主体的に情報を得ることへのアドバイス

——政治心理学の方法についてのアドバイス

5．偏見を捨てて，社会ないし国内の他の集団にとって前提となっているものを認識する。場合によっては，貧しい者ないし抑圧された者の利益を代表し，より公正な平和的秩序のための社会の変革を受け入れる。

ここでは政治教育が持つ国際的な側面が強調されるべきであり，同時に，政治教育は一般に有効な価値（自由，主権，基本的人権の尊重とその維持など）と結びつけられていなければならない。政治的であることは，それ自身が目的なのではなく，人間性，自由，公正などの価値を実現するための道具として理解されなければならない。この視点は国内政治にも国際政治にもあてはまる。同時に，自発的な行動への刺激もこうした（政治のみならず慈善という）意味において理解されなければならない。

〈教育目標〉

——(国内ならびに対外的な）偏見について知らせること

——国際政治（開発支援，大国を中心としたブロックなど）

——国際法と人権

——平和研究と平和の保障

〔Entwurf zu einem Grundsatzerlaß（1975), in : Wolf, Andrea（Hrsg.), *Der Lange Anfang. 20 Jahre “Politische Bildung in den Schulen”*, Sonderzahl, 1998, S. 199-207.〕

資料 2 「学校における政治教育」の基本原則に関する学校改革委員会に提出された原案（1976 年）

I

オーストリアの学校は，生徒の政治教育について適切に考慮してはじめて，学校組織法第 2 条に記された包括的な使命を果たすことができる。政治教育は個人の成長と社会全体の発展の前提である。あらゆる生活領域が複雑化する時代にあって，それは政治的な意思形成プロセスへの参加の可能性を認識する機会なのであり，また，あらゆる生活領域において民主主義が実現されることへの積極的な貢献である。

政治教育の本質は，民主主義に基礎を置くオーストリア意識，全ヨーロッパ的思考，そして世界に開かれ，特に人類の存続に寄与する行動のための教育にある。

政治教育は相互に関係する三つの領域で行われる。

1．政治教育とは知識と認識の伝達である。生徒は，政治・文化・社会・経済における秩序と様々な要求について知るべきである。生徒は，こうした秩序が歴史的ないし社会的に形成されてきた条件についての知識を獲得し，そこで作用している力関係と利害を認識すべきである。

2．政治教育とは，能力と認識の開発である。生徒は，政治・文化・社会・経済を理解する能力と批判的な判断力を獲得すべきである。社会的な決定の要素一つひとつ（政治的責任を担う主体，彼らの利害と目標，彼らの価値観，決定ないし交渉の過程，権力の分散）についての認識が，個々の意見形成の基礎となるべきである。そして自分の意見を持つことは，我々の社会をともに作る上での課題を認識する契機となる。

3．政治教育は，責任ある行動への準備の意識を目覚めさせる。生徒に対し，政治的に重要な出来事を認識する準備を促すことが政治教育の仕事である。しかし最終的に重要なのは，一人ひとりが獲得した認識が――場合によっては自分の利益に反してでも――政治的な責任感を自覚した行動につながることである。

政治教育は全教員の課題であり，すべての学校種，学年，教科において教科を超える授業の原則として，以下に記す目的において効果的に追求されるべきである。その際，教員に対する教科の要求や，今日の（学校教育法第 18 条ないし 58 条の意味における）民主的でパートナーシップ的な授業から好機が生じる。ここでは全教員の協力が不可欠である。

II

A．政治教育の授業原則の規定

政治教育の授業原則は，教育課程基準の枠組みにおいて，以下の能力や認識等のための基礎を形成することにある。

1．社会における支配関係と権力の分散を，その目的と必要性，そしてその基礎にある利害，規範，価値観において確認する能力と用意。

政治教育の授業原則のこの側面は，様々な機関とその機能を扱うことで認識されうる。その際，政治的な意思決定過程における諸要因とメカニズムを扱うことができるが，様々な（しばしば意識されずに内面化された）価値観とその意図の批判的な分析が必要である。自分の状況から出発し，より広い領域におけるしばしば見過ごされている規範（政治プロパガンダや宣伝など）を調べる能力が獲得されるべきである。同時に，認識できるようになった規範に対して同調するか距離をとるかという問いが浮上する。

2．政治的な意思形成過程に参画する機会についての認識と，政治的なオルタナティブを考え，立場を取り，場合によっては個人ないし集団の圧力を受けながらも民主的な決定を実現するよう試みる能力と準備。

そのような参加の機会の認識という意味での「政治化」が目指されるべきである。政治的オルタナティブについて考える能力は，政治的な意見の異なる人への寛容の姿勢を促進し，バランスのとれた考え方をもたらす。自分の立場をとる準備は，政治教育が単なる分析と解決策の収集に終始することを防止する。同時に，一つの立場をとることにより，対立する意見を明確に認識できるようになる。民主的な決定を実現しようと努力することが，特定の問題に対する政治的な解釈をめぐる緊張と負担を理解しやすくする。このもとには，たとえ敵対や制裁があったとしても，非民主的な要求に対して民主主義の原則を守ることが重要だという考え方がある。

3．自分の権利と利害について熟考する能力。そして自分の要求と利害を（他者とともに，または一人で）貫徹するか，あるいは社会の利益を認識した上で場合によっては個人の利害の充足をその下位に位置づけるかに関する準備。包括的国家防衛についての国民議会の決議が求めるように，犠牲を払ってでも，民主主義的な自由，憲法ならびに法秩序，共和国の独立と領土を保全し，包括的国家防衛の意味における我々の国家の行動の自由を守る準備。

ここでは，自分の権利と公共の利益の認識の両方が促進されなければならない。根本にあるのは，民主的な共同体においては合法的な利益を貫徹する際の市民的勇気だけでなく，民主主義の手続きに則り，一般的な人権の原則に従っているならば多数決による決定を承認することも必要であるとの確信である。

4．さらなる教育を受ける可能性を利用する能力と，他の人がさらに教育を受けるのを認め，支援する用意。また自分の世界像を作る鍵は，一人ひとりの学習能力と恒常的な学習への準備にあるという認識。

他者も包括的な情報への接近が可能でなければならないという認識は，継続教育への能力と結びついている。積極的な寛容という視点は，相手との関係において，特定の問題についての対立する見方へと導く。議論をし，一つの決定を追求することは，しばしば自分の立場を維持することを難しくするが（自分の間違いの認識，要求の修正），それは合意を追求する上での正常な結果として理解されるべきである。

5．自由や人間の尊厳のような不可侵の基本権を支持し，偏見を取り除き，場合によっては不利な条件にある人々の利益のために行動する能力と用意。公正な平和秩序の創出が人類の存続のために不可欠であり，そのために世界中の力を動員することが求められ，さらにそれはすべての人間の義務を意味しているという認識。

ここでは政治教育の国際的な側面が強調されるべきである。同時に，政治的判断は一般に有効な価値と結びついていなければならない。政治はそれ自身が目的ではなく，人間性，自由，平等，公正を達成するための道具として理解されるべきである。この視点は国内政治にも国際政治にもあてはまる。自分自身についても，こうした意味で（政治的のみならず慈善の意味で）の行動が促されるべきである。

B．政治教育における授業の実施に関する基本的なアドバイス

政治教育においては，学習は常に経験に基づいていること，また生徒にとっての知識はなにかをできるということを意味すること，すなわち特定の状況において特定の課題に取り組む能力を示しているということが，その基準となる。政治教育の視点からは，思考は，常に自分にとって可能な行為と関係している。したがって政治教育領域では，学習内容の伝達も，民主主義的なルールの経験を促すことによって補われなければならない。そのためには，生徒は，学校教育法に定められているように（学校経営への生徒の参加，学校共同体），特に自主的かつ責任感をもって活動する機会を活用すべきである。

政治教育は，授業ないし学校生活全般のなかで，民主主義の基本ルールと行動様式を直接的に経験することを保障される場合にのみ，単なる情報の蓄積を越えて民主主義についてのより深い理解に向けてはたらきかけることができる。したがって，授業形態や教育のスタイルにおいて民主主義を経験できるようにし，生徒に民主主義の本質に対する信頼を持たせ，民主主義についての情報提供を信用できるものとすることが大切である。

政治教育は，生徒がすでに一定の社会的経験を持っているという事実を貴重な出発点と

することができる。それゆえ学習プロセスは，生徒の経験の領域，社会的な経験空間（家族，学校，友人関係など）から始めなければならない。そして——不当な単純化をすることなく——小さな社会から大きな社会へと導かなければならない。

民主的な授業形態の教育的原則は，様々な理解が議論の中に持ち込まれなければならないということである。なぜなら会話がコンセンサスの最善の前提だからである。その際，多元主義的な民主主義においては，民主主義の原則を守り，それを傷つけるものでない限り，様々な意見と価値観が併存することが重要である。

このように授業ないし教育を進めるためには，教員には教科と教育の高度な能力はもちろん，そこに喜びを感じていることが求められる。特に政治教育は，教員に，生徒に対して，社会的・統合的な指導スタイルという意味でパートナーシップ的に接することを求める。また生徒には，民主的な授業・教育モデルが成功するよう，そこに積極的に参加し，授業を民主主義的に形成することへの関心を示すことが求められる。このように，適切な授業・教育方法を実現することは，（あらゆる当事者のあいだのできるだけ包括的な協力と参画を求める民主主義理解ゆえに）教員だけの責任ではない。教員の教科における権威とともに，生徒の積極的な協力が，民主的な授業形態には不可欠である。

政治教育の授業は，教員の様々な能力（教科における権威，生徒を統合する能力，慣れない状況における情緒的な安定性，異なる価値観に対する寛容の能力）への要求を意味する。しかし，それは同時に生徒にも高度な要求（積極的な参加，対話の用意，協力して問題解決に取り組む用意，民主的な決定の承認，民主的な原則に基づく自発的で責任感のある行動）を課す。教員と生徒が上にあるように力を合わせ，その協力において民主主義的な考え方と行動を発展させることを確かなものとしてこそ，この通知の意味における政治教育は学校の中で有効にはたらくであろう。

〔Fassung, die der Schulreformkommission vorgelegt wurde（1976）, in : Wolf, Andrea（Hrsg.）, *Der Lange Anfang. 20 Jahre "Politische Bildung in den Schulen"*, Sonderzahl, 1998, S. 208–213.〕

資料 3 「学校における政治教育」の基本原則に関する専門家委員会案（1976 年）

〔訂正線は原案に対して専門家委員会での審議の過程で削除された部分を，斜体は追加された部分を示す。〕

I

オーストリアの学校は，生徒の政治教育について適切に考慮してはじめて，学校組織法第 2 条に記された包括的な使命を果たすことができる。政治教育は個人の成長と社会全体の発展の前提である。あらゆる生活領域が複雑化する時代にあって，それは政治的な意思形成プロセスへの参加の可能性を認識する機会なのであり，~~また，あらゆる生活領域において~~民主主義が実現されることへの積極的な貢献である。

民主主義は，単なる国家的な意思決定の手続き以上のものである。民主主義の思想は，社会のあらゆる生活領域において承認されなければならず，また民主主義の基礎についての形式的な尊重を越えて，人間尊重の姿勢と人権実現への努力を義務づける。民主主義思想は，平等と自由の価値，社会的公正と平和の理想と不可分に結びついている。

政治教育の本質は，民主主義に基礎を置くオーストリア意識，全ヨーロッパ的思考，そして世界に開かれ，特に人類の存続に寄与する行動のための教育にある。

政治教育は相互に関係する三つの領域で行われる。

1．政治教育とは知識と認識の伝達である。生徒は，政治・文化・社会・経済における秩序と様々な要求について知るべきである。生徒は，こうした秩序が歴史的ないし社会的に形成されてきた条件についての知識を獲得し，そこで作用している力関係と利害を認識すべきである。
2．政治教育とは，能力と認識の開発である。生徒は，政治・文化・社会・経済を理解する能力と批判的な判断力を獲得すべきである。社会的な決定の要素一つひとつ（政治的責任を担う主体，彼らの利害と目標，彼らの価値観，決定ないし交渉の過程，権力の分散）についての認識が，個々の意見形成の基礎となるべきである。そして自分の意見を持つことは，我々の社会をともに作る上での課題を認識する契機となる。
3．政治教育は，責任ある行動への準備の意識を目覚めさせる。生徒に対し，政治的に重要な出来事を認識する準備を促すことが政治教育の仕事である。しかし最終的に重要なのは，~~一人ひとりが獲得した~~認識*自分の価値観に基づく決定*が——場合によっては自分の利益に反してでも——政治的な責任感を自覚した行動につながることである。

政治教育は全教員の課題であり，すべての学校種，学年，教科において，教科を超える授業の原則として，以下に記す目的において効果的に追求されるべきである。その際，教員に対する教科の要求や，今日の（学校教育法第18条ないし58条の意味における）民主的でパートナーシップ的な授業から好機が生じる。ここでは全教員の協力が不可欠である。

II

A．政治教育の授業原則の規定

政治教育の授業原則は，教育課程基準の枠組みにおいて，以下の能力や認識等のための基礎を形成することにある。

1．社会における支配関係と権力の分散を，その目的と必要性，そしてその基礎にある利害，規範，価値観において確認~~す~~*し，また個人の考えと関連づける*能力と用意。

支配関係と権力の分散を見るとき，その中心には民主主義の正当性への問いが位置していなければならない。支配と権力は民主主義に不可欠であり，また所与のものである。重要なのは，（特定の内容の命令に対して一群の人々に服従を見出すチャンスとしての—— ヴェーバー）支配と（ある社会関係のなかで自らの意思を抵抗に逆らってでも貫徹する可能性としての—— ヴェーバー）権力が，民主主義的な法治国家の原則にかなうものとして扱われることである。

政治教育の授業原則のこの側面は，*社会と国家の*様々な機関とその機能を扱うことで認識されうる。その際，政治的な意思決定過程における諸要因とメカニズムを扱うことができるが，様々な（しばしば意識されずに内面化された）価値観とその意図の批判的な分析が必要である。自分の状況から出発し，より広い領域におけるしばしば見過ごされている規範（政治プロパガンダや宣伝など）を調べる能力が獲得されるべきである。~~同時に，認識できるようになった規範に対して同調するか距離をとるかという問いが浮上する。~~*生徒は，社会的なコンフリクトを認識し分析する能力を獲得すべきであり，また民主主義社会においては，どのような共通の価値観によってコンフリクト状況から合意に基づく決定が可能になっているのかを認識すべきである。*

2．~~政治的な意思形成過程に参画する機会についての認識と，政治的なオルタナティブを考え，立場を取り，~~*民主主義は，高度な個人の参加とそのルールが自然に内面化されていることを要求するという認識*。また場合によっては個人ないし集団の圧力を受けながらも

民主的な~~決定を実現するよう試みる能力と準備。~~*意思決定プロセスにおけるあらゆる実現可能な共同決定を，責任をもって実施する用意。*

~~そのような~~*政治的な意見形成プロセスへの*参加の機会の認識という意味での「政治化」が目指されるべきである。政治的オルタナティブについて考える能力は，政治的な意見の異なる人への寛容の姿勢を促進し，バランスのとれた考え方をもたらす。自分の立場をとる準備は，政治教育が単なる分析と解決策の収集に終始することを防止する。同時に，一つの立場をとることにより，対立する意見を明確に認識できるようになる。民主的な決定を実現しようと努力することが，特定の問題に対する政治的な解釈をめぐる緊張と負担を理解しやすくする。このもとには，たとえ敵対や制裁があったとしても，非民主的な要求に対して民主主義の原則を守ることが重要だという考え方がある。

3．*法治国家の民主主義のなかでの個人の自由と自分で決めることのできる領域についての知識。場合によっては自分の要求よりも共同体の利益を優先する準備。*~~自分の権利と利害について熟考する能力。そして自己の要求と利害を（他者とともに，または一人で）貫徹するか，あるいは社会の利益を認識した上で場合によっては個人の利害の充足をその下位に位置づけるかに関する準備。~~包括的国家防衛に関する国民議会の決議が求めるように，犠牲を払ってでも，民主主義的な自由，憲法ならびに法秩序，共和国の独立と領土を保全し，包括的国家防衛の意味における我々の国家の行動の自由を守る準備。

ここでは，自分の権利と公共の利益の認識の両方が促進されなければならない。根本にあるのは，民主的な共同体においては合法的な利益を貫徹する際の市民的勇気だけでなく，民主主義の手続きに則り，一般的な人権の原則に従っているならば多数決による決定を承認することも必要であるとの確信である。*包括的国家防衛の問題を扱う際には，——我々の国家防衛の防衛的性格を強調しつつ——特に民主主義の機構の防衛に言及されなければならない。とりわけ，危機のとき，中立性が脅かされているとき，防衛が必要なときの市民的防衛と経済的準備の問題も取り上げられるべきである。*

4．さらなる教育を受ける可能性を利用する能力と，他の人がさらに教育を受けるのを認め，支援する用意。また自分の世界像を作る鍵は，一人ひとりの学習能力と恒常的な学習への準備にあるという認識。

他者も包括的な情報への接近が可能でなければならないという認識は，継続教育への能力と結びついている。積極的な寛容という視点は，相手との関係において，特定の問題についての対立する見方へと導く。議論をし，一つの決定を追求することは，しばしば自分の立場を維持することを難しくするが（自分の間違いの認識，要求の修正），それは合意を追求する上での正常な結果として理解されるべきである。

5．自由や人間の尊厳のような不可侵の基本権を支持し，偏見を取り除き，場合によっては不利な条件にある人々の利益のために行動する能力と用意。公正な平和秩序の創出が人類の存続のために不可欠であり，そのために世界中の力を動員することが求められ，さらにそれはすべての人間の義務を意味しているという認識。

ここでは政治教育の国際的な側面が強調されるべきである。同時に，政治的判断は一般に有効な価値と結びついていなければならない。政治はそれ自身が目的ではなく，人間性，自由，平等，公正を達成するための道具として理解されるべきである。この視点は国内政治にも国際政治にもあてはまる。自分自身についても，こうした意味で（政治的のみならず慈善の意味で）の行動が促されるべきである。

(B は資料 2 と同文のため省略)
〔Aufgrund der Anregung der Schulreformkommission überarbeitete Fassung (1976), in : Wolf, Andrea (Hrsg.), *Der Lange Anfang. 20 Jahre "Politische Bildung in den Schulen"*, Sonderzahl, 1998, S. 214-220.〕

資料 4　基本通知「学校における政治教育」(1978 年)

〔訂正線は専門家委員会案から最終的に削除された部分を，斜体は追加された部分を示す。〕

序文

すべての教員に届けられる通知「学校における政治教育」は，ほぼ 30 年前に発せられた国家市民教育に関する通知に代わるものである。

この通知は 2 年以上の準備時間をかけてまとめられ，様々な委員会で審議された結果である。その大がかりな作業では，学校改革委員会，教育学者，政治学者，現代史研究者，学校監督官，そして議会に議席を持つ政党の代表からなる専門委員が参加したほか，教員も継続教育機関において意見を表明する機会を持った。

こうした議論を経て，喜ばしいことに，高度な合意をもってここに示すような形で政治教育の授業の原則をまとめることができた。この通知はまた，学校での実践に役立つ具体的な参考資料が必要であることを明らかにしている。この点については，教員による作業グループを設け，1978/79 年度にはすべての教員に最初の授業モデルを届けられるよう，すでに委員の任命を終えている。また教員養成機関ならびに継続教育機関においても，連邦教育芸術省により，政治教育が重点的に扱われることになっている。

より良い政治教育を目指すこうした努力があって初めて，建設的な協力関係のもとでスタートを切ることができるのは明らかである。これまで議論に参加してきた方々（学校改革委員会委員，大学の代表，政治の専門家，各党の学校担当）には，困難な学校の現実の中でこの通知の考え方が教育実践に反映されるよう配慮していただければ感謝に堪えない。

ウィーン，1978 年 4 月 11 日

大臣　フレート・ジノヴァッツ

学校における政治教育

I　*基本原則*

オーストリアの学校は，生徒の政治教育について適切に考慮してはじめて，学校組織法第 2 条に記された包括的な使命を果たすことができる。政治教育は個人の成長と社会全体の発展の前提である。あらゆる生活領域が複雑化する時代にあって，それは~~政治的な意思形成プロセスへの参加の可能性を認識する機会なのであり，民主主義が実現されること~~ *社会の形成と民主主義の実現*への積極的な貢献である。

~~民主主義は，単なる国家的な意思決定の手続き以上のものである。民主主義の思想は，社会のあらゆる生活領域において承認されなければならず，また民主主義の基礎についての形式的な尊重を越えて，人間尊重の姿勢と人権実現への努力を義務づける。民主主義思想は，平等と自由の価値，社会的公正と平和の理想と不可分に結びついている。~~

政治教育の本質は，民主主義に基礎を置くオーストリア意識，全ヨーロッパ的思考，そ

して世界に開かれ，特に人類の存続に~~寄与する行動のための~~*関する問題への理解に基づく*教育にある。

政治教育は，正当な支配と権威を承認し，統治する者とされる者のアイデンティティに矛盾しない民主主義理解に対して義務を負っている。

しかしながら，その中心には，なにによって社会における支配と権威は正当と承認されるかという問題がある。民主主義的な共同体のメルクマールとなるのは，権威と支配が被治者による自由な任命，自由な統制，そして自由な召喚に基づいていることである。また，民主主義の考え方が社会の他の領域においても承認されているほど，民主主義的な統治システムは有効に機能する。

学校における政治教育は，政治が特定の価値のもとで行われるところから出発しなければならない。平和，自由，平等，公正が，人間のあらゆる秩序と政治的行動の基礎とならなければならない。しかし，その際，これらの基本的価値がしばしば緊張関係にあること，また特定の状況においては，同じ理想から出発しても，その理想の実現について異なる理解が生じる可能性があることも認識されなければならない。

政治教育は——*上記の価値に基づいて*——相互に関係する三つの領域で行われる。

1．政治教育とは知識と認識の伝達である。生徒は，政治・文化・社会・経済における秩序と様々な要求について知るべきである。生徒は，こうした秩序が歴史的ないし社会的に形成されてきた条件についての知識を獲得し，そこで作用している力関係と利害を認識すべきである。

2．政治教育とは，能力と認識の開発である。生徒は，政治・文化・~~社会・~~経済を理解する能力と批判的な判断力を獲得すべきである。*我々の社会を形成するに際しての個人の課題を認識*できるよう，社会的な決定の要素一つひとつ（*社会的とりわけ*政治的責任を担う主体，彼らの~~利害と~~目標~~，彼らの~~と価値観，決定ないし交渉の過程，権力の分散）についての認識が，個々の意見形成の基礎となるべきである。~~そして自分の意見を持つことは，我々の社会をともに作る上での課題を認識する契機となる。~~

3．政治教育は，責任ある行動への準備の意識を目覚めさせる。*政治教育は*生徒に対し，政治的~~に重要~~な出来事*に積極的に参加する*~~を認識する~~準備を促す~~ことが政治教育の仕事である。しかし最終的に重要なのは~~*生徒は*，自分の価値観に基づく決定~~が~~*を*——場合によっては自分の利益に反してでも——政治的な責任感を自覚した行動につな~~がること~~*げる用意をしているべきである。*

政治教育は全教員の課題であり，~~すべて~~*それぞれの*学校種，学年，教科~~において~~*の可能性に応じて*，~~教科を超える授業の原則として，以下に記す~~*後述*する目的において効果的に追求されるべきである。その際，教員に対する教科の要求や~~，今日の（学校教育法第18条ないし58条の意味における）民主的でパートナーシップ~~的な授業から~~好機が~~生じる*機会を生かすことが重要である。*ここでは全教員の協力が不可欠である。

II　政治教育の授業原則の*詳細な*規定

政治教育の授業原則は，教育課程基準の枠組みにおいて，以下の~~能力や認識等のための基礎を形成することに~~*目標を追求するものである。*

1．*政治教育は，社会の構造をその形と制約（利害，規範，価値観，支配，権力，権力の分割，政治機関）において認識する力を育てるべきである。*~~社会における支配関係と権力の分散を，その目的と必要性，そしてその基礎にある利害，規範，価値観において確認し，~~

また個人の考えと関連づける能力と用意。

支配関係と権力の分散を見るとき，その中心には民主主義の正当性への問いが位置していなければならない。支配と権力は民主主義に不可欠であり，また所与のものである。重要なのは，（特定の内容の命令に対して一群の人々に服従を見出すチャンスとしての——ヴェーバー）支配と（ある社会関係のなかで自らの意思を抵抗に逆らってでも貫徹する可能性としての——ヴェーバー）権力は，民主主義的な法治国家の原則にかなうものとして扱われることである。

政治教育の授業原則のこの側面は，社会と国家の様々な機関とその機能を扱うことで認識されうる。その際，政治的な意思決定過程における諸要因とメカニズムを扱うことができるが，様々な（しばしば意識されずに内面化された）価値観とその意図の批判的な分析が必要である。自分の状況から出発し，より広い領域におけるしばしば見過ごされている規範（政治プロパガンダや宣伝など）を調べる能力が獲得されるべきである。生徒は，社会的なコンフリクトを認識し分析する能力を獲得すべきであり，また民主主義社会においてはどのような共通の価値観によってコンフリクト状況から合意に基づく決定が可能になっているのかを認識すべきである。

2．*政治教育は，民主主義はそのルールを形式的に守れば良いというのではなく，高度な参加を要求するという確信を持たせるべきである。*民主主義は，高度な個人の参加とそのルールが自然に内面化されていることを要求するという認識。また場合によっては個人ないし集団の圧力を受けながらも*それは，他者とともに，あるいは一人でも，*民主的な意思決定プロセスにおけるあらゆる実現可能な共同決定を，責任をもって実行する用意をすべきである。

*自らの利害と他者の関心事，そして共同の課題を正しく代表できるようになるために，*政治的な意見形成プロセスへの参加の機会の認識という意味での「政治化」が目指されるべきである。政治的オルタナティブについて考える能力は，政治的な意見の異なる人への寛容の姿勢を促進し，バランスのとれた考え方をもたらす。自分の立場をとる準備は，政治教育が単なる分析と解決策の収集に終始することを防止する。同時に，一つの立場をとることにより，対立する意見を明確に認識できるようになる。民主的な決定を実現しようと努力することが，特定の問題に対する政治的な解釈をめぐる緊張と負担を理解しやすくする。このもとには，たとえ敵対や制裁があったとしても，非民主的な要求に対して民主主義の原則を守ることが重要だという考え方がある。

3．*政治教育は，政治的オルタナティブの思考を訓練し，その際，政治的に異なる考えを持つ者への寛容の姿勢へと導くべきである。*

生徒は，民主主義的な共同体においては，合法的な利益を追求する際にもしばしば市民的勇気が必要であること，また民主的な手続きに則り，普遍的人権の原則に合致している限り，多数決を承認する必要があることを認識すべきである。

法治国家の民主主義のなかでの個人の自由と自分で決めることのできる領域についての知識。場合によっては自分の要求よりも共同体の利益を優先する準備。包括的国家防衛に関する国民議会の決議が求めるように，犠牲を払ってでも，民主主義的な自由，憲法ならびに法秩序，共和国の独立と領土の保全，また包括的国家防衛の意味における我々の国家の行動の自由を守る準備。

ここでは，自分の権利と公共の利益の認識の両方が促進されなければならない。根本にあるのは，民主的な共同体においては合法的な利益を貫徹する際の市民的勇気だけ

でなく，民主主義の手続きに則り，一般的な人権の原則に従っているならば多数決による決定を承認することも必要であるとの確信である。包括的国家防衛の問題を扱う際には，――我々の国家防衛の防衛的性格を強調しつつ――特に民主主義の機構の防衛に言及されなければならない。とりわけ，危機のとき，中立性が脅かされているとき，防衛が必要なときの市民的防衛と経済的準備の問題も取り上げられるべきである。

4．政治教育は，民主主義的な自由，憲法ならびに法秩序，そして我々の共和国の独立と領土の保全のために，包括的国土防衛という課題に向けて，生徒の理解を育むべきである。

さらに教育を受ける可能性を利用する能力と他の人がさらに教育を受けるのを認め，支援する用意。また，自分の世界像を作る鍵は，一人ひとりの学習能力と恒常的な学習への準備にあるという認識。

他者も包括的な情報への接近が可能でなければならないという認識は，継続教育への能力と結びついている。積極的な寛容という視点は，相手との関係において，特定の問題についての対立する見方へと導く。議論をし，一つの決定を追求することは，しばしば自分の立場を維持することを難しくするが（自分の間違いの認識，要求の修正），それは合意を追求する上での正常な結果として理解されるべきである。

5．政治教育は，自由や人間の尊厳のような不可侵の基本権を支持し，偏見を取り除き，場合によっては不利な条件にある人々の利益のために行動する能力と用意を促すべきである。それは，公正な平和秩序の創出が人類の存続のために不可欠であるとの認識を伝えるべきであり，その目的の達成のためには世界中の力を動員することが求められ，さらにそれはすべての人間の義務として把握されなければならないを意味しているという認識明確な意識を作らなければならない。

ここでは政治教育の国際的な側面が強調されるべきである。同時に，政治的判断は一般に有効な価値と結びついていなければならない。政治はそれ自身が目的ではなく，人間性，自由，平等，公正を達成するための道具として理解されるべきである。この視点は国内政治にも国際政治にもあてはまる。自分自身についても，こうした意味で（政治的のみならず慈善の意味で）の行動が促されるべきである。

III　政治教育における授業の実施に関する基本的なアドバイス

政治教育の授業原則においては，学習は常に経験と認識に基づいていること，また認識と知識は生徒にとっての可能な活動と関係しているなにかをできるという理解ことを意味すること，すなわち特定の状況において特定の課題に取り組む能力を示しているということが，その基準となる。政治教育の視点からは，思考は，常に自分にとって可能な行為と関係している。したがって政治教育領域では，学習内容の伝達もは，民主主義的な価値観と行動様式ルールの経験を促すことによって補われなければならない。そのためには意味で，生徒は，とりわけ学校教育法に定められているように（学校経営への生徒の参加，学校共同体），特に自主的かつ責任感をもって活動する機会を活用すべきである。

政治教育は，授業ないし学校生活全般のなかで，民主主義の基本ルールと行動様式を直接的に経験することを保障される場合にのみ，単なる情報の蓄積を越えて民主主義についてのより深い理解に向けてはたらきかけることができる。したがって，授業形態や教育のスタイルにおいて民主主義を経験できるようにし，生徒に民主主義の本質に対する信頼を持たせ，民主主義についての情報提供を信用できるものとすることが大切である。

政治教育は，生徒がすでに一定の社会的経験を持っているという事実を重要な出発点と

することができる。それゆえ学習プロセスは，生徒の経験の領域，社会的な経験空間（家族，学校，友人関係など）から始めなければならない。そして——不当な単純化をすることなく——小さな社会から大きな社会へと導かなければならない。

民主的な授業形態の教育の的原則は，*民主主義においては*様々な理解が議論の中に持ち込まれなければならないということである。なぜなら会話がコンセンサスの最善の前提だからである。その際，多元主義的な民主主義においては，民主主義の原則を守り，それを傷つけるものでない限り，*我々の社会で有効な基本的価値を守り，少なくともそれを損なわないかぎりで*様々な意見と価値観が併存することが重要，*そして意見や価値観には常に多様性が認められなければならないということである。対話の中では，対立する利害が語られ，また多様な理解が示されるべきである。とりわけ話し合うことが，合意を見出し，また妥協を目指す上で重要な前提である。*

このように授業ないし教育を進めるためには，教員には教科と教育の高度な能力はもちろん，そこに喜びを感じていること，*そして生徒とパートナーシップ的に接する能力*が求められる。*教員は（教員と生徒の強い結びつきを前にして），政治教育を，決して個人の見解や政治理解の宣伝のために利用してはならない。教員が個人の見解を示すことが求められる場合には，その意見が他の意見を貶めることのないように，また生徒が教員の個人的な見解に対して批判的な距離をとることができるように，厳格に注意しなければならない。*特に政治教育は，教員に，生徒に対し，社会的・統合的な指導スタイルという意味でパートナーシップ的に接することを求める。また生徒には，民主的な授業・教育モデルが成功するよう，そこに積極的に参加し，授業を民主主義的に形成することへの関心を示すことが求められる。このように，適切な授業・教育方法を実現することは，（あらゆる当事者のあいだのできるだけ包括的な協力と参画を求める民主主義理解ゆえに）教員だけの責任ではない。教員の教科における権威とともに，生徒の積極的な協力が，民主的な授業形態には不可欠である。

政治教育の授業*原則の尊重*は，教員の様々な能力（教科における権威，生徒を統合する能力，慣れない状況における情緒的な安定性，異なる価値観に対する寛容の能力）への要求を意味する。しかし，それはと同時に生徒にも高度な要求（積極的な参加，対話の用意，協力して問題解決に取り組む用意，民主的な決定の承認，民主的な原則に基づく自発的で責任感のある行動）を課す。*すなわち生徒には，学校教育法が認める枠内で政治教育の授業原則が実現するよう協力することが求められなければならない。（学校委員会，父母の夕べ，保護者会などでの）学校と親の協力関係が両者によって活用されるとき，学校における政治教育は成功するであろう。これは，教育すべてに対して親が主たる責任を持つということである。教員と生徒と親の協力が，オーストリアの学校が我が国の政治文化をともに形成する最善の前提なのである。*教員と生徒が上にあるように力を合わせ，その協力において民主主義的な考え方と行動を発展させることを確かなものとしてこそ，この通知の意味における政治教育は学校の中で有効にはたらくであろう。

〔Grundsatzerlaß “Politische Bildung in den Schulen” (Zl. 33. 464/6-19a/1978), http://www.didactics.eu/fileadmin/pdf/1731.pdf〕

資料 5　基本通知「政治教育の授業原則」（2015 年）

オーストリアの学校における政治教育は，三つの柱に基づいている。それは，

――教育課程基準のなかでは，独立した授業の対象として，また複数連携教科ないし全教科の対象として記され，
――学校パートナーシップと法定の生徒代表の枠組みにおいて有効であり，
――あらゆる段階における教科を超えた授業原則として，社会の形成ならびに民主主義と人権の実現ないし発展に貢献するものである。

基本通知「学校における政治教育」は，授業原則の内容とその実施について記している。それは職業教育ないし継続教育の原則でもあり，その他の政治教育にも有効である。本通知は1978年の基本通知を今日の政治教育学の視点から現代化するものである。

すべての教員，視学，学校行政は，この基本文書を適切な支援とともにしかるべく申し送ることにより，政治教育の効果的な実現を支援するよう求められる。

基本通知「政治教育の授業原則」(2015年)

一　基礎

1978年，あらゆる学校形態，学校段階，教育対象の授業原則として「政治教育」が定められた。そこでは，オーストリアの学校が学校組織法第2条に記された課題を達成できるよう，学校における政治教育の包括的な課題と目標が記されている。

政治教育は，個人の発達だけでなく社会全体の更なる発展の前提である。それは，社会の形成と民主主義の実現のための積極的な貢献である。それは，何によって社会の支配と権威が正当なものとして承認されるのかという問いと関わっている。民主主義においては，被治者による統治者の自由な任命，支配，解任が，その支配と権威を正当化する。政治教育は，民主主義理解に義務を負っている。この民主主義理解があらゆるレベルでより深く根ざしているほど，民主主義システムはよりよく機能することができ，社会は民主主義思想に基づいて組織されるのである。

基本通知を最初に公表して以来，学校，社会，そして政治はさらに発展した。政治的コミュニケーション，メディア報道，情報との関わりあい方は大きく変わった。特に2007年には選挙権年齢が16歳に引き下げられた。こうした変化が，新たな伝達手段と今日の実際の政治によって考慮されなければならない。

本授業原則の基礎には，学校組織法第2条に記されたオーストリアの学校の課題のほか，様々な国際的勧告と，政治教育に高度な価値を置き，また若者のその権利を強調している教育課程基準がある。国際的な勧告としては，特に政治教育と人権教育に関する欧州評議会憲章〔回状15/2012，連邦教育芸術省33-466/0119-I/6a/2012〕ならびに子どもの権利条約が重要である。そのほか2006年12月18日の生涯学習のためのキーコンピテンシーに関する欧州議会と欧州評議会の勧告も，政治教育と密接に関係している。

二　目標

政治教育は，
・民主主義と人権の存続と発展に重要な貢献をなす。
・社会構造，権力関係，ありうる発展の可能性を認識し，その背後にある利害と価値観を検討し，自分の理解に基づいて評価し，場合によっては変革する力の獲得を促す。
・あらゆる社会的・政治的レベルで民主主義的な共同決定の可能性を示し，個人として，社会集団の一員として，また社会の一部としてそれに参画する力の獲得を促す。

・社会問題への関心と，自分の利害と他者の関心ならびに共同体の利害を代表するため政治に参加する用意を促す。
・たとえば政治権力の正当化とその制御，また公正な資源の分配，自然と環境への責任感に基づき資源を大切にする姿勢，政治的権利の平等のような重要な政治課題を取り上げる。
・様々な政治的な考え方やオルタナティブを認識，理解，評価することを可能にし，自らの価値観と自分とは異なる政治的な確信に対して批判的・反省的に取り組むことを促す。
・民主主義の諸原則のほか，平和，自由，平等，公正，連帯のような基本的価値に基づく。この関係では，特に偏見，ステレオタイプ，人種主義，外国人嫌悪，反ユダヤ主義ならびに性差別主義，同性愛嫌悪の克服が目指される。
・ヨーロッパにおけるオーストリアの役割を取り上げ，人類のグローバルな諸関係と問題についての理解を伝える。
・正義にかなう平和秩序と公正な資源の配分が人類の生存には不可欠なこと，またそのためにあらゆる機関の努力が求められ，個人としてもそれに義務を負わなければならないことを伝える。

三　実施

政治教育は，学習者に対し，政治教育の教科のコンピテンシー（概念コンピテンシー，方法的コンピテンシー，判断コンピテンシー，行為コンピテンシー）の獲得を促す（Krammer et al. : Kompetenz-Strukturmodell Politische Bildung, Wien 2008[3]）。その目的は，生徒がそれによって様々な課題や中心的な政治的概念（とりわけ民主主義，正義，ジェンダー）を自由に使えるようになることである。こうした基礎の上で，政治的出来事への関心とそれに積極的に参加する準備が具体的な経験を通して促されるべきである。コンピテンシー指向の政治教育は，それにより，自分の意見を形成し，言葉で表現できるようになるのに貢献する。それはまた，自己省察と，対立する見解への敬意と承認をもたらす。生徒は他者の意見とメディアでの報道に対する批判的判断能力を獲得し，特に新しいメディアに対する（責任感に基づく）意識的な接し方を学ぶ。

良質な政治教育は以下に配慮する。
・生徒の日常，関心，経験
・現在の政治的問題，契機
・政治的コミュニケーションにおける様々なメディア
・学校教育学ならびに政治教育学を中心とする学問的基礎

学校教育において，政治教育は義務教育の初めからあらゆる授業の基本原則としてその役割を果たすべきであり，また特に学校民主主義の枠組みにおいて中心的な位置を占めるべきである。学校は，民主主義的な行動が実際に生活されるべき場所である。それゆえ子どもと青少年は，できるだけ早く，自分が参加への権利を持つだけでなく，一人ひとりが積極的に参加することにより変革に貢献できることを経験的に学ぶべきである。それは，（学級フォーラム，学校フォーラム，学校共同体委員会，生徒代表のような）学校における持続的なパートナーシップ的協力と，児童・生徒による学校と授業の共同形成を前提としている。政治教育を成功裏に実施するためには，学校の日常を民主的に形成することが重要な前提となる。

政治教育の実現において特に重要なのは，政治の世界の人間ないし機関（政治そのもの，

利害団体，NGO，市民団体，メディアなど）との出会いである。学校は閉じたものではなく，現実の社会環境に埋め込まれたものであることから，教室外の政治的なアクターや政治教育関係者に関与してもらうことが重要である。

教育者は，思想の自由や授業における民主的な議論の文化について特別な責任を負っている。ここでは教授学的な準備や，政治と社会における様々な対立を授業で取り上げることのほか，対立する考え方の許容ないし促進と，その正当化（論争性），また個人の意見の表明が重要である。政治教育を行う教員は，自分の政治的判断を述べることが許されると考えられる状況でも，それを自分の政治的な理解や考えを宣伝するための機会としてはならない（圧倒の禁止）。教員は，生徒が自分の判断（分析能力）を獲得し，批判的かつ慎重に判断できるだけの距離感を持つことができるように，また逸脱した考え方や意見が軽視されることのないよう注意しなければならない。

政治教育は，観察対象――つまり政治そして社会の総体――が常に変化することから，終わりのないものである。それゆえ政治教育を実現する上での重要な課題は，教員養成や教員の継続教育にあることになる。

〔Unterrichtsprinzip Politische Bildung Grundsatzerlass 2015, https://www.bmb.gv.at/ministerium/rs/2015_12.pdf?61edq7〕

げで忙しいなか、一年間にわたって東京を留守にする筆者の仕事を代わって負担してくださった早稲田大学教育学部の同僚の諸先生方に心からお礼を申し上げる。本書が少しでも、その新しいディシプリンの確立に貢献できれば幸いである。

また、今回も名古屋大学出版会の橘宗吾氏、三原大地氏に大変お世話になった。両氏の御理解がなければ、本書がいまの形で世に出ることはなかっただろう。いつもながらの丁寧なお仕事に深く感謝している。

二〇一八年四月二三日

近藤 孝弘

本書は第二八回名古屋大学出版会学術図書刊行助成を受けて刊行される。また、日本学術振興会の科学研究費補助金基盤研究（C）「オーストリアにおける政治教育の定着過程の研究」（研究代表・近藤孝弘、研究課題二六三八一一五三）の研究成果の一部である。

研究は遅々として進まなかったが、それでも参考文献に掲げたように、これまでに若干の論考を発表してきており、それらが本書を構想する際の出発点に位置している。そして二〇一七年度特別研究期間を得ることができ、ウィーンで本格的に調査を進める環境が整ったことから、新たな情報ならびに視点を踏まえ、これまでの研究成果についても基礎データから検討し直してまとめたのが本書である。逆に言えば、編み直しの過程で本書の論旨との関係性が低いと判断され、削除された情報も多いが、それらは必ずしも価値が乏しいわけではない。したがってオーストリアの政治教育への関心と必要に応じて、既発表論文もご覧いただければ幸いである。

このような小著であっても、形になるまでには多くの方の御助力をいただいている。なにより特別研究期間中の筆者を受け入れ、研究面だけでなく生活面での支援もしてくださったウィーン教育大学政治教育センター所長のミトニク（Philipp Mittnik）教授はもちろん、筆者の質問に何度も辛抱づよく答えてくださったザルツブルク大学のキューベルガー（Christoph Kühberger）教授、ウィーン大学のヘルムート（Thomas Hellmuth）教授とラートコルプ（Oliver Rathkolb）教授、中央ヨーロッパ大学のペリンカ（Anton Pelinka）教授、クレムス・ドナウ大学のハインツル（Christina Hainzl）氏、ウィーン民主主義センターのディーンドルファー（Gertraud Diendorfer）氏、ポリスのフラドシク（Patricia Hladschik）氏に心からお礼を申し上げる。さらに、研究への具体的な一歩を踏み出そうとしている丁度そのときに筆者をウィーンに招いて研究交流の機会をくださったのがウィーン大学初の政治教育学講座の教授に就任したザンダー（Wolfgang Sander）氏である（現在はギーセン大学教授）。その初期の御支援なしには、この研究は大幅に遅れたかもしれず、また一九九八年以来ずっと御指導いただいているウィーン大学名誉教授のグルーバー（Karl Heinz Gruber）氏による親切な導きがなければ、本書をまとめることはできなかったかもしれない。二人の碩学には本当に感謝の言葉もない。

そして最後になってしまったが、「公共市民学」という本書にとっても関係の深い名前を冠する新専修の立ち上